Islam und Politik

Herausgegeben von
K. Schubert, Münster, Deutschland

Die Buchreihe „Islam und Politik" hat das Ziel, die zentralen Fragen und aktuellen Diskussionen zu diesem Thema aufzugreifen und die vorliegenden sozial- und politikwissenschaftlichen Erträge in konzentrierter Form zugänglich zu machen.

Herausgegeben von
Prof. Dr. Klaus Schubert
Institut für Politikwissenschaft
Westfälische Wilhelms-Universität Münster
Deutschland

Dirk Halm · Hendrik Meyer (Hrsg.)

Islam und die deutsche Gesellschaft

Springer VS

Herausgeber
PD Dr. Dirk Halm Dr. Hendrik Meyer
ZfTI, Universität Duisburg-Essen Dortmund, Deutschland

ISBN 978-3-658-01845-0 ISBN 978-3-658-01846-7 (eBook)
DOI 10.1007/978-3-658-01846-7

Die Deutsche Nationalbibliothek verzeichnet diese Publikation in der Deutschen Nationalbibliografie; detaillierte bibliografische Daten sind im Internet über http://dnb.d-nb.de abrufbar.

Springer VS
© Springer Fachmedien Wiesbaden 2013
Das Werk einschließlich aller seiner Teile ist urheberrechtlich geschützt. Jede Verwertung, die nicht ausdrücklich vom Urheberrechtsgesetz zugelassen ist, bedarf der vorherigen Zustimmung des Verlags. Das gilt insbesondere für Vervielfältigungen, Bearbeitungen, Übersetzungen, Mikroverfilmungen und die Einspeicherung und Verarbeitung in elektronischen Systemen.

Die Wiedergabe von Gebrauchsnamen, Handelsnamen, Warenbezeichnungen usw. in diesem Werk berechtigt auch ohne besondere Kennzeichnung nicht zu der Annahme, dass solche Namen im Sinne der Warenzeichen- und Markenschutz-Gesetzgebung als frei zu betrachten wären und daher von jedermann benutzt werden dürften.

Gedruckt auf säurefreiem und chlorfrei gebleichtem Papier

Springer VS ist eine Marke von Springer DE. Springer DE ist Teil der Fachverlagsgruppe Springer Science+Business Media.
www.springer-vs.de

Inhalt

Vorwort 7

Zu diesem Band 9
Hendrik Meyer/Dirk Halm

I. Sozialstruktur und Religiosität der Muslime in Deutschland

Das religiöse Leben von Muslimen in Deutschland.
Ergebnisse des Religionsmonitors 21
Ferdinand Mirbach

Muslime in Deutschland und die Rolle der Religion
für die Arbeitsmarktintegration 49
Anja Stichs/Stephanie Müssig

II. Zusammenleben mit Muslimen

Öffentliche Wahrnehmung des Islam in Deutschland 89
Detlef Pollack

Die Wirkung eines Medienhypes auf Vorurteile.
Die „Causa Sarrazin" in der Berichterstattung der deutschen
Hauptnachrichtensendungen und die Auswirkung auf Einstellungen
gegenüber der Minderheits- und Mehrheitsgesellschaft 119
Wolfgang Frindte/Katharina Schurz/Tilda Roth

Moschee-Konflikte und deutsche Gesellschaft 145
Thomas Schmitt

III. Diskussion – Muslimische Religionszugehörigkeit als Gegenstand der Forschung zur Sozialintegration

Vom Migranten zum Muslim und wieder zurück –
Die Vermengung von Integrations- und Islamthemen in Medien,
Politik und Forschung 169
Riem Spielhaus

Identität und Loyalität von Muslimen in Deutschland 195
Martina Grabau

Schlussbetrachtung: Religion und Religiosität als Faktor der
Sozialintegration von Muslimen 217
Dirk Halm / Hendrik Meyer

Die Autoren 229

Vorwort

Ausgehend von dem Band „Islam und Politik" (Meyer/Schubert 2011) bat mich der VS Verlag für Sozialwissenschaften – jetzt: Springer VS – Wiesbaden, eine entsprechende kleine Buchreihe herauszugeben. Ziel und Aufgabe ist es, die zentralen Fragen und aktuellen Diskussionen zu diesem Thema aufzugreifen und die vorliegenden sozial- und politikwissenschaftlichen Erträge in konzentrierter Form zugänglich zu machen.

Der Band „Islam und deutsche Gesellschaft", von Dirk Halm und Hendrik Meyer ediert, eröffnet diese Buchreihe. Das Buch versammelt die aktuell wichtigsten empirischen Studien zum Verhältnis von Sozialstruktur und Religiosität der Muslime sowie zum Zusammenleben von Muslimen und Nichtmuslimen in Deutschland. Es freut mich sehr, dass es den Herausgebern in dieser Form gelungen ist, die in diesem Themenbereich arbeitenden Kolleginnen und Kollegen davon zu überzeugen, an diesem Band mitzuwirken.

Wenn der Wissenschaftsbetrieb auch viele Kolleginnen und Kollegen dazu drängt, ausschließlich für „A-journals" zu schreiben, so macht die Gemeinschaftsleistung dieses Bandes deutlich, dass auch andere wissenschaftliche Medien essentiell dazu beitragen, wissenschaftliche Kommunikation und Auseinandersetzung nachhaltig zu stimulieren. In diesem Sinne gebührt beiden Herausgebern und den beitragenden Autorinnen und Autoren großer Respekt und Dank.

Klaus Schubert
Münster, Anfang 2013

Zu diesem Band

Hendrik Meyer / Dirk Halm

Mit zwischen 3,8 und 4,3 Millionen Angehörigen (Haug et al. 2009: 80-83) ist der Islam eine Glaubensgemeinschaft von beträchtlicher Bedeutung für die Bundesrepublik. Zugleich hat die Anerkenntnis der Notwendigkeit, kulturell differente Gruppen in Deutschland dauerhaft zu integrieren, im Vergleich zu anderen Einwanderungsländern hier verspätet stattgefunden. Auch fiel die erstmalige systematische Beschäftigung mit Integrationspolitik auf Bundesebene – repräsentiert durch die Arbeit der Unabhängigen Kommission „Zuwanderung", die die Grundlage für das schließlich 2005 in Kraft getretene Zuwanderungs- und Integrationsgesetz legte –, mit deutlichen Tendenzen einer Kulturalisierung der Integrationsdebatte zusammen, die sich nicht zuletzt aus dem Nexus von Sicherheitspolitik und islamitischem Terrorismus ergab (vgl. Schubert/Meyer 2011: 16). Damit vollzieht sich die Etablierung des Islams als gesellschaftspolitischer Faktor und die in der letzten Dekade sprunghaft intensivierte Beschäftigung mit den Muslimen im Spannungsfeld kontroverser, politisch bedeutender Debatten.

Die öffentlichen Kontroversen um den Islam in Deutschland führen zu beträchtlicher Unübersichtlichkeit und einer Politisierung zahlreicher Aspekte dieser Religion und ihrer Gläubigen. Schon die eigentliche Zahl der Muslime ist umstritten. Die Zurechnung der türkischen Bürger (als größte islamische Gruppe in Deutschland) zum muslimischen Bekenntnis durch den türkischen Staat (durch automatische Eintragung in amtliche Papiere) verdeutlicht die gravierenden definitorischen Probleme, die mit dem Versuch der zahlenmäßigen Erhebung der Muslime verbunden sind. Neben den „bloßen" Definitionsfragen existiert eine Vielzahl weiterer problematischer Themen. Die Einschätzung etwa, inwiefern die deutsche Gesellschaft die Muslime diskriminiert und wer also die Verantwortung für Desintegration trägt, ist gesellschaftlich und wissenschaftlich ebenso umstritten wie die Frage, in welchem Ausmaß „fundamentalistische" oder „islamistische" Orientierungen in der muslimischen Community ausgeprägt sind. Anhand dieser Fragen zeigt sich, in welch großem Maße interessengeleitete Diskurse die gesellschaftliche Wirklichkeit überdecken. Vor diesem Hintergrund hat das vorliegende Buch zum Ziel, einen wissenschaftlich objektivierten Blick auf die muslimische

Lebenswirklichkeit und die Interaktionen der Muslime mit der deutschen Aufnahmegesellschaft zu werfen, wobei die Herausgeber nicht der Illusion verfallen, dass dieser Versuch des wissenschaftlich objektiven Blicks subjektive Wertungen und Perspektiven in jedem Fall ausschließt – in gewissem Umfang unterliegen auch die im vorliegenden Band versammelten Beiträge den Einflüssen des Diskurses, was schon an der gewählten Thematik „Muslime" deutlich wird.

Konkret fragen wir nach dem Kenntnisstand über die muslimische Bevölkerung in Deutschland und nach den wesentlichen Themen, unter denen das Verhältnis der Muslime zur deutschen Gesellschaft behandelt wird. Wir tun dies, indem wir größer angelegte, repräsentative Studien der letzten Jahre zu Struktur und Lebenssituation der Muslime in Deutschland sowie zu ihrem Verhältnis zur deutschen Gesellschaft zusammenführen und Forschungsperspektiven und verbleibende Desiderate speziell aus der Perspektive der Migrations- und Integrationsforschung diskutieren. Dabei geht es im vorliegenden Band auch um die Frage, inwiefern das Merkmal der muslimischen Religionszugehörigkeit aus sozialwissenschaftlicher Perspektive überhaupt als Kategorie der Forschung zu Migration und Integration geeignet ist.

Folgend werden die Themen der einzelnen Beiträge sowie ihre zentralen Ergebnisse kurz vorgestellt.

Aufbau des Buches

Das Buch ist in drei Teile gegliedert. Der erste Teil beschäftigt sich mit der Gruppe der Muslime in Deutschland. Der Beitrag von Ferdinand Mirbach befasst sich mit dem religiösen Leben von Muslimen in Deutschland. Auf Basis der repräsentativen Ergebnisse des Religionsmonitors der Bertelsmann-Stiftung wird danach gefragt, welche religiösen Überzeugungen Muslime in Deutschland haben und wie sie ihren Glauben leben: Wie organisieren gläubige Muslime beispielsweise ihr Leben in einem säkularen Umfeld und wie ist es um deren Toleranz gegenüber anderen Religionen bestellt? Ziel der Studie „Religionsmonitor: Muslimische Religiosität in Deutschland" sowie der hier vorliegenden Arbeit ist es, einen Beitrag zur Wissensvermittlung, Aufklärung und Erklärung über das religiöse Leben von Muslimen in Deutschland zu leisten. Damit setzt der Text einen Kontrapunkt zu Diskursen, die die islamische Religion primär vor dem Hintergrund vermeintlicher Desintegration und Konflikte problematisieren. Hier geht es also um einen empirisch fundierten Einblick in Formen der persönlichen Religiosität, der ansonsten nur selten in dieser Breite vorgenommen wird.

Ein dabei zentraler und angesichts öffentlicher Diskurse nicht deutlich genug zu betonender Befund ist die Erkenntnis, dass es „den Islam" nicht gibt. Je nach Konfession und Herkunftsregion gibt es eine große Spanne an religiösen Überzeugungen unter den in Deutschland lebenden Muslimen. Angesichts der Tatsache, dass die meisten Muslime in ihrer Religiosität zwar sehr reflektiert sind, aber dennoch über Unsicherheiten im Bezug auf den Islam berichten, müssen Rahmenbedingungen geschaffen werden, um Muslimen umfassende religiöse Bildung zu ermöglichen. Die Versuche, flächendeckenden islamischen Religionsunterricht anzubieten, weisen bereits in diese Richtung. Dieses Angebot ist auch deshalb bedeutend, weil der Religionsmonitor zeigt, dass junge Muslime besonders glaubensstark sind. Daraus kann jedoch kein zunehmender religiöser Konservativismus bzw. kein islamischer Radikalismus abgeleitet werden. Vielmehr zeichnen sich Muslime in Deutschland durch ausgeprägte Toleranzwerte aus. Eine Verbindung von Religion und Politik findet dabei kaum statt. Auch Arbeit und Religion werden von den deutschen Muslimen als sehr getrennte Bereiche wahrgenommen: Die persönliche Religiosität wird insbesondere in familiären Fragen, beim Umgang mit Lebenskrisen bzw. persönlichen Veränderungen relevant. Der Religionsmonitor liefert fundierte Daten, die Mutmaßungen und Vorurteilen entgegengestellt werden können.

Vor dem Hintergrund der Tatsache, dass Muslime eine heterogene Gruppe bilden, über die aus amtlichen Statistiken nur wenig bekannt ist, verfolgt der Beitrag von Anja Stichs und Stephanie Müssig zum Thema Muslime und Arbeitsmarktintegration ein doppeltes Ziel. Zunächst wird auf Grundlage der repräsentativen Befragungsdaten der Studie „Muslimisches Leben in Deutschland (MLD)" des Bundesamtes für Migration und Flüchtlinge die sozialstrukturelle Zusammensetzung der in Deutschland lebenden Muslime betrachtet. Dies soll zur Objektivierung der oft kontrovers geführten Integrationsdebatte in Deutschland beitragen. Damit rekurriert der Beitrag auf eine Studie, die erstmalig überhaupt Strukturdaten über die Gruppe insgesamt generieren konnte, einschließlich ihrer eigentlichen zahlenmäßigen Größe sowie der Herkünfte, Glaubensrichtungen etc. Es geht hier also um sehr grundlegende Informationen zur Versachlichung der Debatte um die Beschaffenheit der muslimischen Bevölkerung. Darüber hinaus wird der Frage nachgegangen, ob religiöse Aspekte, nämlich Religionszugehörigkeit und Gläubigkeit, die strukturelle Integration von Einwanderern beeinflussen. Konkret wird untersucht, ob sich Muslime im Hinblick auf die Arbeitsmarktintegration von christlichen Zuwanderern unterscheiden, unter Kontrolle möglicher zusätzlicher relevanter Faktoren. So wird etwa bei muslimischen Frauen analysiert, ob das Tragen eines Kopftuchs eine Rolle spielt. Als Indikatoren für die Arbeitsmarktintegration werden der Erwerbsstatus und die berufliche Positionierung herangezogen.

Zunächst verweisen auch die Ergebnisse dieser Studie auf die Heterogenität der in Deutschland lebenden Muslime, die pauschalisierende Aussagen als wenig angemessen erscheinen lässt. Hinsichtlich der Frage der Arbeitsmarktintegration zeigt die Analyse, dass die Einbindung in den Arbeitsmarkt und die berufliche Position weniger durch die Religion bestimmt werden als vielmehr durch das Geschlecht. Sowohl für Muslime als auch für Christen mit Migrationshintergrund gilt, dass Männer insgesamt häufiger erwerbstätig sind als Frauen der entsprechenden Herkunftsländer. Allerdings zeigt sich auch, dass Muster geschlechtsspezifischer Arbeitsteilung auch in Bezug auf die Gesamtbevölkerung bestehen und eben kein für Personen mit Migrationshintergrund typisches Phänomen sind. Dennoch können religiöse Aspekte – allerdings allein bezüglich der Gruppe der Frauen – nicht vollständig vernachlässigt werden, da sich die Wahrscheinlichkeit, erwerbstätig zu sein, bei gläubigen Frauen verringert. Die eigenständige Betrachtung muslimischer Frauen zeigt, dass sie eine niedrigere Wahrscheinlichkeit haben, erwerbstätig zu sein, wenn sie ein Kopftuch tragen. Während also insgesamt für männliche Erwerbspersonen die Vermutung eines spezifisch muslimischen Nachteils entkräftet werden kann, sind Religion und Gläubigkeit für Frauen mit wirtschaftlichen Folgen verbunden. Dennoch hängt die berufliche Positionierung sowohl für Männer als auch für Frauen wesentlich von der fachlichen Qualifikation und weniger von der Religionszugehörigkeit ab: Bei christlichen und muslimischen Erwerbspersonen mit Migrationshintergrund wirken letztlich ähnliche Einflussfaktoren wie in Bezug auf die Gesamtbevölkerung.

Die Frage nach der strukturellen Integration bei Stichs und Müssig leitet zum zweiten Teil des Buches über, der sich dem Verhältnis von Muslimen und Aufnahmegesellschaft widmet. Hier nimmt in einem ersten Schritt Detlef Pollack die öffentliche Wahrnehmung des Islams in Deutschland in den Blick. Da durch individuelles Handeln gesellschaftliche Institutionen und Organisationen, Parteien, Vereine sowie die öffentliche Debatte und die politische Kultur eines Landes beeinflusst werden, ist es aufschlussreich, Einstellungen und Haltungen zu erheben und nach den Gründen für ihre Ausprägung zu fragen. Inwieweit die Integration des Islams in die deutsche Gesellschaft gelingt, ist mithin auch davon abhängig, was die Bevölkerung über den Islam und die Muslime denkt. Vor diesem Hintergrund wurde in einer repräsentativen Umfrage – international vergleichend – ermittelt, was die Deutschen über die wachsende Vielfalt religiöser Gruppierungen in Deutschland, über den Islam und über das Zusammenleben von Muslimen und Nichtmuslimen denken. Wesentliche Ergebnisse dieser bislang umfassendsten Studie zu diesem Thema werden hier vorgestellt. Dabei stehen vor allem zwei Bereiche im Mittelpunkt der Analyse: Erstens wird gefragt, wie die zunehmende Präsenz des Islam und der Muslime in Deutschland wahrgenommen und bewertet bzw. mit welchen positiven und negativen Eigenschaften der Islam assoziiert wird. Zweitens werden die zunächst auf Deskription zielenden Fragen nach der Haltung zum Islam mit erklärenden Variablen verknüpft: Welche sozialen Bedingungen befördern die Aufgeschlossenheit gegenüber dem Islam und den Muslimen, und welche Bedingungen behindern sie?

Die Ergebnisse der Befragung sind deutlich: Es herrscht in Deutschland ein negatives Bild vom Islam und den hier lebenden Muslimen vor. Die zunehmende Multireligiosität wird nur selten als gesellschaftliche Bereicherung wahrgenommen. Es scheinen eine hohe Konformitätserwartung und eine starke Devianzempfindlichkeit zu bestehen. Zum einen hängt dieses negative Image vom Islam mit einer geringeren Kontakthäufigkeit im Umgang mit Muslimen zusammen. Aber auch eine einseitig verengte Diskussionskultur kann als Erklärung herangezogen werden. Dass nur rund die Hälfte der Deutschen für die Gleichbehandlung der Religionen in Deutschland eintritt, ist auf eine insgesamt hohe Konformitätserwartung zurückzuführen, die hier ausgeprägter ist als in anderen europäischen Ländern.

Der zweite Beitrag dieses Buchabschnittes befasst sich mit der Wirkung eines Medienhypes auf Vorurteile. Darin untersuchen Wolfgang Frindte, Katharina Schurz und Tilda Roth die „Causa Sarrazin" in der Berichterstattung der deutschen Hauptnachrichtensendungen und die Auswirkungen auf Einstellungen gegenüber der Minderheits- und Mehrheitsgesellschaft. Die Debatte um Sarrazins Buch „Deutschland schafft sich ab" zeigt, dass die Medien eine zentrale Rolle in der Diskussion um das Verhältnis der Muslime zur deutschen Gesellschaft spielen. Am Beispiel der Sarrazin-Debatte soll die Frage beantwortet werden, ob und inwieweit die Meinungen der deutschen Mehrheitsgesellschaft einerseits und die der muslimischen Migranten in Deutschland andererseits von den medialen Integrationsdiskursen im Allgemeinen und von dieser Debatte im Besonderen beeinflusst wurden. Dazu wird in einem ersten Schritt zunächst geklärt, ob und inwieweit die medial vermittelte Sarrazin-Debatte tatsächlich ein Schlüsselereignis für den Themenbereich Migration und Integration darstellt. In einem zweiten Schritt wird dann analysiert, ob und inwieweit die Debatte die Einstellungen von nichtmuslimischen und muslimischen Rezipienten zu muslimischer Migration und Integration beeinflusst hat.

Die Resultate der Interviews sowie die durchgeführten Inhaltsanalysen lassen zwar nicht direkt kausale Schlüsse in Bezug auf die Ausgangsfragen zu. Dennoch lassen sich einige begründete Annahmen ableiteten. So könnten etwa die kontrovers geführten Debatten um Sarrazin einen negativen Effekt auf die Einstellungen der in Deutschland lebenden Muslime gegenüber den Deutschen und gegenüber dem Westen ausgeübt haben. Der durch das Sarrazin-Buch ausgelöste mediale Hype stieß eine Integrations- und Mediendebatte an, die das Verhältnis der Muslime zur deutschen Gesellschaft sowie das Verhältnis der deutschen Gesellschaft zu den Muslimen beeinflusst haben mag. Es fällt auf, dass vor allem zwischen nichtdeutschen Muslimen vor und nach der Debatte signifikante statistische Unterschiede hinsichtlich der abgefragten Vorurteile und Einstellungen bestehen. Vor dem Hintergrund der Tatsache, dass es in den Debatten um das Sarrazin-Buch insbesondere um die Unterschiede zwischen muslimischer Kultur und Lebenswelt einerseits und christlich-jüdischen Traditionen und kulturellen Werten andererseits ging, legen die Befunde mindestens die Annahme nahe, dass die oft über die Köpfe der Muslime hinweg kontrovers geführten Debatten einer konstruktiven Diskussion über die gesellschaftliche Integration empfindlich geschadet haben.

Das Zusammenleben mit Muslimen wird in der öffentlichen Wahrnehmung wesentlich durch die zahlreichen und vielfältigen Moschee-Konflikte in Deutschland geprägt. Auch dabei spielt das durch die Medien transportierte Bild des Islam eine bedeutende Rolle. Auf Basis einer von Thomas Schmitt durchgeführten qualitativen Untersuchung werden im letzten Beitrag des zweiten Teils diese Moschee-Konflikte genauer beleuchtet. Nach der Skizzierung der Geschichte von Moscheen im öffentlichen Raum beginnt der analytische Teil des Textes mit einer Übersicht der sozialen Funktionen der Moscheevereine. Anhand von Fallbeispielen aus den 1990er Jahren werden die wesentlichen Konfliktlinien dargestellt. Damit sind die Voraussetzungen geschaffen, neuere Tendenzen bezüglich der Austragung von Moschee-Konflikten nicht nur zu diskutieren, sondern auch die längerfristige Entwicklung der Konflikte und die Permanenz bestimmter Muster herauszuarbeiten.

Es wird deutlich, dass es sich bei dem Streit um den Bau insbesondere repräsentativer Moscheen vor allem um Symbol- und Symptomkonflikte handelt, deren Kern die Integration von Migranten und die Stellung des Islam in Deutschland ist. Für die teils starke Eskalation einiger dieser Konflikte scheint die Kombination aus lebensweltlicher „Betroffenheit" und symbolischem Stellvertretercharakter der lokalen Auseinandersetzung verantwortlich zu sein. Darüber hinaus zeigt Schmitt, dass sich die Annahme einer sukzessiven Abschwächung des Konfliktpotenzials – etwa aufgrund der prinzipiellen Anerkennung der Legitimität von Moscheebauten durch Kirchen und Parteien – nicht bestätigen lässt. Zur Aufrechterhaltung dieser Konflikte tragen auch die dezidiert antiislamischen Parteien wie z. B. Pro Köln oder Pro NRW bei, die die lokalen Moschee-Konflikte neuerdings in einen europäischen Kontext einbetten.

Auf Grundlage der bis hierhin dargestellten empirischen Studien räumt der dritte und letzte Teil des Buches Platz für Reflexionen über das Verhältnis von Islam und deutscher Gesellschaft ein und eruiert die Bedeutung des religiösen Bekenntnisses für die Forschung zu Migration und Integration. Dementsprechend behandelt Riem Spielhaus zunächst die Entwicklung des Begriffs des „Muslims". In ihrem Beitrag werden an der Konzeption von Muslimen als Migranten beteiligte und in Wechselwirkung stehende gesellschaftliche Handlungsfelder aufgegriffen. Ziel ist es dabei, eingehendere Analysen der Konstruktionsprozesse in den Debatten über Islam, Migration und Integration anzuregen.

Dabei zeigt sich, dass die Bezeichnung „muslimische Migranten" ohne weitere Kontextualisierung in vielerlei Hinsicht problematisch ist. Denn erstens gehen damit zwei in ihrer Bedeutung äußerst unscharfe Begriffe eine Verbindung ein. Und zweitens ist es wichtig, diese Denkfigur im Hinblick auf ihre Funktion für symbolische Zugehörigkeitsdebatten zu beleuchten. Angesichts der häufig undifferenzierten Darstellung in Medien, Politik und Forschung ist es notwendig, den fundamentalen Unterschieden zwischen Migranten, Migrationshintergrund, Ethnizität und Religionszugehörigkeit Rechnung zu tragen. Darüber hinaus zeigt der Beitrag, dass für die Untersuchung politischer Ansätze in Bezug auf den Islam neben der Beschreibung einzelner politischer Strategien und ihrer Effekte auch die Einbettung in die Politikfelder Integrations-, Sicherheits- und Religionspolitik relevant ist. Insgesamt plädiert der Beitrag dafür, Überschneidungen und Inkongruenzen der Kategorien „Muslim" und „Migrant" in Deskription und Analyse bewusst wahrzunehmen und sie darüber hinaus nicht als natürlich gegeben bzw. selbstverständlich zu betrachten.

Danach betrachtet Martina Grabau zunächst die Identität und Loyalität von Muslimen in Deutschland. Innerhalb der Debatte um den Islam werden häufig Bedenken hinsichtlich einer mangelnden Loyalität von Muslimen gegenüber dem Aufnahmeland geäußert. Dieser Umstand wird zum Anlass genommen, zu fragen, inwiefern eine weiterhin bestehende Herkunftslandidentität die Integration in die deutsche Aufnahmegesellschaft im Sinne einer Identifikation mit eben dieser behindert: Wie steht es um die Identität von Muslimen, die sich eher in transnationalen als in nationalstaatlichen Bezügen verorten? Welche Folgerungen lassen sich aus diesen Ergebnissen hinsichtlich der Loyalität der Muslime ziehen? Ziel des Beitrags ist es aufzuzeigen, wie eine stärker wissenschaftlich orientierte Debatte die Auseinandersetzung um die Identität und Loyalität muslimischer Einwanderer verändern könnte. Der Beitrag zeigt, dass die Quelle des Verdachts mangelnder Loyalität von Muslimen die in Deutschland angestrebte Entwicklung eines wertebasierten Zusammenhalts ist. Loyalitätsvorbehalte werden insbesondere gegenüber Menschen mit Migrationshintergrund laut, deren Herkunftsländer durch nicht-demokratische politische oder kulturelle Traditionen charakterisiert sind. Die grundsätzlichen Bedenken der deutschen Aufnahmegesellschaft gegenüber den Muslimen, dass eine verbleibende Identifikation mit dem Herkunftsland die Entwicklung einer Identifikation mit dem Aufnahmeland verhindere, kann jedoch wissenschaftlich-empirisch nicht bestätigt werden. Der Verdacht eines Loyalitätskonfliktes von Muslimen zwischen Herkunfts- und Aufnahmeland scheint mit Blick auf die empirischen Daten für die Mehrheit der in Deutschland lebenden Muslime nicht zutreffend zu sein. Aber gerade die Thematisierung der vermeintlichen Unvereinbarkeit von Ankunfts- und Herkunftslandidentität begünstigt Skepsis auf beiden Seiten und bewirkt möglicherweise eine stärkere Abkehr vieler Muslime von der deutschen Gesellschaft. Insgesamt zeigt der Beitrag, dass in Debatten um die Identifikation und Loyalität von Muslimen der migrationswissenschaftliche Kenntnisstand in Betracht gezogen werden sollte. Empirisch nicht belegte Verdachtsmomente, die negative Implikationen für die funktionierende Sozialintegration bergen, können so vermieden werden.

Im Fazit der Herausgeber zum Thema muslimische Religiosität und Sozialintegration werden die im Band versammelten Beiträge im Sinne einer Gesamtschau in den Forschungsstand zu Muslimen und deutscher Gesellschaft eingebettet, offene Fragen, Widersprüche und Forschungsdesiderate herausgearbeitet und auf dieser Grundlage Eckpunkte eines möglichen zukünftigen Forschungsprogramms skizziert. Besondere Aufmerksamkeit kommt dabei der Frage zu, welche Rechtfertigung in der Forschung zur Sozialintegration und Sozialstruktur die Gegenstandsbestimmung durch den Bezug auf die muslimische Religionszugehörigkeit eigentlich letztlich hat. Kommt der religiösen Orientierung ein originärer Erklärungswert für den Ablauf von Prozessen der Sozialintegration zu, oder wird die Religiosität und religiöse Praxis eher mittelbar zum Marginalisierungsanlass, indem sie Diskriminierungserfahrungen und Fremdheitsempfinden Vorschub leistet? Anders formuliert: Ist die migrationswissenschaftliche Beschäftigung mit muslimischer Religiosität für die Modellierung von Sozialinteraktionsprozessen unverzichtbar, oder ergibt sie sich eher aus der seitens der deutschen Gesellschaft wahrgenommenen Notwendigkeit, vermeintliche integrationspolitische Problemgruppen zu thematisieren?

Die Antwort ist hier, dass aus den vorliegenden Befunden eher eine gewisse Skepsis abzuleiten wäre, was den Erklärungswert der Religiosität für die Sozialintegration von Einwandern betrifft. Gleichzeitig bestehen aber noch erhebliche Forschungslücken, die insbesondere der oft wenig differenzierten Messung von Religiosität durch diejenigen quantifizierenden Studien geschuldet sind, die zugleich Aussagen über die Sozialstruktur erlauben.

Literatur

Haug, Sonja, Stephanie Müssig und *Anja Stichs*, 2009: Muslimisches Leben in Deutschland. Nürnberg: BAMF.

Schubert, Klaus, und *Hendrik Meyer*, 2011: Politik und Islam in Deutschland. Aktuelle Fragen und Stand der Forschung. S. 11-26 in: *Klaus Schubert* und *Hendrik Meyer* (Hg.): Politik und Islam. Wiesbaden: VS.

I
Sozialstruktur und Religiosität der Muslime in Deutschland

Das religiöse Leben von Muslimen in Deutschland. Ergebnisse des Religionsmonitors

Ferdinand Mirbach

1. Der Islam in Deutschland in der Diskussion

Es gibt Themen, die im öffentlichen Diskurs mit großer Wahrscheinlichkeit und sicherer Regelmäßigkeit wiederkehren. Die Diskussion um den Islam in Deutschland gehört zweifelsfrei dazu. Auffallend ist dabei das Spektrum an Meinungsäußerungen, die von unkritisch verständniswerbend bis radikal ablehnend reichen. Augenscheinlich ist zudem, dass vor allem diejenigen Wortführer auf breite Zustimmung stoßen, die in verschwörungstheoretischer Manier eine Unterwanderung der deutschen Gesellschaft durch den Islam postulieren, die Verteidigung christlich-abendländischer Werte anmahnen und dabei bewusst mit den Emotionen und Ängsten der Menschen spielen.

Die Angst vor dem Islam hat dabei einen Namen: Islamophobie. Sie ist tief in der Gesellschaft verwurzelt und beileibe kein Unterschichtenphänomen. Wer politische Diskussionsveranstaltungen zum Islam besucht, wird feststellen, wie verunsichert selbst Bildungseliten mit dem Thema umgehen. Und manchmal scheinen weniger die Ängste vor dem Islam, als vielmehr eine pauschale Ablehnung und Vorurteile die Triebfedern der Meinungsbildung zu sein. „Wir" versus „die Anderen, die Fremden" lautet die Devise, christliches Wertegerüst versus archaisches Menschenbild und Unterdrückungskultur. Diese Sicht der Dinge ist nachvollziehbar, entspricht sie doch im Wesentlichen einer tendenziösen öffentlichen Berichterstattung über den Islam, die zumeist negativ ausfällt. Natürlich ist es richtig, dass Selbstmordattentate, Ehrenmorde und Unterdrückungen mit Berufung auf dem Islam geschehen. Allzu leicht aber werden Muslime dabei pauschalisierend in Gruppenhaft genommen, alle verantwortlich gemacht für die Taten weniger Radikaler und Terroristen. Noch dazu wird verkannt, dass Ereignisse im Iran oder in Afghanistan nichts zu tun haben mit den Lebensrealitäten der in Deutschland lebenden Muslime. Wie jedoch diese Lebensrealitäten tatsächlich aussehen, wird in der Regel nicht weiter reflektiert.

Genau hierin liegt das eigentliche Problem: Den meisten Deutschen ist der Islam nach wie vor unbekannt. In der Folge kommt es zu Unsicherheiten, Vorurteilen, mitunter Mythenbildungen. Muslime bleiben damit etwas Unbekanntes und Bedrohliches. Die deutsche Politik hat seit Beginn der Gastarbeiteranwerbung in den 1950er Jahren zur Verschärfung der Situation beigetragen, indem Integrationsbemühungen unterlassen wurden und man die gesellschaftliche Heterogenität leugnete. Erst mit der Zeit wurde erkannt, dass es in einer globalisierten und von Wanderungsbewegungen geprägten Welt um deutlich mehr geht als „nur" um den Umgang mit einer religiösen Randgruppe. Perspektivisch steht nämlich der gesellschaftliche Zusammenhalt in modernen Gesellschaften zur Disposition. Unsere Gemeinwesen verändern sich radikal, die soziale, kulturelle und religiöse Vielfalt nimmt weiter zu. Das ist Herausforderung und Chance zugleich – das Pendel kann in beide Richtungen ausschlagen. Voraussetzung für eine positive Entwicklung ist aber die Bereitschaft, sich unbefangen auf den Anderen einzulassen und vor allem: übereinander und voneinander zu wissen. Gerade hinsichtlich des religiösen Lebens von Muslimen in Deutschland gibt es jedoch große Wissenslücken, die einen von Sachlichkeit anstelle von Mutmaßungen getragenen Austausch schwierig machen.

Die Bertelsmann Stiftung hat es sich deshalb mit ihrer Studie „Religionsmonitor: Muslimische Religiosität in Deutschland" zur Aufgabe gemacht, diesem Desiderat zu begegnen. Wer sind die Muslime in Deutschland? Welche religiösen Überzeugungen haben sie und wie leben sie ihren Glauben? Wie organisieren gläubige Muslime ihr Leben in einem säkularen Umfeld und wie ist es um ihre Toleranz gegenüber anderen Religionen bestellt? Dies sind einige Fragen, die hinter der Untersuchung der Bertelsmann Stiftung stehen. Die Befragung ist dabei eingebettet in den größeren Kontext des Projektes „Religionsmonitor": Beim Religionsmonitor handelt es sich um eine repräsentative Studie zu Religiosität und Spiritualität, die in 21 Ländern weltweit unter Berücksichtigung verschiedenster kultureller und religiöser Traditionen durchgeführt wurde.[1] Auch Deutschland gehörte zu den untersuchten Ländern, wobei sich entsprechend ihrer Bevölkerungsanteile vornehmlich Christen und Konfessionslose unter den Befragten befanden. Unter den 1.000 Respondenten waren lediglich 21 Muslime, was es unmöglich machte, haltbare Aussagen über deren Religiosität zu treffen. Diesem Desiderat wurde durch die Sonderbefragung „Religionsmonitor: Muslimische Religiosität in Deutschland" begegnet, die 2008 durchgeführt wurde. Die Studie orientierte

---

1   Die quantitative Befragung wurde in Deutschland durch eine qualitative Untersuchung ergänzt. Zudem wird das Projekt durch das online-basierte Befragungstool www.religionsmonitor.com flankiert, auf dem sich Interessierte mit eigenen religiösen Überzeugungen auseinandersetzen können.

sich dabei am standardisierten Fragebogen des weltweiten Religionsmonitors – was einen Vergleich der Daten beispielsweise mit Christen in Deutschland oder Muslimen in der Türkei ermöglicht –, wurde aber um einige islamspezifische Items ergänzt. Damit liefert der Religionsmonitor tiefe Einblicke in das religiöse Leben von deutschen Muslimen und stellt eine sinnvolle Ergänzung beispielsweise zur Studie „Muslimisches Leben in Deutschland" (Haug et al. 2009) des Bundesamtes für Migration und Flüchtlinge dar, die sich in erster Linie mit der sozialen und politischen Integration von Muslimen beschäftigt.

Dieser Textbeitrag wird im Folgenden also die Formen religiösen Lebens von Muslimen in Deutschland thematisieren. Grundlage dafür bilden die Ergebnisse der repräsentativen Studie des Religionsmonitors. In einem ersten Schritt sollen der Aufbau des Religionsmonitors erläutert und erste soziodemographische Hinweise angebracht werden. Darauf aufbauend werden unterschiedliche Aspekte des religiösen Lebens und Erlebens von Muslimen genauer erläutert. Neben grundsätzlichen Anmerkungen zu muslimischer Religiosität (hier: Zentralität) sind dies entsprechend der Methodik des Religionsmonitors die Dimensionen Intellekt, Ideologie (Glaube), öffentliche Praxis, private Praxis, religiöse Erfahrung und Konsequenzen für den Alltag. Abschließend sollen die Ergebnisse zusammengefasst und ein kurzer Ausblick skizziert werden.

2. Soziodemographie und Aufbau des Religionsmonitors

Für die Sonderstudie „Religionsmonitor: Muslimische Religiosität in Deutschland" wurden insgesamt 2.007 Personen telefonisch befragt, wobei das Sample einem onomastischen Auswahlverfahren entstammt. Um sprachliche Hürden niedrig zu halten und eine möglichst hohe Repräsentativität sicherzustellen, wurde die Befragung von geschulten Interviewern in sieben Sprachen durchgeführt. Neben Deutsch, Englisch und Französisch waren dies – entsprechend der häufigsten Herkunftsregionen hiesiger Muslime – Türkisch, Arabisch, Serbokroatisch und Farsi. Tatsächlich wurden 40 Prozent der Interviews in einer der vier letztgenannten Sprachen geführt. Die Daten wurden in Orientierung an den tatsächlichen Anteilen unterschiedlicher Volks- oder Sprachgruppen an der muslimischen Bevölkerung in Deutschland gewichtet. Entsprechend haben 76 Prozent der Befragten einen türkischen, 14 Prozent einen arabischen, 6 Prozent einen bosnischen und 4 Prozent einen iranischen oder afghanischen Migrationshintergrund. Jenseits dieser Gewichtung wurde ein disproportionales Sample mit einer Überrepräsentation der kleineren Sprachgruppen genutzt, um statistisch valide Analysen nach unterschiedlichen Herkunftsregionen zu ermöglichen.

Mit 65 Prozent gibt die deutliche Mehrzahl der Befragten an, der Sunna anzugehören, was sich mit dem hohen Anteil sunnitischer Türken in Deutschland erklären lässt. Neun Prozent bezeichnen sich als Schiiten, acht Prozent als Aleviten. Ob Aleviten tatsächlich Muslime sind, ist in der Wissenschaft und unter diesen selbst umstritten. Für diese Studie allerdings wurden Aleviten ganz bewusst berücksichtigt, da sie zumindest in Medien und Politik immer wieder als Beispiel für einen „gemäßigten" und „aufgeklärten" Islam angeführt werden. Erstaunlich viele Befragte, immerhin elf Prozent, geben an, einer anderen Glaubensrichtung innerhalb des Islam als den drei Genannten anzugehören. Weitere acht Prozent wollen oder können dazu keine Angaben machen. Ob es sich bei den „Anderen" und Unentschlossenen beispielsweise um Ahmadiyya, Alawiten oder andere mystische Bewegungen handelt, lässt sich nicht klären. Auffallend ist in jedem Fall, dass nach Herkunftsregionen diejenigen Konfessionen überrepräsentiert sind, die in den Ursprungsländern Minderheiten darstellen. Dies gilt beispielsweise für iranischstämmige Sunniten und für türkeistämmige Aleviten. Es spricht also vieles dafür, dass religiöse Minderheiten stärker zur Migration ins Ausland neigen oder aber erst in der Diaspora ein ausreichendes Sicherheitsgefühl haben, zu ihrer religiösen Orientierung zu stehen.

Hinsichtlich der Geschlechter besteht ein leichtes Übergewicht zugunsten der Frauen. So sind 52 Prozent der Befragten weiblich, 48 Prozent männlich. Mit Blick auf die Altersstruktur zeigt sich ein deutlich jüngerer Altersschnitt von Muslimen im Vergleich zur alteingesessenen deutschen Bevölkerung. 31 Prozent der Befragten sind 18 bis 29 Jahre alt, 34 Prozent 30 bis 39 Jahre, 20 Prozent 40 bis 49 Jahre, acht Prozent 50 bis 59 Jahre. Senioren über 60 Jahren sind zu sechs Prozent vertreten. Aus diesen Zahlen eine weit über dem deutschen Schnitt liegende Geburtenrate von Muslimen abzuleiten, entspricht allerdings immer weniger den Realitäten. Hier kommt es zu einer deutlichen Annäherung an den deutschen Durchschnitt, denn 72 Prozent der Befragten haben keine oder maximal zwei Kinder.

Was aber genau wird im Religionsmonitor jenseits dieser soziodemographischen Daten erfragt und wie lassen sich daraus Einblicke in das religiöse Fühlen und Verhalten von Menschen gewinnen? Der Religionsmonitor setzt sich insgesamt aus *sechs sogenannten Kerndimensionen* zusammen, die verschiedene Aspekte und Bereiche des Religiösen erfassen. Durch diese unterschiedlichen Dimensionen entsteht ein sehr breites Bild individueller Religiosität, das eben nicht beispielsweise auf die öffentliche religiöse Praxis, wie die Teilnahme am Freitagsgebet, beschränkt bleibt. Vielmehr kommt es zu einer breiten Erfassung persönlichen religiösen Lebens und Erlebens.

Eine erste Kerndimension beschäftigt sich mit dem *„Intellekt"*. Dahinter stehen Fragen, die sich mit dem Interesse an religiösen Themenstellungen, religiöser Reflexivität oder Suche auseinandersetzen. Die Kerndimension der *„Ideologie"* untersucht – je nach Religionsform – den Glauben an Gott, Götter oder etwas Göttliches. Zudem werden in dieser Dimension Vorstellungen zu einem Leben nach dem Tod oder zur Reinkarnation abgefragt, ebenso wie religiöser Pluralismus und Fundamentalismus. Die Dimension *„Öffentliche Praxis"* widmet sich den Ausdrucksformen des in der Gemeinschaft gelebten Glaubens. Hier wird der interreligiöse Ansatz des Religionsmonitors deutlich, da je nach religiöser Verortung nach Gottesdienstbesuch, Gemeinschaftsgebet oder Tempelbesuch gefragt wird. Bei der öffentlichen Praxis findet nicht nur die Quantität dieser religiösen Ausdrucksform ihren Niederschlag, also die Häufigkeit der Handlung; gleichermaßen wird die Wichtigkeit abgefragt, also die tatsächliche Relevanz und Qualität der öffentlichen Praxis. Dasselbe gilt für die Kerndimension der *„privaten Praxis"*. Auch hier wird sowohl die Häufigkeit als auch die Wichtigkeit abgefragt. Dabei wird zwischen dem Gebet einerseits und der Meditation als pantheistische Ausdrucksweise andererseits unterschieden. Diese Unterscheidung zwischen theistischen und pantheistischen Vorstellungen findet ihren Niederschlag auch in der Kerndimension *„Erfahrung"*. Sie gibt Aufschluss sowohl über die Du-Erfahrung gegenüber einem konkreten göttlichen Wesen als auch über die Einheits-Erfahrung, also quasi dem Aufgehen im „großen Ganzen". In dieser Dimension wird zudem die Häufigkeit verschiedener religiöser Gefühle, wie Liebe und Geborgenheit, aber auch wie Angst oder Zorn ermittelt. Eine letzte Kerndimension beschäftigt sich mit den *„Konsequenzen"*, also den Auswirkungen der individuellen Religiosität auf den Alltag und die eigene Lebensführung – beispielsweise im Umgang mit Familie, Sexualität oder Krankheit.

Die ersten fünf dieser Kerndimensionen werden schließlich im sogenannten *„Zentralitätsindex"* gebündelt[2]. Dieser gibt in der Gesamtschau der unterschiedlichen Aspekte des Religiösen einen fundierten Einblick in die Bedeutung von Religiosität für Individuen, aber auch für gesellschaftliche Gruppen oder ganze Gemeinwesen. Der Zentralitätsindex ermöglicht eine Unterscheidung zwischen Nicht-Religiösen, Religiösen und Hoch-Religiösen. Für *Nicht-Religiöse* spielen religiöse Inhalte, Praktiken und Erfahrungen gar keine oder eine sehr geringe Rolle; Religion findet in deren Persönlichkeit und Handeln de facto keinen Niederschlag. *Religiöse* Menschen hingegen verfügen über ein grundsätzliches In-

---

[2] Die sechste Kerndimension „Konsequenzen" bleibt für den Zentralitätsindex unberücksichtigt. Fragen zu den Konsequenzen wurden nur denjenigen Respondenten gestellt, die sich selbst als religiös oder hoch-religiös bezeichnet haben.

teresse an religiösen Fragestellungen. Religiöse Praktiken und Inhalte kommen also vor, auch wenn sie für die Persönlichkeit eine nur untergeordnete Rolle spielen. Religiöses wird von diesen mit einer mittleren Relevanz und Aufmerksamkeit wahrgenommen. Ganz anders bei den *Hoch-Religiösen*: Religiöse Inhalte und Praktiken sind für sie von zentraler Bedeutung und durchdringen das gesamte Empfinden und Verhalten. Hoch-Religiöse sind zudem bereit, in Diskussionen aktiv für ihre religiösen Überzeugungen einzustehen.

Tabelle 1: Die Systematik des Religionsmonitors 2008

			INHALTE		
			allgemein		spezifisch
			Basissemantiken		(Themen, Einstellungen, Haltungen, Stile)
			theistisch	pantheistisch	
KERN-DIMENSIONEN	Intellekt		Interesse an religiösen Themen		religiöse Reflexivität, religiöse Suche, Theodizee, spirituelle und religiöse Bücher
			religiöse Sozialisation[a]		
	Ideologie (Glaube)		Glaube an Gott oder etwas Göttliches		Gottesbilder, Weltbilder, religiöser Pluralismus, religiöser Fundamentalismus, weitere religiöse Vorstellungen
	öffentliche Praxis		Gottesdienst, Gemeinschaftsgebet, spirituelle Rituale		Religionszugehörigkeit
			religiöse Sozialisation[a]		
	private Praxis		Gebet	Meditation	Pflichtgebet, Puja, Hausaltar, interreligiöse Praxis
			religiöse Sozialisation[a]		
	Erfahrung		Du-Erfahrung	All-Erfahrung	religiöse Gefühle
	Konsequenzen		allgemeine Alltagsrelevanz der Religion		Relevanz der Religion in elf Lebensbereichen
ZENTRALITÄT			Zentralitätsskala (Z-Skala)[b]		religiöses und spirituelles Selbstkonzept, Wichtigkeit des religiösen Lebensbereichs
			religiöse Sozialisation		

a Die Indikatoren zur dimensions- und geschlechtsspezifischen Untersuchung religiöser Sozialisationsprozesse sind nur im Onlinetool des Religionsmonitors integriert (www.religionsmonitor.com).
b Die Zentralitätsskala besteht aus Indikatoren der blau unterlegten Zellen.

Quelle: Bertelsmann Stiftung, 2009, S. 19

3. Ergebnisse zur Zentralität: Wie religiös sind Muslime in Deutschland?

Welche Aussagen aber lassen sich nun über die religiöse Verortung von Muslimen in Deutschland treffen? Auf Grundlage des Religionsmonitors lässt sich feststellen, dass 41 Prozent der Muslime als hoch-religiös bezeichnet werden können, weitere 49 Prozent immerhin noch als religiös. In der Summe sind also 90 Prozent der deutschen Muslime in mittlerem oder sogar starkem Maße für religiöse Fragestellungen offen. Diese hohe Zahl relativiert sich, wenn man sich die Definitionen von Religiosität vor Augen führt, die dem Religionsmonitor zugrunde liegen. So steht bei den 49 Prozent der Religiösen zu vermuten, dass sie grundsätzlich ein Verständnis von religiösen Inhalten und Praktiken haben, diese aber nur sehr randständig in ihr Leben integrieren. Es ist anzunehmen, dass für sie Religion eine „kulturelle Mitgift" ist, die als Produkt von Erziehung und Tradition im Hintergrund weiterhin mitschwingt, aber nicht aktiv praktiziert wird. Häufig wird bei solchen Menschen auch von „Kulturmuslimen" gesprochen.

Fakt bleibt dennoch, dass der Anteil religiöser Muslime deutlich über dem Durchschnitt der deutschen Gesamtbevölkerung liegt. Dies zeigt sich beim Vergleich der Zahlen aus dem Religionsmonitor „Muslimische Religiosität in Deutschland" mit dem „Religionsmonitor 2008". Letztgenannte Studie bietet einen Überblick über die religiösen Überzeugungen und Lebensweisen der Deutschen. Aufgrund deren Repräsentativität sind in dieser Studie im Wesentlichen Christen und Konfessionslose berücksichtigt. Dabei können 18 Prozent der Deutschen als hoch-religiös und weitere 52 Prozent als religiös bezeichnet werden. Dies verdeutlicht, dass die Religiosität bei den deutschen Muslimen deutlich stärker ausgeprägt ist als im deutschen Durchschnitt insgesamt. Diese Aussage bleibt auch dann richtig, wenn man die aus nachvollziehbaren Gründen wenig religiösen Konfessionslosen herausrechnet und sich die relativ stark religiösen Katholiken ansieht. 27 Prozent der Katholiken in Deutschland können als hoch-religiös erachtet werden, weitere 57 Prozent als religiös. Auch sie liegen damit deutlich hinter den durchschnittlichen Zahlen für die deutschen Muslime.

Allerdings zeigen sich auch innerhalb der islamischen Umma deutliche Unterschiede je nach Konfession. Unter den Sunniten ist fast jeder Zweite hoch-religiös, bei den Schiiten sind es noch knapp 30 Prozent. Lediglich die Aleviten liegen hier aufgrund einer anderen religiösen Verfasstheit und divergierender religiöser Praktiken zurück. Von ihnen sind noch zwölf Prozent hoch-religiös und weitere 65 Prozent religiös. Die Unterschiede nach Konfessionen korrespondieren zudem weitestgehend mit den ursprünglichen Herkunftsregionen der Befragten. Die türkeistämmigen Muslime – die in ihrer Mehrzahl der Sunna angehören – können zu 44 Prozent als hoch-religiös erachtet werden. Unter denjenigen, die aus einem arabischen Staat stammen, sind noch 37 Prozent hoch-religiös. Bei den Muslimen vom Balkan ist es mit 31 Prozent noch knapp jeder Dritte. Am niedrigsten liegt die Zahl der Hoch-Religiösen bei denen, die ursprünglich aus Iran oder Afghanistan stammen. Hier kann noch etwa jeder Vierte als hoch-religiös erachtet werden. Die Hauptursache hierfür liegt vermutlich darin, dass viele säkular oder liberal eingestellte Muslime aus Iran ganz bewusst nach Deutschland emigriert sind, um dem vom schiitischen Islam durchdrungenen Staatswesen zu entgehen.

Abbildung 1: Zentralität der Religiosität von Muslimen in Deutschland nach Konfessionen und Sprachgruppen

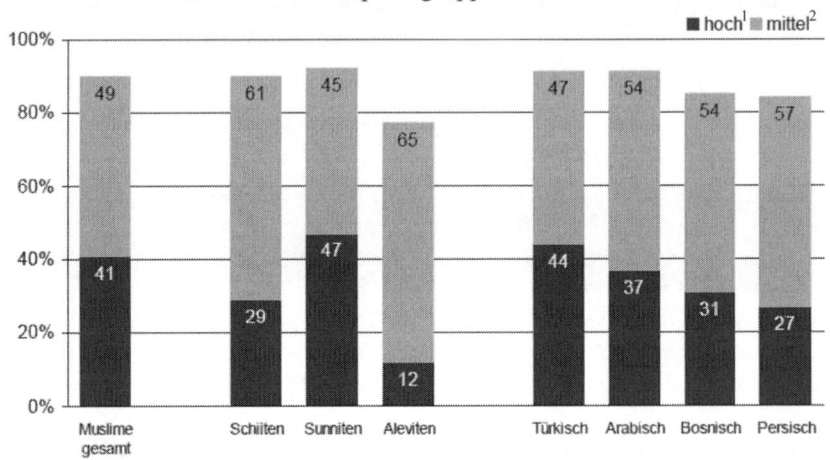

	Muslime gesamt	Schiiten	Sunniten	Aleviten	Türkisch	Arabisch	Bosnisch	Persisch
hoch[1]	41	29	47	12	44	37	31	27
mittel[2]	49	61	45	65	47	54	54	57

Quelle: Eigene Darstellung
[1] hoch = hoch-religiös
[2] mittel = religiös

Beim Blick auf diese Zahlen wird also deutlich, dass es verkürzt und falsch wäre, von „dem" Islam in Deutschland zu sprechen. In Deutschland zeigen sich im Islam ebenso unterschiedliche Formen und Lebensweisen der Religion wie auch unter Christen. „Den" Islam gibt es also nicht, sondern er ist bunt und vielfältig. Gleichzeitig bleibt richtig, dass der Islam in der Bundesrepublik stark beeinflusst ist vom Islam türkischer Prägung. Dies ist logische Konsequenz der großen Zahl an türkeistämmigen Muslimen in Deutschland. Laut der Studie des Bundesamtes für Migration und Flüchtlinge gibt es in Deutschland 3,8 bis 4,3 Millionen

Muslime, rund 2,5 Millionen davon stammen aus der Türkei. Deren Anteil an der muslimischen Bevölkerung in Deutschland liegt damit bei 63 Prozent (Haug et al. 2009: 84; siehe auch den Beitrag von Stichs/Müssig in diesem Band). Sucht man nach den Gründen für die hohe Religiosität von Muslimen in Deutschland, lassen sich mindestens zwei Vermutungen anstellen: 1. Muslime sind per se religiöser als Christen; 2. Die hohe Religiosität der Muslime in Deutschland ist deren Diasporasituation geschuldet. Durch die internationale Ausrichtung des Religionsmonitors kann beiden Vermutungen auf Grundlage fundierten Datenmaterials nachgegangen werden:

Im internationalen Religionsmonitor werden insgesamt 21 Staaten untersucht, darunter jeweils mehrere christlich und muslimisch geprägte Staaten. Beim Vergleich der Länderergebnisse zeigt sich, dass die Annahme „Muslime sind religiöser als Christen" so nicht stimmt. Vielmehr scheint es einen Zusammenhang zwischen Religiosität und Region zu geben. Der prozentual höchste Anteil an Hoch-Religiösen zeigt sich im religiös heterogenen Nigeria, das stellvertretend für die Staaten Schwarzafrikas stehen kann. Auf den Rängen folgen mit Guatemala und Brasilien zwei lateinamerikanische Staaten mit starken frei- und pfingstkirchlichen Bewegungen. Hieran schließen sich die muslimischen Länder Marokko, Indonesien und die Türkei an. Einzig die USA schaffen es als westlicher Industriestaat unter die vorderen Ränge. Dafür verantwortlich sind nicht zuletzt die historisch bedingte große Bedeutung von Religion in den Vereinigten Staaten sowie der dort stark ausgeprägte religiöse Wettbewerb. Zwar schaffen es stark von der katholischen Kirche geprägte Staaten wie Polen und Italien noch auf mittlere Ränge, der Großteil der europäischen Länder – inklusive Deutschland – allerdings ist am Ende der Liste zu finden. Damit sind global gesehen Muslime also nicht zwangsläufig religiöser als Christen, in Relation zu vielen unterdurchschnittlich religiös geprägten Menschen in Europa sind sie es allerdings schon.

Hinsichtlich der Frage nach einem Diasporaeffekt bietet sich der Vergleich von Muslimen in der Türkei und türkeistämmigen Muslimen in Deutschland an. Laut Religionsmonitor können 44 Prozent der Muslime in der Türkei als hoch-religiös bezeichnet werden, weitere 41 Prozent als religiös. Überhaupt nicht religiös ist hingegen nur ein Prozent der Befragten. Unter den türkeistämmigen Muslimen in Deutschland sind 41 Prozent hoch-religiös, 49 Prozent religiös und fünf Prozent nicht-religiös. Ein die Religiosität der Menschen beförderner Diasporaeffekt lässt sich aus diesen Zahlen damit nicht ablesen. Vielmehr liegen in allen Kerndimensionen die Werte für die Türkei etwas über denen der türkeistämmigen Muslime in Deutschland. Genauso wenig lässt sich daraus aber ableiten, dass

Muslime im säkularen Deutschland vollkommen aufgehen und sich deren Religiositätswerte dem niedrigeren Niveau der Gesamtgesellschaft angleichen würden. Ohnehin fördert der Altersgruppenvergleich einige interessante Ergebnisse zutage. So lässt sich feststellen, dass unter den Muslimen in Deutschland auch über die Generationen hinweg die Religiosität konstant bleibt – jüngere Muslime sind also in der Gesamtschau aller Kerndimensionen nicht mehr oder weniger religiös als ältere Glaubensbrüder und -schwestern. Gleich ob 18 bis 29-Jährige, 40 bis 49-Jährige oder Senioren von über 60 Jahren: Der Anteil der Hoch-Religiösen liegt in allen Fällen bei rund 40 Prozent. Auch die Zahl der Religiösen liegt über alle Alterskohorten hinweg bei relativ konstanten 50 Prozent. Im Vergleich zu den Ergebnissen der Befragung der deutschen Gesamtbevölkerung, die aufgrund der Repräsentativität im Wesentlichen Christen und Konfessionslose erfasst, zeigen sich dabei zwei Unterschiede: Zum einen liegt – wie schon festgestellt – der Anteil der Hoch-Religiösen in der Gesamtgesellschaft deutlich niedriger. Zum anderen ist hier ein deutlicher Anstieg der Religiosität bei den Älteren zu konstatieren. Während sich in den Altersgruppen zwischen 18 und 59 Jahren der Anteil der Hoch-Religiösen zwischen zehn und 17 Prozent bewegt, können mit 28 Prozent deutlich mehr Senioren ab 60 Jahren als hoch-religiös bezeichnet werden.

Abbildung 2: Zentralität der Religiosität im Vergleich der Generationen bei Muslimen und deutscher Gesamtgesellschaft

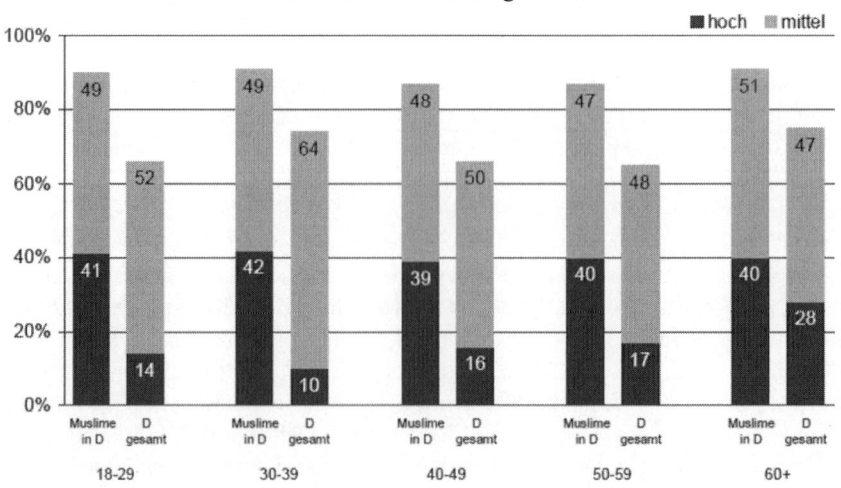

Quelle: Eigene Darstellung

Wesentliches Merkmal des Religionsmonitors ist, dass durch die Betrachtung unterschiedlicher Aspekte religiösen Wahrnehmens und Handelns ein sehr breites Bild individueller Religiosität gezeichnet wird, das sich im Zentralitätsindex niederschlägt. Die subjektive Wahrnehmung der eigenen Religiosität kann davon mitunter deutlich abweichen. Dies verdeutlichen die Ergebnisse der im Religionsmonitor gestellten Frage zum religiösen Selbstbild. Konkret lautete die Frage: „Als wie religiös würden Sie sich selbst bezeichnen?" Demnach erachten sich 29 Prozent der Muslime in Deutschland als hoch-religiös, weitere 52 Prozent als religiös. Während also die Ergebnisse des Zentralitätsindexes bei den Religiösen weitestgehend mit deren Selbstbild übereinstimmen, weist der Zentralitätsindex zwölf Prozent mehr Hoch-Religiöse aus als aus den Angaben des religiösen Selbstbildes zu entnehmen sind. Dafür kann es unterschiedliche Gründe geben: Erstens neigt der Mensch dazu, sich mit anderen zu vergleichen. Dabei wird man immer andere Menschen benennen können, denen man unterstellt, besser oder, in diesem Kontext, religiöser zu sein – und sei es der Imam. Damit bleibt „hoch-religiös" eine Kategorie, die man mitunter einem solchen Personenkreis vorbehält und man ordnet sich selbst in konservativer Manier im Mittelfeld, also in der Kategorie „religiös" ein. Zweitens wird man bei persönlicher Reflexion Unzulänglichkeiten feststellen, die einen davon abhalten, sich selbst als hoch-religiös zu beschreiben. Dies können auch nur Einzelaspekte sein, wie beispielsweise kein fünfmaliges Gebet pro Tag oder die bislang nicht durchgeführte Pilgerfahrt nach Mekka. Drittens ist zu vermuten, dass viele Menschen einen sehr engen Religiositätsbegriff haben, der sich beispielsweise stark auf die öffentliche Praxis beziehen kann. Nehme ich aber als Gläubiger nicht jede Woche am Freitagsgebet teil, so kann ich schon nicht mehr hoch-religiös sein. Diese Haltung allerdings widerspricht dem Religionsmonitor, der einen sehr breiten Religiositätsbegriff etabliert, der sich in den sechs Kerndimensionen widerspiegelt. Ist aber eine dieser sechs Dimensionen schwach ausgeprägt, so kann ein Mensch nichtsdestotrotz tief im Glauben verwurzelt und somit hoch-religiös sein.

Besonders interessant ist beim religiösen Selbstbild der Muslime der Altersvergleich. In den Altersgruppen der über 40-Jährigen liegt der Anteil derjenigen, die sich selbst als hoch-religiös erachten, bei rund 20 Prozent. In der Alterskohorte der 30 bis 39-Jährigen bezeichnen sich im Vergleich dazu mit 30 Prozent bereits deutlich mehr Befragte als hoch-religiös. Bei den jüngsten Studienteilnehmern im Alter von 18 bis 29 Jahren steigt der Anteil derjenigen, die sich als hoch-religiös erachten noch weiter und liegt bei 39 Prozent. Gleichzeitig ist in dieser Gruppe mit 15 Prozent der Anteil derjenigen am geringsten, die sich als nicht-religiös bezeichnen.

Doch wieso liegt die subjektive Wahrnehmung eigener Religiosität bei jungen Muslimen deutlich höher als bei den älteren Generationen? Eine Ursache könnte ein erhöhter Positionierungsdruck sein. Junge Muslime stehen stärker im Austausch mit unterschiedlichen gesellschaftlichen Gruppen, während ältere Muslime häufig auf die eigene Gruppe fixiert sind. Durch diesen intensiveren Austausch erhöht sich für die jugendlichen Muslime die Notwendigkeit, sich zu positionieren oder auch abzugrenzen. In jedem Falle kann ihnen Religion Orientierungspunkt in einer unübersichtlichen Welt und Möglichkeit zur Vergewisserung der eigenen Identität sein. Eine wichtige Rolle scheint in diesem Zusammenhang auch die religiöse Erziehung zu spielen. Im Religionsmonitor geben zwei Drittel der befragten Muslime an, religiös erzogen worden zu sein. Dabei sinkt allerdings die Zustimmung zu dieser Aussage mit wachsendem Alter. Während 74 Prozent der 18 bis 29-Jährigen angeben, in einem religiösen Sinne erzogen worden zu sein, sind es bei den 40 bis 49-Jährigen noch 58 Prozent. Bei den über 60-Jährigen bejaht nur noch etwa jeder Zweite diese Aussage. Der Blick auf diese Zahlen lässt daher vermuten, dass erlebte religiöse Erziehung auch das eigene religiöse Selbstbild prägt. Natürlich spielt mitunter auch die subjektive Erinnerung eine Rolle, wenn ältere Befragte weniger oft angeben, religiös erzogen worden zu sein. Womöglich verblasst die Wahrnehmung religiöser Erziehung mit den Jahren oder wird rückblickend nicht als explizite religiöse Erziehung, sondern als integraler Bestandteil des Alltags erachtet. Genauso gut möglich allerdings scheint, dass junge Muslime von ihren Eltern tatsächlich religiöser erzogen wurden. Zu vermuten wäre dann ein „übersprungener Diasporaeffekt": Die Eltern versuchen, durch die Erziehung ihren Kindern ein Grundgerüst dessen auf den Weg mitzugeben, was für die Wurzeln der Familie steht und die eigene Identität und Herkunft nicht vergessen lässt. Neben der Sprache und Kultur gehört dazu auch die Weitergabe der Religion.

4. Die Intellektuelle Dimension: Beschäftigung mit Religion

Wie gezeigt wurde, spielt Religiosität für die hierzulande lebenden Muslime in der Mehrzahl eine bedeutende Rolle. Anhand der unterschiedlichen Kerndimensionen lässt sich dabei nachvollziehen, welche Aspekte des religiösen Lebens und Erlebens von besonderer Relevanz sind. In einem ersten Schritt lässt sich beispielsweise klären, welche Bedeutung die Beschäftigung mit Religion für den einzelnen Menschen hat. Wie stark ist das Interesse an Religion? Wie sehr interessieren sich die Menschen dafür, mehr über die eigene Religion zu erfahren? Und wie oft denken sie über religiöse Themen nach? Die intellektuelle Dimension des Religionsmonitors geht diesen Fragen nach. Zwölf Prozent der befragten Muslime in Deutschland haben in dieser Dimension eine lediglich geringe Ausprägung, weitere 42 Prozent erreichen eine mittlere Intensität. Für 45 Prozent allerdings hat die intellektuelle Beschäftigung mit Religion eine hohe Relevanz. Dabei lässt sich für die Kerndimension „Intellekt" eine Feststellung machen, die auch für die anderen fünf Kerndimension ihre Richtigkeit hat: Frauen erhalten höhere Werte als Männer, Sunniten mitunter deutlich höhere Werte als Schiiten und vor allem als Aleviten, Türkeistämmige gefolgt von Arabischstämmigen höhere Werte als Muslime mit Wurzeln auf dem Balkan oder im Iran. Zudem ist die Intensität der Ausprägung in allen Kerndimensionen bei jungen Muslimen mindestens auf dem gleichen Niveau wie in den anderen Altersgruppen, wenn nicht sogar deutlich größer.

Eine Quelle zur Beschäftigung mit Religion oder eigenen Glaubensüberzeugungen können religiöse und spirituelle Bücher sein. Diese Möglichkeit wird von 27 Prozent der befragten Muslime in Deutschland oft oder sehr oft genutzt, von weiteren 29 Prozent gelegentlich. 17 Prozent greifen niemals zu religiösen oder spirituellen Büchern. Insbesondere für Hoch-Religiöse aber sind religiöse Schriften zentrale Mittel, um mehr über den eigenen Glauben zu erfahren. 45 Prozent von ihnen greifen regelmäßig auf religiöse Bücher zurück, lediglich vier Prozent tun dies niemals. Um welche Art von religiösen oder spirituellen Büchern es sich dabei handelt, lässt sich im Religionsmonitor nicht klären, insofern bleibt hier ein gewisser Spekulationsspielraum. Wahrscheinlich ist, dass es sich dabei um Quellen wie den Koran oder die Sunna handelt, möglich sind darüber hinaus Sekundärwerke mit Hinweisen und Interpretationen zur Heiligen Schrift.

Ergänzend zur repräsentativen quantitativen Studie des Religionsmonitors wurden in einer qualitativen Untersuchung 18 deutsche Muslime in Tiefeninterviews genauer zu ihrer Religiosität und Spiritualität befragt. Diese Befragung wurde im Auftrag der Bertelsmann Stiftung vom Zentrum für Türkeistudien und Integrationsforschung (ZfTI) an der Universität Duisburg-Essen durchgeführt (siehe Halm 2012). Insbesondere zu Aspekten aus der intellektuellen Kerndimension liefern diese Interviews einige interessante Zusatzinformationen: So korrespondiert das breite Interesse an religiösen Themen mit einem relativ geringen Kenntnisstand über den Islam. Tauchen dann Unsicherheiten zu religiösen Fragen auf, so ist der Imam die zumeist einzige bekannte Anlaufstelle, um hier Hilfe zu erfahren. Es zeigt sich also, welche Bedeutung der Imam gerade für hoch-religiöse Muslime hat. Umso wichtiger ist es, dass er den Menschen nicht nur religiösen Beistand, sondern auch Unterstützung in lebenspraktischen Fragen bieten kann. Letzteres wird den vielen aus dem Ausland auf Zeit entsandten Imamen, den sogenannten „Import-Imamen", in der Regel abgesprochen. Daraus lässt sich auch die besondere Relevanz einer fundierten Imamausbildung in Deutschland ableiten, um eben diese fehlenden Qualifikationen entwickeln zu können. Ergänzend ist es mit Sicherheit auch richtig, die Einführung islamischen Religionsunterrichts weiter voranzutreiben und durch die dann hier ausgebildeten Lehrkräften weitere Anlaufstellen bei religiösen Fragen zu schaffen.

Weitere Erkenntnisse liefern die ZfTI-Interviews auch zur religiösen Reflexivität. Die hohe Reflexivität entsteht demnach nicht in Auseinandersetzung mit dem Christentum in Deutschland, sondern zeigt sich in der Frage der Vereinbarkeit der eigenen religiösen Tradition mit dem Leben in einer modernen Gesellschaft. Anders gesagt: Die hier lebenden Muslime fühlen sich nicht als ethnische Minderheit in einem christlichen oder atheistischen Umfeld gefährdet oder herausgefordert. Zentraler ist für sie die Frage: Kann man ein guter Muslim sein in einem Umfeld, in dem man ständig den Verlockungen und Möglichkeiten der Postmoderne ausgesetzt ist? Gleichzeitig steht allerdings zu vermuten, dass insbesondere die Sexualisierung und Enttabuisierung vieler moderner Gesellschaften nicht nur von Muslimen als herausfordernd erachtet werden, sondern gleichermaßen von vielen Menschen anderer Religionszugehörigkeit.

5. Die Dimension der religiösen Ideologie: Der Glaube

Auch zur religiösen Ideologie bietet der Religionsmonitor umfassende Daten. Deren allgemeine Intensität wird dabei durch zwei Indikatoren erfasst: 1. Wie stark glauben Sie daran, dass es Gott oder etwas Göttliches gibt? 2. Wie stark glauben Sie daran, dass es ein Leben nach dem Tod gibt – z. B. Unsterblichkeit der Seele, Auferstehung der Toten, Reinkarnation? In dieser Kerndimension sind die Zustimmungswerte so hoch wie in keiner anderen. So erreichen 78 Prozent der befragten Muslime eine hohe, weitere 14 Prozent eine mittlere Ausprägung. Besonders überzeugt zeigen sie sich dabei von der Existenz Gottes. 81 Prozent glauben sehr stark daran, dass es Gott gibt, weitere acht Prozent noch ziemlich stark. Lediglich zwei Prozent glauben überhaupt nicht an die Existenz Gottes. Wie bei zahlreichen anderen Indikatoren der Befragung zeigt sich auch hier, dass die Zustimmungswerte junger Muslime höher liegen als bei den älteren, insbesondere den über 60-Jährigen. Denn unter den 18 bis 29-Jährigen glauben 91 sehr stark oder ziemlich stark an Gott, bei den Senioren hingegen sind es 84 Prozent. Dies mag wiederum ein Effekt religiöser Erziehung sein. Ebenso möglich ist, dass gerade für junge Menschen der Glaube zu einem Anker in einer immer unübersichtlicher werdenden Welt wird. Letzteres scheint insofern wahrscheinlich, als auch bei den gesamtdeutschen Ergebnissen des Religionsmonitors – also mit Werten v. a. zu Christen und Konfessionslosen – die religiöse Ideologie der jungen Erwachsenen höher liegt als in den älteren Generationen.

Abbildung 3: Ideologische Dimension im Altersvergleich von Muslimen und deutscher Gesamtgesellschaft

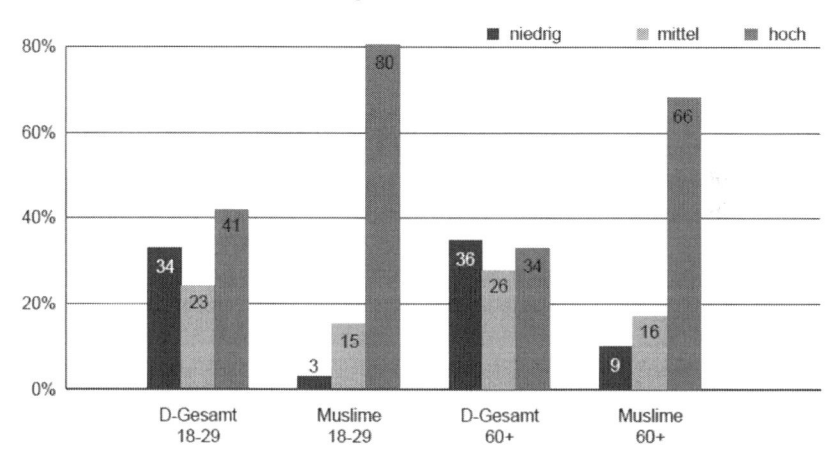

[Balkendiagramm mit folgenden Werten:
D-Gesamt 18-29: niedrig 34, mittel 23, hoch 41
Muslime 18-29: niedrig 3, mittel 15, hoch 80
D-Gesamt 60+: niedrig 36, mittel 26, hoch 34
Muslime 60+: niedrig 9, mittel 16, hoch 66]

Quelle: Eigene Darstellung

Hinsichtlich der Existenz weiterer Wesen „zwischen Himmel und Erde" fallen die Zustimmungswerte deutlich geringer aus. An Engel glauben 64 Prozent der befragten Muslime in hohem Maße, von der Existenz von Dämonen hingegen zeigen sich lediglich 20 Prozent stark überzeugt. Ganz anders bei Satan: Jeder zweite in Deutschland lebende Muslim glaubt sehr oder ziemlich stark an den Teufel, weitere 18 Prozent gehen noch in mittlerem Maße von dessen Wirken aus. Im Gegensatz zum Engel- oder Dämonenglauben sind bei der Frage nach der Existenz des Teufels die Zustimmungswerte junger Erwachsener wiederum deutlich höher als bei den älteren Befragten. Mit 60 Prozent liegt der sehr oder ziemlich starke Glaube an die Existenz des Teufels bei den 18 bis 29-Jährigen um zehn Prozent über dem Durchschnitt aller anderen Altersgruppen.

In der öffentlichen Diskussion um Muslime in Deutschland wird eine Frage in besonderer Weise immer wieder thematisiert: Neigt ein gewisser Teil der Muslime zu religiösem Fundamentalismus? Dahinter steht auch die Mutmaßung, dass Religion mitunter radikalisierend wirken kann. Auch der Religionsmonitor setzt sich daher mit religiösem Fundamentalismus und religiösem Pluralismus auseinander. Dabei interessieren zunächst die wechselseitige Toleranz und die Anerkennung unterschiedlicher religiöser Traditionen. So sind 67 Prozent der befragten Muslime der Ansicht, dass jede Religion einen wahren Kern habe, 13 Prozent stimmen dieser Aussage nicht zu, weitere 17 Prozent haben dazu keine feste Meinung. Die Zustimmung ist dabei unter Hoch-Religiösen mit 71 Prozent am höchsten, unter den Nicht-Religiösen erreicht sie noch 40 Prozent. Toleranz zeigt sich auch in der Offenheit gegenüber anderen Religionen. 86 Prozent der Muslime sprechen sich für eine Offenheit gegenüber fremden religiösen Traditionen aus, deutsche Katholiken und Protestanten beispielsweise tun dies zu jeweils 83 Prozent. Ein weiterer Vergleich lässt sich mit der islamisch geprägten Türkei herstellen: Hier liegt mit 67 Prozent die Zustimmung zu Offenheit gegenüber anderen Religionen deutlich unter dem Wert der Muslime in Deutschland. Dies ist ein Hinweis auf größere Bereitschaft zur Toleranz in einer Minderheitssituation. In der Türkei sind Muslime weitestgehend unter sich, in Deutschland hingegen erfordert der größere „religiöse Wettbewerb" auch ein höheres Maß an Toleranz.

Um religiösen Fundamentalismus abzufragen, werden im Religionsmonitor insgesamt acht Indikatoren untersucht. Dabei wird Fundamentalismus als eine ganzheitliche religiöse Haltung definiert, die nicht nur im Ideologischen, sondern auch im Ethischen und Sozialen ihren Niederschlag findet (Huber 2009: 29). Unter den acht Indikatoren findet dabei folgende Aussage die größte Zustimmung: „Für meine Religiosität ist es wichtig, immer wachsam gegenüber dem Bösen zu sein". Jeder zweite Befragte vertritt diese Ansicht, ein Drittel lehnt diese Aussage ab. Die relativ geringste Zustimmung erhält die Aussage, wonach in religiösen Fragen vor allem die eigene Religion Recht habe und andere Religionen eher Unrecht hätten. 24 Prozent stimmen dem zu, 52 Prozent aber lehnen diese Sichtweise ab. Eine breite religiöse Radikalisierung der Muslime in Deutschland lässt sich aus diesen Zahlen also mitnichten ableiten.

6. Die Dimension der öffentlichen religiösen Praxis: Den Glauben gemeinsam leben

In zwei weiteren Kerndimensionen wird die religiöse Praxis genauer untersucht. Dabei wird grundsätzlich zwischen öffentlicher Praxis, also dem gemeinsamen Erfahren und Teilen des Glaubens, und der privaten Praxis, also dem Gebet oder der Meditation, unterschieden.

In der Kerndimension „öffentliche Praxis" wird zweierlei abgefragt: Die Häufigkeit der Teilnahme am Gemeinschaftsgebet bzw. Freitagsgebet und die Wichtigkeit dieser Teilnahme. 36 Prozent der Befragten erreichen in dieser Dimension eine hohe Ausprägung, 30 Prozent noch eine mittlere Ausprägung. Für das verbliebene Drittel hat die gemeinschaftliche öffentliche Praxis hingegen nur eine geringe Bedeutung. Auffällig ist wiederum, dass die jungen Muslime auch in dieser Kerndimension die höchsten Werte erreichen. Bei ihnen scheint die öffentliche Praxis lediglich für ein Viertel eine nur geringe oder keine Rolle zu spielen, wohingegen bei den über 50-Jährigen dieser Anteil auf rund 40 Prozent ansteigt. Besonders augenscheinlich ist zudem in dieser Kerndimension der Unterschied zwischen den Geschlechtern. Jeder zweite Mann hat hier eine hohe Ausprägung, bei den Frauen ist es nur jede fünfte. Die Ursache für diese deutliche Diskrepanz liegt im islamischen Glauben begründet. So ist die Teilnahme am Gemeinschaftsgebet beziehungsweise am Freitagsgebet für muslimische Männer und Jungen ab der Pubertät nach weit verbreiteter Auffassung verpflichtend, für Frauen hingegen lediglich empfohlen.

Ebenfalls deutliche Unterschiede lassen sich beim Blick auf die verschiedenen Konfessionen konstatieren. Wie in allen Dimensionen erreichen die Sunniten auch bei der öffentlichen Praxis die höchsten Werte, sie hat für 42 Prozent von ihnen eine große Bedeutung. Bei den Schiiten gilt dies noch für jeden vierten Befragten, bei den Aleviten nur für neun Prozent. Umgekehrt betrachtet: Für 75 Prozent der Aleviten spielt die öffentliche Praxis eine sehr untergeordnete oder gar keine Rolle. Dafür gibt es unterschiedliche Gründe, die zum einen mit dem alevitischen Glauben zu tun haben, der eine verpflichtende Teilnahme an gemeinschaftlichen Gebeten nicht vorsieht. Zum anderen kann auch die standardisierte Abfrage hier zu Verzerrungen geführt haben. Gefragt wird in stark sunnitischen und schiitischen Kategorien des Islams. An anderer Stelle wird im Fragebogen beispielsweise von Moscheebesuchen gesprochen. Nun kann ein Alevit hier ablehnende oder gar keine Antworten geben, da Aleviten keine Moscheen haben. Oder er übersetzt für sich Moschee in seine Tradition, also in Cem-Haus, und gibt entsprechend Auskunft zur Anwesenheit im Cem-Haus.

Aufschlussreich ist davon unabhängig die konkrete Häufigkeit der Teilnahme am Freitagsgebet beziehungsweise am Gemeinschaftsgebet. 23 Prozent der Befragten geben an, jede Woche daran teilzunehmen, weitere elf Prozent noch mehrmals im Monat. Andererseits erscheinen 37 Prozent niemals zum Gemeinschaftsgebet. Wie bereits erläutert, ist die Teilnahme an der öffentlichen Praxis in Form des Gemeinschaftsgebetes bei Aleviten mit nur fünf Prozent wöchentlicher Teilnehmer gering ausgeprägt. Die Schiiten liegen nicht deutlich über diesen

Werten, geben doch auch nur 16 Prozent von ihnen an, wöchentlich am Freitagsgebet teilzunehmen. Bei den Sunniten steigt dieser Anteil zwar auf ein Viertel, gleichzeitig geben aber 29 Prozent von ihnen an, niemals zum Gemeinschaftsgebet zu erscheinen. Der Vergleich beispielsweise mit Katholiken in Deutschland zeigt, dass selbst Sunniten noch hinter den relativ niedrigen Werten der Katholiken bei der öffentlichen Praxis liegen. Doch woran liegt das? Ursächlich sind vermutlich unterschiedliche Gründe:

Zunächst sind die deutlichen Unterschiede der Geschlechter bei der öffentlichen Praxis zu berücksichtigen. Während jeder zweite muslimische Mann mindestens einmal im Monat am Freitagsgebet teilnimmt, sind es bei den Frauen lediglich 15 Prozent. Gleichzeitig erscheinen 52 Prozent der Musliminnen niemals zum Gemeinschaftsgebet. Dieser deutliche Geschlechterunterschied drückt natürlich die Gesamtwerte der Muslime, ein vergleichbares Phänomen gibt es in den christlichen Konfessionen nicht. Zudem ist der Zeitpunkt des Gemeinschaftsgebetes ein entscheidender Aspekt. Dieses findet am Freitag statt, der im Gegensatz zu muslimisch geprägten Ländern in Deutschland kein arbeitsfreier Tag ist. Aufgrund beruflicher Verpflichtungen ist es vielen Muslimen also aus zeitlichen Gründen schlicht nicht möglich, am Gemeinschaftsgebet teilzunehmen, da dieses mitten in der regulären Arbeitszeit stattfindet. Diese Annahme wird bestätigt beim Vergleich der türkeistämmigen Muslime in Deutschland mit den Ergebnissen der Muslime in der Türkei: Jeder vierte türkeistämmige Muslim in Deutschland nimmt wöchentlich am Freitagsgebet teil, bei den Muslimen in der Türkei liegt dieser Wert mit 38 Prozent deutlich höher. Zudem erreichen die Muslime in Deutschland im Rentenalter (Kategorie über 60 Jahre) mit 30 Prozent wöchentlichen Teilnehmern ebenfalls einen Wert, der deutlich über dem Durchschnitt aller Altersgruppen liegt. Ein dritter Grund ist die fehlende Dichte an Moscheen, die für das Freitagsgebet besucht werden können. Mitunter bestehen große räumliche Distanzen zwischen der Mosche und dem Wohn- bzw. Arbeitsort, was zu einem Hindernis wird. Gerade schiitische Moscheen gibt es in nur geringer Zahl und räumlich sehr ungleichmäßig verteilt. Aktuellen Daten zufolge gibt es in Deutschland derzeit etwa 2.350 Moscheen und Cem-Häuser (Halm/Sauer 2012). Schätzungen gehen davon aus, dass auf 1.200 Muslime in der Bundesrepublik ein islamisches Gebetshaus kommt (vgl. www.deutsche-islam-konferenz.de).

7. Die Dimension der privaten religiösen Praxis: Gebet und Meditation

Wie bei der öffentlichen Praxis, so wird auch bei der Kerndimension der privaten religiösen Praxis sowohl die Häufigkeit als auch die Wichtigkeit abgefragt. In dieser Kerndimension erreichen 69 Prozent der Befragten beim Gebet eine hohe, weitere 18 Prozent eine mittlere Ausprägung. Nur für jeden Zehnten hat das Gebet eine geringe Relevanz. Signifikant sind die Unterschiede vor allem zwischen Männern und Frauen, wobei sich das entgegengesetzte Bild zur öffentlichen Praxis abzeichnet: Während die gemeinschaftliche religiöse Praxis der Bereich des Mannes ist, konzentrieren sich die Frauen stark auf das persönliche Gebet. 80 Prozent der Frauen erreichen eine hohe Ausprägung, bei den Männern sind es knapp 60 Prozent.

Abbildung 4: Öffentliche und private Praxis (Gebet) nach Konfession

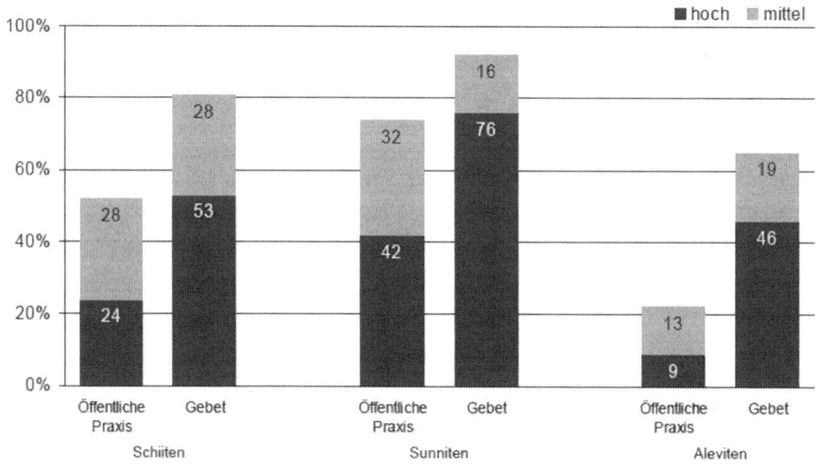

Quelle: Eigene Darstellung

Eine Besonderheit des Islams, beispielsweise im Vergleich zum Christentum, ist das Pflichtgebet (salát). Ein gläubiger Muslim hat dies fünfmal am Tag zu festen Zeiten zu verrichten. Im Religionsmonitor wird neben dem Pflichtgebet zudem nach persönlichen Gebeten (du'a), also nach freien oder auch situativen Gebeten, gefragt. Im Vergleich zeigt sich, dass persönliche Gebete häufiger praktiziert werden. 60 Prozent der befragten Muslime geben an, mindestens einmal am Tag persönliche Gebete zu sprechen, selten oder gar nicht tun es nur 17 Prozent. Das Pflichtgebet hingegen praktizieren 39 Prozent mindestens einmal pro Tag, jeder Dritte selten oder gar nicht. An das vorgeschriebene fünfmalige Gebet zu festen

Zeiten halten sich 28 Prozent, wobei im Altersvergleich ein kontinuierlicher Anstieg zu beobachten ist. Während bei den 18 bis 29-Jährigen knapp jeder Vierte dem fünfmaligen Gebet nachkommt, sind es bei den Senioren über 60 Jahren bereits 35 Prozent – im Gegensatz zu beruflich gebundenen Menschen ist es ihnen also schon rein zeitlich möglich, ihren religiösen Pflichten zu festen Uhrzeiten nachzukommen. Zudem fehlen gläubigen Muslimen in der Regel auch die notwendigen Rückzugs- bzw. Gebetsräume, um während des Tages bei Unterbrechung der Arbeit das rituelle Pflichtgebet durchzuführen.

Beim Blick auf die Konfessionen ist insbesondere bei den Aleviten die Diskrepanz zwischen freiem und verpflichtendem Gebet offensichtlich. Entsprechend wird so etwas wie ein Pflichtgebet von nur jedem zehnten Aleviten praktiziert, von 62 Prozent hingegen gar nicht. Mindestens ein persönliches Gebet pro Tag sprechen hingegen 38 Prozent der befragten Aleviten. Bei Sunniten und Schiiten ist der Unterschied zwischen Pflichtgebet und persönlichem Gebet ebenfalls nachweisbar, wenngleich mit deutlich geringerer Diskrepanz.

Ebenfalls in der Kerndimension der privaten religiösen Praxis werden die Häufigkeit und Wichtigkeit der Meditation abgefragt. Diese pantheistische Spiritualitätsform wird weit seltener von den Muslimen in Deutschland praktiziert als die unterschiedlichen Formen des Gebets. Lediglich 15 Prozent erreichen eine hohe, weitere 21 Prozent eine mittlere Ausprägung. Die Anzahl derjenigen Menschen, die zur Meditation keine Angabe machten, liegt mit 20 Prozent recht hoch. Nur 13 Prozent der befragten Muslime meditieren mindestens einmal pro Tag, dabei sind die Unterschiede zwischen den Geschlechtern oder den Konfessionen marginal. Lediglich im Altersgruppenvergleich lässt sich eine Zunahme der Meditationshäufigkeit mit steigendem Alter konstatieren. Wie beim Gebet, so mag auch bei der Meditation dabei der zeitliche Aspekt ausschlaggebend sein.

8. Die Dimension der religiösen Erfahrung: Gefühle gegenüber Gott

Ein Unikum des Religionsmonitors bildet die Kerndimension der religiösen Erfahrung, die in empirischen Studien in der Regel nicht berücksichtigt wird. Diese religionspsychologische Perspektive geht davon aus, dass Transzendenz für religiöse Menschen tatsächlich wahrnehmbar und emotional aufgeladen ist. Der Religionsmonitor unterscheidet auch hier zwischen theistischen (Du-Erfahrung) und pantheistischen Konzepten (Einheits-Erfahrung).

Der Index zur Intensität der Du-Erfahrung umfasst die folgenden Fragen: Wie oft erleben Sie Situationen, in denen Sie das Gefühl haben, dass Gott oder etwas Göttliches Ihnen etwas mitteilen oder zeigen lässt? Und: Wie oft erleben

Sie Situationen, in denen Sie das Gefühl haben, dass Gott oder etwas Göttliches in Ihr Leben eingreifen lässt? 36 Prozent der Befragten erreichen hier eine hohe, weitere 35 Prozent eine mittlere Intensität. Für 21 Prozent hingegen spielt die direkte Erfahrung mit Gott eine geringe Rolle. Besonders hohe Zustimmungswerte lassen sich für Frauen und junge Menschen konstatieren. Im interkonfessionellen Vergleich liegt die Zustimmung bei Sunniten und Schiiten fast gleich auf, die Anzahl der Aleviten mit hoher Ausprägung liegt auch hier mit 18 Prozent um fast 20 Prozentpunkte niedriger.

Eine pantheistische Einheitserfahrung wird anhand der Frage „Wie oft erleben Sie Situationen, in denen Sie das Gefühl haben, mit Allem Eins zu sein?" untersucht. Im Gegensatz zur Du-Erfahrung erreichen hier, mit 29 Prozent, weniger Befragte eine hohe Ausprägung. Der Anteil der Respondenten mit geringer Intensität liegt mit 36 Prozent hingegen deutlich höher. Zudem lässt sich feststellen, dass bei der Einheits-Erfahrung die Intensität mit zunehmendem Alter steigt. So hat das pantheistische Transzendenzkonzept für jeden Vierten im Alter von 18 bis 29 eine hohe Relevanz, bei den über 60-Jährigen ist es jeder Dritte.

Doch welche konkreten Auswirkungen haben diese beiden unterschiedlichen Konzepte auf emotionaler Ebene auf den Menschen? Welche religiösen Gefühle verbindet er damit, und sind es positive oder negative Wahrnehmungen? Diesen Fragen geht der Religionsmonitor mit einem Inventar positiver und negativer Empfindungen nach, die im Bezug auf Gott oder etwas Göttliches erlebt werden. Insgesamt werden 15 unterschiedliche Gefühle abgefragt:[3] Ehrfurcht, Geborgenheit, Dankbarkeit, Kraft, Freude, Hoffnung, Liebe, Gerechtigkeit, Hilfe, Befreiung von Schuld, Befreiung von einer bösen Macht, Schuld, Zorn, Angst und Verzweiflung. Auffällig ist hier, dass positive Gefühle gegenüber Gott in der Bewertung eindeutig überwiegen. 78 Prozent der Befragten empfinden oft oder sehr oft Dankbarkeit in Bezug auf Gott, 77 Prozent Hoffnung. 70 Prozent sprechen davon, oft oder sehr oft ein Gefühl der Liebe in Hinsicht auf Gott zu spüren. Bei den Muslimen in Deutschland scheint also ein sehr positives Gottesbild vorzuherrschen, zumal negative Empfindungen in deutlich geringerem Umfang genannt werden und ganz am Ende der 15 aufgeführten Gefühle stehen. 52 Prozent empfinden in Bezug auf Gott oft oder sehr oft ein Gefühl der Schuld, dieses ist bei Hoch-Religiösen mit 57 Prozent deutlich stärker ausgeprägt als bei Religiösen (33 Prozent). Nur jeder Fünfte empfindet Gott gegenüber Verzweiflung. Dieses Gefühl ist im Altersgruppenvergleich bei den jüngsten Befragten am stärksten ausgeprägt – junge Muslime sind also nicht nur glaubensstärker, sondern schei-

---

3   Die Fragen zu religiösen Gefühlen wurden lediglich denjenigen Personen gestellt, die sich selbst nicht als „gar nicht religiös" und nicht als „gar nicht spirituell" bezeichnet haben.

nen mitunter auch stärker mit ihrem Gott zu hadern oder innere Kämpfe auszutragen. Die am seltensten genannte Emotion in Bezug auf Gott ist Zorn, die von 19 Prozent der befragten Muslime oft oder sehr oft empfunden wird.

9. Die Dimension der Konsequenzen: Religiosität im Alltag

Diese letzte Kerndimension geht davon aus, dass individuelle Religiosität einen konkreten Niederschlag im Alltag, vor allem in Form von Handlungen, findet. Dabei ist grundsätzlich zwischen zwei Arten von Konsequenzen zu unterscheiden: Solche, die unmittelbar religiös begründet sind und alltägliches Handeln beeinflussen – beispielsweise durch die Einhaltung bestimmter religiöser Vorschriften – und solche, die aus persönlicher Überzeugung heraus den Alltag beeinflussen.

Mit dem Indikator „Wie stark leben Sie in Ihrem Alltag nach religiösen Geboten?" geht der Religionsmonitor der Frage nach der allgemeinen Intensität der Konsequenzdimension nach. 36 Prozent der befragten Muslime erreichen hier eine hohe Ausprägung, das heißt, sie orientieren sich in ihrem Alltag sehr oder ziemlich stark an religiösen Vorschriften. Weitere 35 Prozent haben eine mittlere Ausprägung, für 28 Prozent spielen religiöse Gebote keine oder eine nur sehr untergeordnete Rolle. Wie bei zahlreichen anderen Items zeigt sich auch hier das gewohnte Muster: Für Frauen ist die Einhaltung religiöser Vorschriften wichtiger als für Männer, für Sunniten wichtiger als für Schiiten und Aleviten. Allerdings scheint für Muslime aus dem arabischen Sprachraum das Einhalten religiös begründeter Gebote noch zentraler zu sein als für türkeistämmige Muslime. Im Altersgruppenvergleich zeigt sich bei dieser Frage eine große Konstanz.

Im Gegensatz zur weltweiten Erhebung des Religionsmonitors wurden für die Sonderbefragung „Religionsmonitor: Muslimische Religiosität in Deutschland" noch einige Items ergänzt, die kennzeichnend für den Islam sind. Hinsichtlich religiöser Vorschriften erfolgt hier auch eine Orientierung an den sogenannten „Fünf Säulen des Islams". Abgefragt wird die Wichtigkeit folgender Handlungen: Einhaltung der Speisevorschriften, Einhaltung der Kleidungsvorschriften, Fasten während des Ramadan, Beachtung der Vorschriften zur rituellen Reinheit (Wudu'), Pilgerfahrt nach Mekka (Hadsch) und das Leisten der Pflichtabgabe (Zakat).

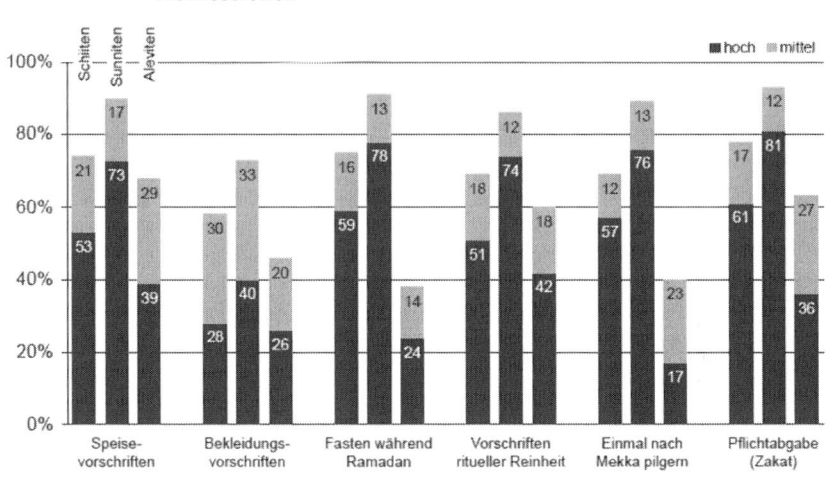

Abbildung 5: Wichtigkeit religiöser Vorschriften und Rituale nach Konfessionen

Quelle: Eigene Darstellung

Die Zakat zu leisten hat für die befragten Muslime dabei die höchste Priorität. 72 Prozent sagen, dies sei ihnen ziemlich oder sehr wichtig, bei den Hoch-Religiösen steigt dieser Anteil sogar auf knapp 90 Prozent. Auch sind es wiederum die jungen Muslime, die sich besonders stark an diese Verpflichtung gebunden fühlen. Das gleiche gilt für das Fasten während des Ramadan, das für 75 Prozent der jungen Erwachsenen eine ziemlich oder sehr große Bedeutung hat – dieser Anteil sinkt bei den über 60-Jährigen auf 59 Prozent. Auffallend ist der Altersgruppenunterschied bei der Hadsch: Drei Viertel der 18 bis 29-Jährigen erachten es als ziemlich oder sehr wichtig, einmal im Leben nach Mekka zu pilgern, bei den Senioren über 60 Jahren ist es jeder Zweite. Das gegensätzliche Bild zeigt sich bei den Bekleidungsvorschriften, deren Einhaltung von den ältesten Muslimen als am wichtigsten erachtet wird. Generell aber hat die Einhaltung der Kleidungsvorschriften die relativ geringste Relevanz. Jeweils etwa ein Drittel erachtet deren Einhaltung als wichtig, mittelwichtig oder eher weniger wichtig.

Immer wieder heiß diskutiert wird insbesondere ein Kleidungsstück: Das Kopftuch. Dabei ist bereits strittig, ob aus dem Koran eine Verpflichtung zum Tragen des Kopftuchs abgeleitet werden kann oder nicht. Ohnehin sehen viele Menschen im Kopftuch weniger ein religiöses als vielmehr ein folkloristisches

Element. Im Religionsmonitor wird gefragt, ob der persönlichen Meinung nach eine muslimische Frau ein Kopftuch tragen sollte. Jeder dritte Befragte ist dieser Ansicht, allerdings lehnen 53 Prozent diese Sichtweise ab; 14 Prozent haben zu dieser Frage keine Meinung. Interessante Erkenntnisse liefert der Vergleich der Geschlechter und der Altersgruppen: Demnach sprechen sich mehr Frauen als Männer und mehr junge Muslime als ältere für das Tragen des Kopftuches aus. 38 Prozent der Muslima sind der Ansicht, dass eine muslimische Frau ein Kopftuch tragen sollte, bei den Männern sind es 28 Prozent. Und während die Zustimmung bei den 18 bis 29-Jährigen bei 34 Prozent, bei den 30 bis 39-Jährigen sogar bei 37 Prozent liegt, fällt dieser Wert bei den über 60-Jährigen mit 27 Prozent niedriger aus. Wie zu erwarten spielt auch der Grad der Religiosität bei dieser Frage eine große Rolle: So spricht sich jeder zweite Hoch-Religiöse für das Kopftuch aus, bei Nicht-Religiösen sind es gerade einmal zwei Prozent.

Ähnlich präsent wie das Kopftuch sind den meisten Menschen bestimmte muslimische Speisevorschriften, die das Bild des Islams in der Öffentlichkeit mitprägen. Dazu gehören die Verbote des Verzehrs von Schweinefleisch und des Konsums von Alkohol. In der Tat wird das Schweinefleischverbot vom Großteil der deutschen Muslime rigoros eingehalten. Demnach essen 86 Prozent der Befragten niemals Schweinefleisch, lediglich 3 Prozent geben an, dies ziemlich oder sehr oft zu tun. Wiederum sind es Frauen, junge Muslime und Hoch-Religiöse, die sich besonders strikt an dieses Verbot halten. Dasselbe gilt für den Umgang mit Alkohol, auch wenn sich die Muslime hier generell deutlich weniger rigide zeigen. Zwar geben 58 Prozent an, niemals Alkohol zu trinken, weitere 39 Prozent aber räumen ein, diesen selten oder sogar gelegentlich zu konsumieren. Generell zeigt sich bei allen religiösen oder religiös konnotierten Geboten, dass Sunniten und Schiiten ähnliche Prioritäten setzen, auch wenn die Werte für Sunniten generell höher liegen. Aleviten hingegen sprechen den Geboten per se eine geringere Bedeutung zu und setzen dabei auch andere Prioritäten. Nicht zuletzt liegt das daran, dass die fünf Säulen im Alevismus keine Bedeutung haben.

Wie stark aber wirkt sich individuelle Religiosität jenseits von Geboten oder Verboten auf den Alltag aus? In welchen Lebensbereichen wird das eigene Handeln durch religiöse Überzeugungen beeinflusst? Im Religionsmonitor werden dazu elf Lebensbereiche abgefragt. Für die Sonderbefragung der Muslime wurden zwei weitere Lebensbereiche ergänzt, nämlich die Auswirkung der eigenen Religiosität auf die Wahl des Ehepartners und auf die Namensgebung der Kinder.

Besonders zentral ist Religion und Religiosität beim Umgang mit wichtigen Lebensereignissen in der Familie, wie Geburt, Heirat oder Tod. Zwei Drittel aller Befragten räumen ihrer Religiosität eine ziemlich oder sehr hohe Bedeutung in solchen Situationen ein. Immerhin für 57 Prozent ist ihre Religiosität sehr oder ziemlich wichtig bei Fragen nach dem Sinn des Lebens, weiteren 55 Prozent beim Umgang mit Lebenskrisen. Es wird deutlich, dass Religion vor allem an Wendepunkten des Lebens und in Krisensituationen von besonderer Relevanz ist. Deutlich geringeren Einfluss hat die individuelle Religiosität auf die Freizeitgestaltung oder den Arbeitsalltag, den in beiden Fällen nur jeder Vierte als ziemlich oder sehr hoch bezeichnet. Die geringsten Auswirkungen hat Religiosität allerdings auf die politische Einstellung. Nur für 16 Prozent der Befragten hat sie in diesem Lebensbereich bedeutenden Einfluss, selbst bei Hoch-Religiösen liegt der Anteil bei nur 24 Prozent. Zum Vergleich: In der deutschen Gesamtgesellschaft, die neben Areligiösen im Wesentlichen von Christen geprägt ist, sprechen immerhin 32 Prozent der Hoch-Religiösen der individuellen Religiosität eine ziemliche oder sehr starke Bedeutung für die politische Einstellung zu. Wie bereits bei den Ausführungen zu religiöser Toleranz oder religiös begründetem Fundamentalismus angedeutet, so zeigt sich auch an dieser Stelle, dass eine mitunter wahrgenommene religiöse Radikalisierung der Muslime mindestens in der Breite nicht der Realität entspricht.

10. Zusammenhalt in religiöser und kultureller Vielfalt

Zusammenfassend lassen sich einige interessante Feststellungen zur muslimischen Religiosität in Deutschland treffen. Muslime hierzulande sind deutlich religiöser als Christen und Konfessionslose. Entscheidend ist dabei weniger ein Diasporaeffekt als vielmehr eine stark ausgebildete religiöse Erziehung, die insbesondere bei jungen Muslimen zu ausgeprägter Glaubensstärke führt. Eine Rolle spielt im direkten Vergleich auch die relativ niedrige Religiosität des Durchschnittsdeutschen, diesem Niveau haben sich die Muslime auch im postmodernen und säkularen Deutschland bislang nicht angeglichen. Wichtig ist zudem die Erkenntnis, dass es „den Islam" nicht gibt. Die Ergebnisse des Religionsmonitors machen deutlich, wie groß die Spanne an religiösen Überzeugungen unter Muslimen in Deutschland ist, wobei mitunter deutliche Unterschiede je nach Konfession oder Herkunftsregion zu konstatieren sind. Allerdings lässt sich nicht abschließend klären, ob die ursprüngliche Migrationsmotivation, die Volksgruppenzugehörigkeit oder die Glaubensrichtung den entscheidenden Ausschlag für den Grad der Religiosität gibt. In jedem Falle sind die Muslime in der Bundesrepublik in ihrer Religiosität sehr reflektiert. Sie interessieren sich für religiöse Fragestellungen und setzen sich kritisch mit ihrem Glauben auseinander. Allerdings stoßen sie dabei immer wieder an Grenzen und berichten in den ergänzenden Tiefeninterviews über Unsicherheiten im Bezug auf den Islam. Hier wird deutlich, dass die Verantwortungsträger in der deutschen Gesellschaft gefordert sind, die notwendigen Rahmenbedingungen zu schaffen, um Muslimen umfassende religiöse Bildung zu ermöglichen.

Besonders glaubensstark sind junge Muslime. Sie glauben nicht nur stärker an Gott und an ein Leben nach dem Tod als die älteren Generationen, sie fühlen sich auch stärker an religiös begründete Vorschriften und Verbote gebunden. Dies zeigt sich beispielsweise im Umgang mit Alkohol, aber auch in den höheren Zustimmungswerten zum Kopftuch. Daraus einen zunehmenden religiösen Konservatismus oder gar Radikalismus abzuleiten, ginge aber an den Realitäten vorbei. Die deutschen Muslime zeichnen sich durch ausgeprägte Toleranz aus, eine Verbindung von Religion und Politik findet kaum statt. Unter hoch-religiösen Muslimen ist der Einfluss der Religiosität auf die politische Einstellung sogar deutlich niedriger als bei hoch-religiösen Christen in Deutschland.

Hinsichtlich der religiösen Praxis zeigen sich deutliche Unterschiede zwischen den Geschlechtern. Während die private religiöse Praxis, allen voran das freie Gebet, unter den Muslima sehr hohe Werte erreicht, ist der gemeinschaftlich gelebte Glaube in Form von Gemeinschafts- bzw. Freitagsgebet der Bereich der Männer. Bei der religiösen Praxis allerdings werden die Einschränkungen offensichtlich, mit denen Muslime in einem nichtmuslimischen Land konfrontiert sind. Diese zeigen sich in fehlenden Gebetsräumen, einer ungleichen räumlichen Verteilung von Moscheen oder der zeitlichen Unvereinbarkeit von beruflichen und religiösen Verpflichtungen. Entsprechend werden Arbeit und Religion von den deutschen Muslimen auch als klar getrennte Lebensbereiche wahrgenommen. Sehr viel bedeutender wird die persönliche Religiosität in familiären Fragen, beim Umgang mit Lebenskrisen oder bei persönlichen Veränderungen.

Was aber können wir nun aus diesen zahlreichen Informationen des Religionsmonitors lernen? Vor allem das eine: Bei aller Unterschiedlichkeit gibt es keinen Grund zu Sorge, Angst oder gar Ablehnung. Muslime sind nicht anders als Christen oder Agnostiker. Sie leben ihr Leben und versuchen, punktuell persönliche Überzeugungen darin einfließen zu lassen. Wie bei jedem Menschen und je nach Rahmenbedingung gelingt das an manchen Stellen besser und an anderen schlechter. Muslime in Deutschland sind ein weiterer Mosaikstein in einem Bild, das in einer globalisierten und vernetzten Welt immer bunter und differenzierter wird. Dieses Bild wird nur solange unübersichtlich und verstörend auf Menschen wirken, solange sie die einzelnen Teilchen nicht zuordnen oder deuten können. Umso wichtiger ist es, die Voraussetzungen zu schaffen, eine solche Zuordnung zu ermöglichen. Dies gelingt durch Vermittlung von Wissen, durch Austausch und den ehrlichen und kritischen Dialog – selbst wenn das mitunter schmerzhaft ist. Der Religionsmonitor versteht sich als Beitrag, einen solchen offenen Dialog zu unterstützen, indem Mutmaßungen durch fundierte Daten und systematische Erkenntnis ersetzt werden.

Literatur

Bertelsmann Stiftung (Hg.), 2008: Religionsmonitor 2008: Muslimische Religiosität in Deutschland. Osnabrück: Dom Medien GmbH.
Bertelsmann Stiftung (Hg.), 2009: Woran glaubt die Welt? Analysen und Kommentare zum Religionsmonitor 2008. Gütersloh: Verlag Bertelsmann Stiftung.
Halm, Dirk, und *Martina Sauer*, 2012: Islamische Gemeinden in Deutschland. Strukturen und Angebote, Leviathan – Berliner Zeitschrift für Sozialwissenschaft 1: 71-107.
Halm, Dirk, 2012: Current Discourse about Islam in Germany, Journal for International Migration and Integration: DOI 10.1007/s12134-012-0251-7.
Haug, Sonja, Stephanie Müssig und *Anja Stichs*, 2009: Muslimisches Leben in Deutschland. Nürnberg: Bundesamt für Migration und Flüchtlinge.
Huber, Stefan, 2009: Der Religionsmonitor 2008: Strukturierende Prinzipien, operationale Konstrukte, Auswertungsstrategien. S. 17-52 in: *Bertelsmann Stiftung* (Hg.): Woran glaubt die Welt? Analysen und Kommentare zum Religionsmonitor 2008. Gütersloh: Verlag Bertelsmann Stiftung.

Internetquelle

www.deutsche-islam-konferenz.de, Zugriff am 16.01.2012.

Muslime in Deutschland und die Rolle der Religion für die Arbeitsmarktintegration

Anja Stichs/Stephanie Müssig[1]

1. Einleitung: Wer sind die in Deutschland lebenden Muslime?

Muslime bilden eine heterogene Gruppe, über die aus der amtlichen Statistik nur wenig bekannt ist. Gleichzeitig wird dem Merkmal der Religionszugehörigkeit in integrationspolitischen Debatten immer mehr Aufmerksamkeit geschenkt. Im vorliegenden Beitrag wird daher zunächst die sozialstrukturelle Zusammensetzung der in Deutschland lebenden Muslime betrachtet. Weiterhin wird der Frage nachgegangen, ob religiöse Aspekte, nämlich Religionszugehörigkeit und Gläubigkeit, die strukturelle Integration von Zuwanderern und ihren Angehörigen beeinflussen, wenn außerdem sozialstrukturelle Aspekte – so etwa Geschlecht oder Bildung – berücksichtigt werden.

Im Zusammenhang mit Migrationsprozessen hat die religiöse Vielfalt in Deutschland zugenommen. Nach dem Christentum stellt der Islam die – wenn auch mit großem Abstand – am zweithäufigsten vertretene Religion dar (vgl. Krech 2008: 34f.). Da muslimische Gemeinden über keine zentrale Organisation und Registrierung verfügen und die Religionszugehörigkeit in amtlichen Statistiken sowie Umfragen nicht systematisch erfasst wird, ist die genaue Zahl der Muslime[2] in Deutschland unbekannt.[3] In der quantitativen Forschung blieb die Vielschichtigkeit der muslimischen Bevölkerung lange Zeit weitgehend unberücksichtigt. Bisherige Studien befassten sich vor allem mit Türkeistämmigen, die die größte muslimische Herkunftsgruppe in Deutschland bilden (vgl. Alt 2006;

---

1 Der Beitrag gibt die persönliche Auffassung der Autorinnen wieder.
2 Zur besseren Lesbarkeit wird im vorliegenden Text die männliche Form zur Beschreibung von Personengruppen verwendet. Weibliche Gruppenangehörige sind damit ebenfalls gemeint. Sofern sich Aussagen auf nur ein Geschlecht beziehen, wird dies sprachlich kenntlich gemacht, etwa durch den Zusatz männlich oder weiblich.
3 Im Mikrozensus, der bundesweiten Haushaltsbefragung der amtlichen Statistik, in der Strukturdaten über die Bevölkerung in Deutschland erhoben werden, wird die Religionszugehörigkeit nicht erfasst. Im 2011 durchgeführten Zensus stellt die Religionszugehörigkeit eine freiwillige Angabe dar. Auswertungsergebnisse über die Antwortbereitschaft bzw. auf die bezüglich dieser Frage bestehende Datenqualität liegen noch nicht vor.

Babka von Gostomski 2010; Berlin-Institut 2009; Burkert/Seifert 2007; Granato/Kalter 2001; Haug/Diehl 2005; Kalter 2007; Nauck 2004; Seibert 2008; Wippermann/Flaig 2009 oder die regelmäßig durchgeführte Mehrthemenbefragung des Zentrums für Türkeistudien und Integrationsforschung über Türkeistämmige in Nordrhein-Westfalen, zuletzt Sauer 2011). Nicht alle diese Studien überprüfen die Zugehörigkeit der Zielpersonen zum Islam tatsächlich, sondern schließen teilweise von der Herkunft aus der Türkei auf die Religion. Erst in neueren Studien über Muslime werden zunehmend auch andere Herkunftsgruppen, die sich u. a. im Hinblick auf die Migrationsgeschichte und damit zusammenhängende Merkmale voneinander unterscheiden, untersucht. Beispiele sind die Studien „Muslime in Deutschland" (Brettfeld/Wetzels 2007), der „Religionsmonitor" (vgl. Rieger 2008: 12; siehe auch den Beitrag von Mirbach in diesem Band) „Muslimisches Leben in Deutschland" (Haug et al. 2009) und „Lebenswelten junger Muslime in Deutschland" (Geschke et al. 2012; der Beitrag von Frindte et al. in diesem Band rekurriert auf das entsprechende umfassende Forschungsprojekt).

Die Studie „Muslimisches Leben in Deutschland (MLD)", deren Daten für diesen Beitrag genutzt werden, wurde mit dem Ziel durchgeführt, die Zahl der Muslime zu schätzen und detailliertere Kenntnisse über die Bedeutung der Religion sowie die Integration betreffende Fragen zu gewinnen. Im Jahr 2008 wurden bundesweit über 6.000 Personen mit einem Migrationshintergrund aus 49 muslimisch geprägten Herkunftsländern bzw. deren Angehörige telefonisch befragt und wesentliche Strukturdaten, darunter auch die Religionszugehörigkeit, über fast 17.000 Haushaltsmitglieder erfasst. Die Stichprobenziehung erfolgte nach einem onomastischen (namensbezogenen) Verfahren aus dem Telefonbuch.[4] Im Unterschied zu anderen Schätzungen, in denen vom Herkunftsland auf die Religionszugehörigkeit geschlossen wird[5], basiert die MLD-Hochrechnung auf der durch Befragung ermittelten Verteilung von Religionszugehörigkeiten bei relevanten Herkunftsgruppen in Deutschland (vgl. Haug et al. 2009: 36ff.).

Aus der Hochrechnung geht hervor, dass in Deutschland zwischen 3,8 und 4,3 Millionen Muslime leben (Haug et al. 2009: 80f.). Sie stellen damit einen Anteil von rund fünf Prozent an der Gesamtbevölkerung. Weiterhin wird durch die Umfrage deutlich, dass fast jeder Zweite mit einem Migrationshintergrund aus einem muslimisch geprägten Herkunftsland kein Muslim ist (siehe Tabelle 1). So sind etwa aus dem Irak oder Ägypten verstärkt Angehörige religiöser Minderheiten zugewandert. Hinzu kommt ein erheblicher Anteil an Personen, die kei-

---

4   Ein ausführliche Beschreibung der Methodik der Studie findet sich in Haug et al. 2009: 36-46.
5   So etwa in der Drucksache 16/5033 des Bundestags (2007) veröffentlichten Schätzung auf Basis des AZR und der Einbürgerungsstatistik von 2006.

ner Religion angehören. Dies ist insbesondere bei Personen der Fall, die aus Iran oder einem berücksichtigten zentralasiatischen bzw. südosteuropäischen Land stammen. Die Befunde bestätigen damit, dass die Herkunft einer Person kein zuverlässiger Prädiktor für deren Religionszugehörigkeit ist (vgl. Brown 2000).

Tabelle 1: Personen im Haushalt nach Religion und Herkunftsregion (in Prozent)

Religion	SO-Europa	Türkei	ZA/GUS	Iran	SSO-Asien	Naher Osten	Nordafrika	Sonst. Afrika	Insg.
Muslim	37,2	81,4	1,2	48,7	57,2	59,3	74,6	22,1	52,0
Christ	34,1	2,7	55,7	10,3	8,8	17,4	3,4	59,2	22,1
Andere	0,7	1,2	5,0	2,6	13,9	3,9	0,0	1,4	2,7
Keine	27,9	14,7	38,0	38,4	20,0	19,5	22,0	17,1	23,3
Insg.	100,0	100,0	100,0	100,0	100,0	100,0	100,0	100,0	100,0

Quelle: MLD 2008, Datensatz über alle Haushaltsmitglieder, gewichtet

Betrachtet man die regionale Herkunft, so zeigt sich, dass die in Deutschland lebenden Muslime eine heterogene Bevölkerungsgruppe sind. Es dominieren mit einem Anteil von 63 Prozent Türkeistämmige (siehe Abbildung 1). Das bedeutet gleichzeitig, dass mehr als jeder dritte Muslim aus einem anderen Herkunftsland stammt. 14 Prozent haben einen südosteuropäischen Migrationshintergrund (SO-Europa). Überwiegend handelt es sich um Zuwanderer aus einem der Nachfolgestaaten des ehemaligen Jugoslawiens bzw. um deren Angehörige. Acht Prozent der Muslime stammen aus dem Nahen Osten und sieben Prozent aus Nordafrika. Aus den zentralasiatischen Ländern der ehemaligen Sowjetunion (ZA/GUS), so etwa Kasachstan, Usbekistan oder Turkmenistan, sind kaum Muslime zugewandert. Bei Zuwanderern aus diesen Ländern handelt es sich fast ausschließlich um (Spät-)Aussiedler, die christlich sind oder die sich keiner Religion zugehörig fühlen. Die aufgezeigte ethnische Heterogenität der muslimischen Bevölkerungsgruppe stellt zugleich einen ersten Beleg für vielfältige Zuwanderungskontexte und -motive der in Deutschland lebenden Muslime dar und verdeutlicht, dass Forschungsergebnisse über die große Gruppe der Türkeistämmigen nicht auf die Gesamtgruppe der in Deutschland lebenden Muslime übertragen werden können.

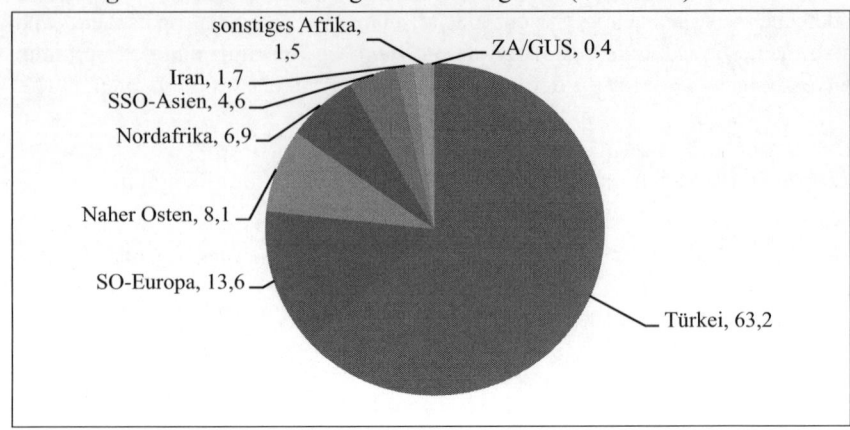

Abbildung 1: Muslime nach Migrationshintergrund (in Prozent)

sonstiges Afrika, 1,5
ZA/GUS, 0,4
Iran, 1,7
SSO-Asien, 4,6
Nordafrika, 6,9
Naher Osten, 8,1
SO-Europa, 13,6
Türkei, 63,2

Quelle: MLD 2008, Hochrechnungsergebnisse, mittlerer Wert

Auch in Bezug auf die vertretenen Glaubensrichtungen besteht Vielfalt. 74 Prozent der Muslime sind Sunniten. Aleviten, die fast ausschließlich aus der Türkei stammen, bilden mit 13 Prozent die zweitgrößte Gruppe. Es folgen Schiiten mit einem Anteil von sieben Prozent. Sechs Prozent gehören sonstigen, kleineren Glaubensrichtungen an.

Auswertungen, die den Aufenthaltsstatus und die Migrationsbiographie betreffen, zeigen, dass Muslime fester Bestandteil der deutschen Gesellschaft sind. 45 Prozent sind deutsche Staatsangehörige. Von den Befragten im Alter ab 16 Jahren sind 29 Prozent in Deutschland geboren. Die durchschnittliche Aufenthaltsdauer der selbst Zugewanderten ist mit 23,5 Jahren außerordentlich hoch.

Zwischen den verschiedenen Herkunftsgruppen bestehen bezüglich der Staatsangehörigkeit und der Aufenthaltsdauer deutliche Unterschiede. Muslime mit einem Migrationshintergrund aus Süd-/Südost-Asien (SSO-Asien), dem Nahen Osten und Nordafrika sind zu über 60 Prozent eingebürgert. Bei Muslimen aus der Türkei und Südosteuropa ist die Einbürgerungsquote mit unter 40 Prozent deutlich niedriger. In Deutschland Geborene finden sich am häufigsten unter den türkei- und nordafrikastämmigen Muslimen. Gleichzeitig haben selbst aus der Türkei Zugewanderte eine überproportional hohe durchschnittliche Aufenthaltsdauer von 27 Jahren.

Die Unterschiede zwischen den Herkunftsgruppen hängen mit den unterschiedlichen Zuwanderungsvoraussetzungen und -motiven zusammen. Insbesondere Muslime aus der Türkei, Südosteuropa und Nordafrika sind oftmals im Zuge der zwischen der Bundesrepublik Deutschland und den Herkunftsländern in den 1960er Jahren geschlossenen Anwerbeabkommen als Arbeitsmigranten oder später als deren Familienangehörige eingereist (vgl. Münz et al. 1997: 37ff.). Unter den befragten Muslimen dieser Herkunftsgruppen spiegelt sich dies darin wider, dass als Einreisemotiv überproportional häufig die Antwortkategorie „Arbeit" genannt wurde. Da überwiegend niedrig qualifizierte Arbeitskräfte benötigt wurden, haben die infolge der Anwerbeabkommen eingereisten Zuwanderer oftmals eine geringe formale Schulbildung. Befragte Muslime aus Iran, dem Nahen Osten sowie Nordafrika geben häufig an, zu Studienzwecken nach Deutschland gekommen zu sein. Aus den entsprechenden Herkunftsländern sind vielfach Hochgebildete zugereist. Mehr als die Hälfte der Befragten aus Süd-/Südost-Asien, dem Nahen Osten sowie aus afrikanischen Ländern südlich der Sahara nennen als Einreisegrund „Flucht/Asyl". Auch bei Flüchtlingen handelt es sich zumeist um schulisch eher gut Ausgebildete.

98 Prozent der Muslime leben in den alten Bundesländern. Der höchste Anteil an den Muslimen in Deutschland findet sich im bevölkerungsreichen Bundesland Nordrhein-Westfalen (siehe Abbildung 2). Es folgen Baden-Württemberg und Hessen.

Insgesamt zeigen die Auswertungen, dass sich Muslime im Hinblick auf strukturelle Merkmale und ihre Migrationsbiographie deutlich voneinander unterscheiden. Pauschalisierende Aussagen über den Stand der Integration und diesbezüglich gegebenenfalls bestehende Probleme scheinen angesichts der Heterogenität dieser Bevölkerungsgruppe als wenig angemessen.

Nachdem auf die sozialstrukturelle Zusammensetzung der Muslime in Deutschland eingegangen wurde, widmen sich die folgenden Abschnitte speziell der Arbeitsmarktintegration von Muslimen. Über die deskriptive Darstellung der Erwerbseinbindung und beruflichen Positionierung hinaus wird untersucht, inwiefern Religionszugehörigkeit und Gläubigkeit die Arbeitsmarktintegration beeinflussen. Muslime werden christlichen Zuwanderern gegenübergestellt, und es werden Geschlechterunterschiede analysiert. Bevor die Hypothesen und empirischen Analysen zu dieser Fragestellung präsentiert werden, werden der Forschungsstand vorgestellt und die theoretischen Erklärungsmodelle der vorliegenden Studien skizziert.

Abbildung 2: Verteilung der Muslime auf die Bundesländer

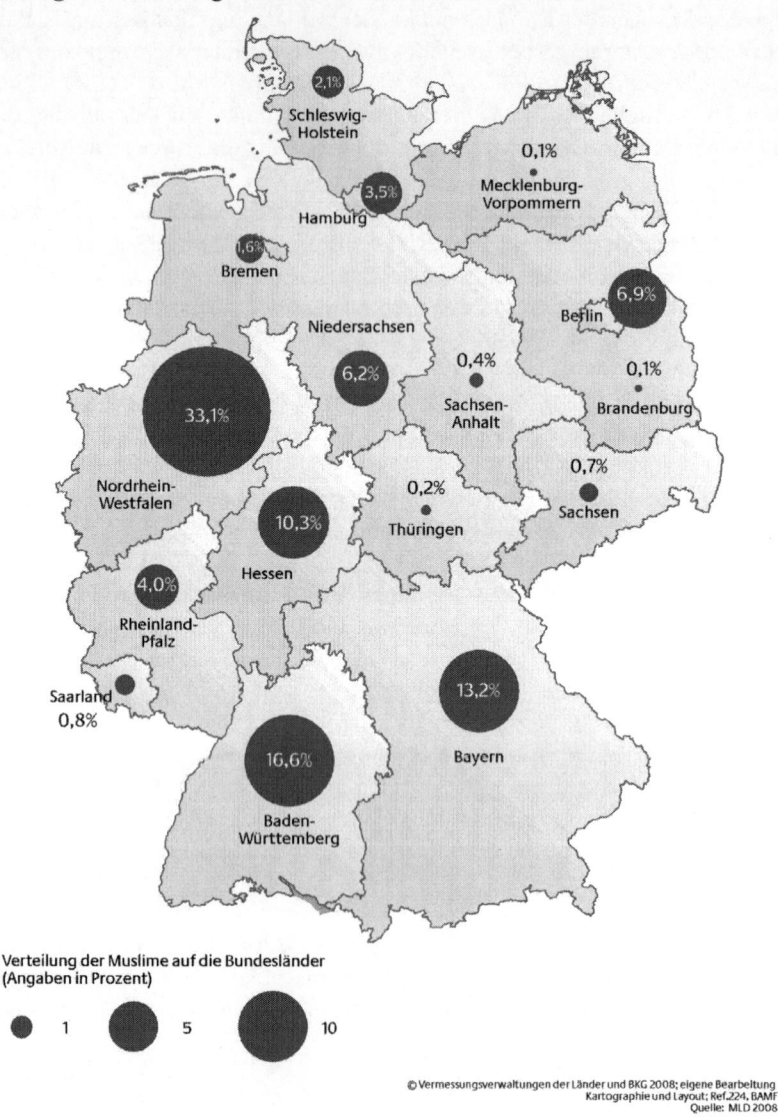

- Schleswig-Holstein: 2,1%
- Mecklenburg-Vorpommern: 0,1%
- Hamburg: 3,5%
- Bremen: 1,6%
- Niedersachsen: 6,2%
- Berlin: 6,9%
- Sachsen-Anhalt: 0,4%
- Brandenburg: 0,1%
- Nordrhein-Westfalen: 33,1%
- Thüringen: 0,2%
- Sachsen: 0,7%
- Hessen: 10,3%
- Rheinland-Pfalz: 4,0%
- Saarland: 0,8%
- Baden-Württemberg: 16,6%
- Bayern: 13,2%

Verteilung der Muslime auf die Bundesländer (Angaben in Prozent): 1, 5, 10

© Vermessungsverwaltungen der Länder und BKG 2008; eigene Bearbeitung
Kartographie und Layout: Ref.224, BAMF
Quelle: MLD 2008

Quelle: MLD 2008, Datensatz über alle Haushaltsmitglieder, gewichtet

2. Religionszugehörigkeit, Religiosität und Arbeitsmarktintegration

Die Integration in den Arbeitsmarkt ist ein wesentliches Element gesellschaftlicher Teilhabe. Ob eine Person erwerbstätig ist und welche Position sie im Berufsleben einnimmt, wirkt sich auf ihre finanziellen Ressourcen aus und auf die gesellschaftliche Anerkennung, die ihr entgegen gebracht wird. Mit der Erwerbstätigkeit gehen weitere soziale Rechte wie die Versorgung im Krankheitsfall, bei Arbeitslosigkeit oder im Rentenalter einher.

Die Partizipation von Migranten am Arbeitsleben wird deshalb als eine zentrale Bedingung angesehen, von der die weitere Integration eines Zuwanderers in die Aufnahmegesellschaft abhängt. Im Integrationsmodell von Hartmut Esser, das sich für die deutschsprachige Migrationsforschung als Standardmodell herauskristallisiert hat, gehört die Erwerbsbeteiligung zur sogenannten strukturellen Integration. Sie bildet in dem Modell von Esser den Kern gesellschaftlicher Teilhabe (Esser 1980, 2000, 2008). Die Zentralität dieser Integrationsdimension spiegelt sich ebenfalls in den zahlreichen Forschungsarbeiten wider, in denen die Arbeitsmarktbeteiligung von Migranten analysiert wurde (vgl. Hill 1984; Granato/Kalter 2001; Kalter/Granato 2002; Haug 2002, 2005a; Kogan 2004; Kalter 2006; Skrobanek 2007; Seibert 2008; Stichs 2008; Granato 2009; Siegert 2009; Höhne/Koopmans 2010; Seebaß/Siegert 2011).

Erwerbsbeteiligung ist in Deutschland immer noch durch geschlechtsspezifische Arbeitsteilung geprägt, die dadurch charakterisiert ist, dass der Mann stärker die Rolle des Ernährers und Versorgers übernimmt und die Frau sich stärker in der Haushalts- und Familienarbeit engagiert (vgl. Schulz/Blossfeld 2006). Ein stabiler Befund der Arbeitsmarktforschung ist, dass Frauen seltener erwerbstätig sind als Männer. Das Geschlecht stellt somit nach wie vor eine zentrale Kategorie in der Sozialstrukturanalyse dar (Allmendinger 2011: 3). Daneben ist aus amtlichen Statistiken bekannt, dass Personen mit Migrationshintergrund seltener als Personen ohne Migrationshintergrund in den Arbeitsmarkt integriert sind.[6] Dies gilt für beide Geschlechter. Unter den Personen mit Migrationshintergrund haben insbesondere türkeistämmige Personen geringere Chancen auf Erwerbsbeteiligung als Personen aus anderen Herkunftsländern (Granato/Kalter 2001; Seibert/Solga 2005).

---

6 So waren gemäß dem Mikrozensus 2010 insgesamt 78% der 25 bis unter 65-Jährigen in Deutschland erwerbstätig, bei den Personen mit Migrationshintergrund lag der Anteil bei 67% (vgl. Statistisches Bundesamt 2011: 288 ff., eigene Berechnung).

Die Rolle der Religion und hierüber vermittelte Geschlechterrollen wurden für Deutschland in Bezug auf Migranten noch nicht umfassend untersucht.[7] Eine Ausnahme stellen die Analysen von Diehl et al. (2009) dar. Die Autoren konnten zeigen, dass Religiosität sowohl bei türkeistämmigen Personen als auch bei Deutschen ohne Migrationshintergrund mit der Befürwortung traditioneller Geschlechterrollen einhergeht (291). Jedoch ist für die klassische Arbeitsteilung im Haushalt Religiosität nur bei türkeistämmigen Zuwanderern der ersten Generation ein wichtiger Faktor (294f.). Der Zusammenhang zwischen Religiosität und Geschlechterrollen kann auch bei Migranten in anderen Ländern beobachtet werden. Für Belgien demonstrieren die Analysen von Scheible und Fleischmann (2011), dass der Zusammenhang von Religiosität und Geschlechterrollenbildern auch bei dort lebenden türkei- und marokkanischstämmigen Muslimen der zweiten Generation persistiert: Eine stärkere Gläubigkeit geht mit weniger egalitären Rollenbildern einher.

Indes fehlen empirische Befunde, die aufzeigen, ob und wie sich dieser Zusammenhang auf wirtschaftliche Erträge von Personen mit Migrationshintergrund auswirkt. Der Bedeutung von Religion und Religiosität für Migranten für ihre Erwerbsbeteiligung, vermittelt über traditionelle Rollenbilder, geht daher der vorliegende Beitrag nach.

Versuche, die geringere Erwerbsbeteiligung und berufliche Positionierung von Personen mit Migrationshintergrund zu erklären, richten ihren Blick hauptsächlich auf die Ressourcenausstattung von Personen mit und ohne Migrationshintergrund. Im Zentrum der Untersuchungen steht die Frage, ob die Chancen auf dem Arbeitsmarkt der beiden Bevölkerungsgruppen auf Unterschiede in ihrer Ausstattung mit Humankapital zurückzuführen sind.

Im Kern setzt der ökonomische Humankapitalansatz die Performanz einer Person auf dem Arbeitsmarkt in Beziehung zu ihrer Investition in Bildung (Becker 1962, 1964). Nicht nur die durch den Bildungsweg tatsächlich erlangten Fähigkeiten erhöhen die Chancen auf dem Arbeitsmarkt. Formalen Bildungsabschlüssen wird darüber hinaus eine Filterfunktion bzw. Signalwirkung zugeschrieben, durch die höhere Bildungsabschlüsse automatisch mit einer höheren Produktivität bzw. Leistungsbereitschaft assoziiert werden (Arrow 1973; Spence 1973).

Eine Studie von Granato und Kalter (2001) zur Dauerhaftigkeit ethnischer Ungleichheit auf dem Arbeitsmarkt verdeutlicht, dass die Chancen auf dem Arbeitsmarkt für Nachkommen von Migranten hauptsächlich von ihrem Qualifi-

---

7   Eine Recherche vom 31.05.2012 mit den Schlagworten „Migrant", „Religion" und „Geschlecht" sowie deren trunkierten Versionen in der Publikations-Datenbank „Web of Knowledge" von Thomas Reuters für Deutschland ergab vier Treffer, von denen lediglich der Beitrag von Diehl et al. (2009) dem Thema dieses Aufsatzes entspricht.

kationsprofil abhängen. Insofern sind Humankapitalien entscheidend für die erfolgreiche Positionierung auf dem Arbeitsmarkt. Dieses Ergebnis wird von den Befunden von Seibert und Solga (2005) nur teilweise bestätigt, nach denen zwar die Ausstattung mit Humankapital vergleichbare Chancen für den Zugang zum Arbeitsmarkt bietet, jedoch kein Garant für eine qualifizierte Tätigkeit ist. Beide Studien betonen indes die Sonderrolle, die türkeistämmige Erwerbspersonen einnehmen: Auch unter Kontrolle der Humankapitalien bleiben ihre Chancen für (qualifizierte) Erwerbsarbeit hinter denen der anderen Bevölkerungsgruppen zurück (Granato/Kalter 2001: 514f.; Seibert/Solga 2005: 378). Auch der Übergang von der dualen Berufsausbildung in ein Beschäftigungsverhältnis gestaltet sich bei türkeistämmigen Jugendlichen schwieriger als bei Deutschen oder Migranten anderer Herkunft (Damelang/Haas 2006: 2f). Offen bleibt, ob dieser herkunftslandbezogene Effekt (auch) auf unterschiedliche Religionszugehörigkeiten zurückzuführen ist, da dieses Merkmal in den genannten Studien nicht kontrolliert wurde.

Hypothesen zu dieser Sonderrolle werden unter Bezug auf gesellschaftliche Schließungsmechanismen formuliert. Zu diesen Mechanismen zählt beispielsweise die Diskriminierung (England 1992). Gruppenmerkmale – wie beispielsweise „Frau" oder „Migrant" – und die damit verbundenen Stereotypen werden als Indikator für Leistungsbereitschaft und Produktivität herangezogen. Dass besonders gegenüber türkeistämmigen Personen in Deutschland Vorurteile bestehen, belegen mittlerweile eine ganze Reihe von Studien (Böltken 2000; Babka von Gostomski 2005; Baier et al. 2010).

Allerdings wird in Frage gestellt, ob es sich bei den im Zusammenhang mit der Erwerbsbeteiligung beobachteten Gruppeneffekten tatsächlich um spezifische Diskriminierung handelt oder um unbeobachtete Drittvariablen, die in einem engen Zusammenhang mit der Ressourcenausstattung von Personen mit Migrationshintergrund stehen (Kalter 2006). Hierzu zählt beispielsweise die Ausstattung mit spezifischen herkunftslandbezogenen Ressourcen, die weniger effizient im Zielland eingesetzt werden können als aufnahmelandspezifische Ressourcen (Haug 2000; Höhne/Koopmans 2010). Zu denken ist hierbei an Sprachkenntnisse (Chiswick/Miller 2002). Aber auch die Bildungssozialisierung (Granato/Kalter 2001; Kalter 2006) und Soziales Kapital (Haug 2005b; Kalter 2006), das durch die Einbindung in Netzwerke entsteht und bei der Arbeitssuche hilfreich ist, zählen hierzu. Um den Einfluss unbeobachteter Drittvariablen zu minimieren und den Zusammenhang zwischen Migrationshintergrund und Diskriminierung auf dem Arbeitsmarkt weitgehend isoliert betrachten zu können, wurden in letzter Zeit Experimente zu dieser Fragestellung durchgeführt, die im Ergebnis eine systematische Benachteiligung von Personen belegen, die als Muslime wahrgenommen werden können (Bertrand/Mullainathan 2004; Carlsson/Rooth 2007; Kaas/Manger 2010, 2012; Widner/Chicoine 2011; Blommaert et al. 2012). Diese Befunde deuten darauf hin, dass Muslime Vorurteilen auf dem Arbeitsmarkt ausgesetzt sind. Vergleichsweise wenige Befunde liegen hingegen darüber vor, welche „Prozesse auf Seiten der Arbeitnehmer (...) Quelle der ethnischen Ungleichheit" sein können (Kalter 2006: 147). Esser argumentiert in seinem Modell der intergenerationalen Integration, dass soziale Schließungen nicht nur von der Aufnahmegesellschaft herrühren können, sondern sich Personen mit Migrationshintergrund bewusst gegen eine Beteiligung am Erwerbssystem der Aufnahmegesellschaft entscheiden können. Als Alternative steht die Eingliederung in die ethnische Gruppe im Aufnahmeland zur Verfügung, die Zuwanderern und ihren Nachkommen nach einer Kosten-Nutzen-Abwägung als ertragreicher erscheinen könnte (Esser 2004, 2008). Vor diesem Hintergrund wird thematisiert, dass der höhere Anteil an Personen mit Migrationshintergrund in niedrig-qualifizierten Tätigkeiten Ausdruck einer „Mobilitätsfalle" (nach Wiley 1970) sei, die aus der Beschäftigung in ethnischen Nischenökonomien entstehe, in der es begrenztere Aufstiegsmöglichkeiten gebe als im facettenreicheren Arbeitsmarkt der Aufnahmegesellschaft.

Einem anderen Faktor, der auf eine aktive oder qualifizierte Rolle auf dem Arbeitsmarkt Einfluss nehmen kann, wird in dem vorliegenden Beitrag nachgegangen. Untersucht wird, ob und inwiefern Religionszugehörigkeit und Religiosität die Arbeitsmarktbeteiligung von Personen mit Migrationshintergrund beeinflusst. Insbesondere soll der Effekt religionsbezogener Variablen auf die Arbeitsmarktbeteiligung und -performanz von Frauen mit Migrationshintergrund untersucht werden.

Systematische Unterschiede in Erwerbsbeteiligung und Positionierung auf dem Arbeitsmarkt von Migranten christlichen und muslimischen Glaubens wurden bereits in der Forschung thematisiert (Constant et al. 2006; Höhne/Koopmans 2010). Diese Arbeiten unterfüttern den Zusammenhang, indem die Religionsvariablen als Indikatoren für kulturelle Distanz oder mentale Hinwendung zum Herkunftsland gewertet wurden, die die Erwerbsbeteiligung verringern.

Religion als Grundlage traditioneller Geschlechterrollen, die sich auch in der damit einhergehenden geschlechtsspezifischen Partizipation auf dem Arbeitsmarkt zeigt, wurde von Inglehart und Norris (2003) ländervergleichend untersucht. Einer ihrer Befunde lautet, dass die islamische Tradition eines Landes das größte Hindernis für Geschlechtergerechtigkeit ist (ebd.: 67, 71). Dem stehen Befunde über die Erwerbseinbindung von Frauen in verschiedenen muslimischen Ländern gegenüber, die verdeutlichen, dass diese in Abhängigkeit vom ökonomischen Entwicklungsstand des Landes variiert (Spierings et al. 2008). Nicht die dominierende Landesreligion, sondern der Modernisierungsgrad eines Landes könnte insofern maßgeblich für den Grad der geschlechtsspezifischen Arbeitsteilung sein. Auf der Individualebene argumentieren Autoren, dass Religion als Wertesystem das Entscheidungsverhalten beeinflusst, auch in Bezug auf Erwerbstätigkeit (Gerhards 1996; Guiso et al. 2003; Geser 2009). Im Kern versuchen diese Arbeiten aus religionsspezifischen Dogmen und Normen die Folgen abzuleiten, die sich daraus für Erwerbseinstellungen ergeben könnten (Ali et al. 2005; McCleary 2007).

Während die Resultate einmal mehr (Guiso et al. 2003; Parboteeha et al. 2009; Geser 2009), einmal weniger (Chusmir/Koberg 1988) die These vom religiös motivierten Erwerbsverhalten unterstützen, erweist sich als stabiler Befund über unterschiedliche Religionen hinweg, dass Religiosität mit der Befürwortung traditioneller Geschlechterrollen einhergeht (Guiso et al. 2003) und sich dieser Zusammenhang im wirtschaftlichen Wohlergehen von Frauen zeigt (Voicu 2009; Seguino 2011).[8]

Vor dem Hintergrund des Forschungsstandes und den hierin formulierten Überlegungen untersucht der vorliegende Beitrag die Frage, ob Religionszugehörigkeit und Religiosität für die Arbeitsmarktintegration von Personen mit Migrationshintergrund eine Rolle spielen. In Anbetracht einer in Deutschland nach wie vor verbreiteten geschlechtsspezifischen Arbeitsteilung und von Befunden, die auf eine besonders ausgeprägte Benachteiligung der türkeistämmigen Erwerbspersonen hindeuten, werden folgende Hypothesen geprüft:

H1: Im Zusammenhang mit der verbreiteten geschlechtsspezifischen Arbeitsteilung sind Männer in Deutschland anteilig häufiger erwerbstätig und gehen einer Vollzeitbeschäftigung nach als Frauen. Diese Tendenz ist auch bei christlichen und muslimischen Zuwanderern sowie deren Nachkommen zu vermuten.

H2: Es wird angenommen, dass die geschlechtsspezifische Arbeitsteilung unter Muslimen stärker ausgeprägt ist als unter Christen. Insofern sollten Musliminnen bei sonst gleichen Voraussetzungen seltener erwerbstätig sein als Christinnen. Bei Männern beider Religionen sollte die Religionszugehörig-

---

8   Zurecht weisen Chadwick und Garrett (1995) darauf hin, dass trotz des regelmäßig bestätigten Zusammenhangs zwischen diesen Variablen dessen Kausalrichtung nicht eindeutig bestimmbar ist. Einerseits könne es sein, dass religiöse Frauen stärker die Rolle der Hausfrau befürworten. Andererseits haben berufstätige Frauen weniger Zeit für religiöse Aktivitäten, so dass der beobachtete Zusammenhang zwischen Erwerbstätigkeit und geringerer Religiosität das Ergebnis eines Messproblems sein könne. Wiederum könne auch die Erwerbseinbindung säkularisierend wirken, so dass der Grad der Religiosität von der Erwerbstätigkeit abhängt und nicht umgekehrt (Chadwick/Garrett 1995: 277f.).

keit keine Rolle spielen, da Erwerbstätigkeit konform mit bestehenden Rollenbildern ist.

H3: Gläubigkeit wirkt sich im Zusammenhang mit der stärkeren Akzeptanz geschlechtsspezifischer Rollenmuster als eigenständiger Faktor auf die Erwerbseinbindung von Frauen aus, unabhängig von der Religionszugehörigkeit. Gläubige Frauen sollten seltener erwerbstätig sein als weniger gläubige Frauen. Bei Männern ist dieser Zusammenhang nicht zu vermuten.

H4: Entscheidender Faktor für die berufliche Positionierung ist das Qualifikationsprofil. Sind Frauen oder Männer erwerbstätig, sollte bei beiden Geschlechtern weder die Religionszugehörigkeit noch die Gläubigkeit einen eigenständigen Einfluss darauf haben, ob eine qualifizierte Tätigkeit ausgeübt wird.

H5: Es wird vermutet, dass das Kopftuch bei vielen Arbeitgebern auf Vorbehalte stößt. Das Tragen des Kopftuchs sollte sich bei Musliminnen daher negativ auf die Erwerbsbeteiligung auswirken und auch bei guter Ausbildung die Chancen auf eine qualifizierte Tätigkeit mindern.

3. Empirische Befunde

Im Folgenden werden die Ergebnisse der empirischen Analysen dargestellt. Zunächst wird auf wesentliche Charakteristika der muslimischen und christlichen Untersuchungsgruppe eingegangen. Im Anschluss werden die Verteilungen der abhängigen sowie zentralen unabhängigen Kontrollvariablen beschrieben und bestehende Unterschiede zwischen Christen und Muslimen sowie den Geschlechtern in bivariater Betrachtung herausgearbeitet. Schließlich erfolgt die Überprüfung der Hypothesen anhand multivariater Modelle.

3.1 Datengrundlage

Grundlage für die Analysen sind die im Rahmen des MLD-Projekts erhobenen Daten über Personen mit einem Migrationshintergrund aus einem muslimisch geprägten Herkunftsland. Zur Beantwortung der Forschungsfragen wird hier eine Sonderauswertung der muslimischen und christlichen Zielpersonen im Alter von 25 bis 64 Jahren vorgenommen. Es werden also nur Personen in einem Alter betrachtet, in dem üblicherweise die Ausbildung abgeschlossen ist und die sich noch nicht im Rentenalter befinden.

Die Zuordnung als Christ oder Muslim erfolgt auf Basis der Selbstangabe durch die Befragten. In beiden Gruppen werden alle Konfessionen berücksichtigt. Aleviten werden der Gruppe der Muslime zugerechnet. Zwar unterscheiden sich Aleviten in Bezug auf die religiöse Glaubenslehre und Praxis von Muslimen anderer Glaubensrichtungen (vgl. Sökefeld 2008: 32f.), allerdings haben in der MLD-Studie rund drei Viertel der Aleviten die Frage, ob sie sich als Muslime fühlen, bejaht (Haug et al. 2009: 22). Zudem ist die Alevitische Gemeinde in Deutschland (AABF) als islamischer Verband auf der Deutschen Islam Konferenz vertreten. Auf dieser Grundlage stehen für die Sonderauswertung ungewichtete Fallzahlen von 3.079 Personen zur Verfügung, davon 1.260 Christen sowie 1.819 Muslime.

Betrachtet man die Verteilung der gewichteten Fallzahlen, so wird deutlich, dass die hier berücksichtigten christlichen und muslimischen Zielpersonen sich in der Frequenz der Herkunftsländer deutlich unterscheiden (siehe Tabelle 2). Bei den Muslimen im Alter von 25 bis 64 Jahren dominieren Türkeistämmige mit einem Anteil von 70 Prozent sogar noch deutlicher als dies bei Muslimen in Deutschland insgesamt der Fall ist (63 Prozent). Bei den christlichen Befragten sind Personen mit einem Migrationshintergrund aus Zentralasien/GUS am stärksten vertreten. Die unterschiedliche Verteilung der Herkunftsländer bei den beiden Religionsgruppen deutet auf unterschiedliche Migrationsgründe hin. Es kann also erwartet werden, dass sich die Gruppen der Muslime und Christen auch im Hinblick auf sozialstrukturelle Merkmale unterscheiden.

Tabelle 2: Befragte im Alter von 25 bis 64 Jahren nach Religion und Herkunftsregion (in Prozent)

	SO-Europa	Türkei	ZA/GUS	Iran	SSO-Asien	Naher Osten	Nordafrika	Sonst. Afrika	Insg.
Muslim	10,4	70,3	0,9	2,3	3,3	6,0	5,8	1,1	100,0
Christ	25,3	3,7	58,8	1,1	1,4	3,6	0,2	5,9	100,0

Quelle: MLD 2008, Befragte im Alter von 25–64 Jahren, gewichtet

In den nachfolgenden Analysen wird zur Prüfung der Hypothesen nach Geschlecht differenziert. Bei muslimischen Frauen wird zudem untersucht, ob das Tragen eines Kopftuchs einen Einfluss auf die Arbeitsmarktintegration hat. Hintergrund ist, dass das Tragen eines Kopftuchs in der Öffentlichkeit als sichtbares Zeichen für die Zugehörigkeit zum Islam und von Gläubigkeit wahrgenommen, darüber hinaus aber auch häufig als Symbol für die Unterdrückung der Frau gedeutet wird (Rommelsbacher 2009: 397, Spielhaus 2007: 58). Quantitative Untersuchungen über den Einfluss des Kopftuchs auf das Arbeitsmarktverhalten von Musliminnen in Deutschland oder im erweiterten Sinne auf deren Integration liegen noch nicht vor. Die Auswertungen leisten damit einen Beitrag zur Versachlichung der Debatte und beleuchten, ob sich muslimische Frauen mit und ohne Kopftuch in Bezug auf ihre Erwerbseinbindung und berufliche Positionierung systematisch voneinander unterscheiden.

Frauen, die angeben, nie ein Kopftuch zu tragen, werden ihren Geschlechtsgenossinnen gegenübergestellt, die manchmal, meistens oder immer ein Kopftuch tragen. Die Dichotomisierung der Variable erscheint als angemessen, da die Entscheidung, ob ein Kopftuch getragen wird, überwiegend eindeutig getroffen wird. Fast 70 Prozent der befragten Musliminnen, die zwischen 25 und 64 Jahre alt sind, geben an, nie ein Kopftuch zu tragen. 25 Prozent bedecken sich immer, wenn sie das Haus verlassen. Lediglich sieben Prozent haben sich nicht festgelegt und tragen manchmal oder meistens ein Kopftuch.

3.2 Bivariate Auswertungen zur Arbeitsmarktintegration

Betrachtet man den Erwerbsstatus differenziert nach Religionszugehörigkeit und Geschlecht, fällt zunächst auf, dass zwischen muslimischen und christlichen Männern kaum Unterschiede bestehen. Jeweils 17 Prozent sind nicht erwerbstätig, sei es aufgrund von Arbeitslosigkeit, Frühverrentung oder anderen Gründen (siehe Tabelle 3). Deutlich über 70 Prozent sind Vollzeit erwerbstätig. Einer Teilzeitbeschäftigung gehen christliche und muslimische Männer im erwerbsfähigen Alter, die aus einem muslimischen geprägten Herkunftsland stammen, nur in Ausnahmefällen nach.

Tabelle 3: Erwerbsstatus nach Religion und Geschlecht (in Prozent)

Erwerbsstatus	Muslime				Christen	
	weiblich			männlich	weiblich	männlich
	mit Kopftuch	ohne Kopftuch	gesamt			
Vollzeit erwerbstätig	7,8	22,5	17,7	72,5	31,9	73,6
Teilzeit erwerbstätig	4,1	21,0	15,5	4,4	19,7	2,2
geringfügig beschäftigt	18,5	10,5	13,1	0,9	8,9	1,3
Schule/ Ausbildung	6,6	9,0	8,2	5,6	5,0	6,2
nicht erwerbstätig	63,0	37,1	45,6	16,6	34,6	16,7
insgesamt	100,0	100,0	100,0	100,0	100,0	100,0

Quelle: MLD 2008, Befragten im Alter von 25 – 64 Jahren, gewichtet

Indessen bestehen in beiden Gruppen erhebliche Unterschiede zwischen Männern und Frauen. Sowohl muslimische als auch christliche Frauen sind deutlich seltener erwerbstätig als ihre männlichen Glaubensgenossen. Teilzeitbeschäftigungsverhältnisse sind verbreiteter, Vollzeitbeschäftigungsverhältnisse entsprechend seltener. Auf bivariater Ebene bestätigt sich damit die erste Hypothese (H1), nämlich dass die Wahrscheinlichkeit, in den Arbeitsmarkt eingebunden zu sein, bei christlichen und muslimischen Zuwanderern sowie bei deren Angehörigen durch das Geschlecht beeinflusst wird.

Allerdings zeigen sich auch innerhalb der Gruppe der Frauen Unterschiede. Christliche Frauen sowie muslimische Frauen, die nie ein Kopftuch tragen, sind deutlich häufiger in den Arbeitsmarkt eingebunden als muslimische Frauen, die angeben, manchmal oder immer bedeckt das Haus zu verlassen. Letztere sind zugleich am häufigsten geringfügig beschäftigt. Die Unterschiede könnten ein Indikator dafür sein, dass sich – sofern man das Tragen des Kopftuchs als Zeichen für Gläubigkeit betrachtet – religiöse Aspekte auf die Erwerbstätigkeit von Frauen auswirken. Eine Erklärung hierfür könnte sein, dass religiöse muslimische Frauen klassische Geschlechterrollenbilder stärker befürworten. Diese ersten bivariaten Ergebnisse sollten jedoch nicht überbewertet werden, da der Einfluss von Drittvariablen hier noch nicht berücksichtigt ist. Möglicherweise bedingen weniger innere Einstellungen der Frauen die Abweichungen, sondern es bestehen Unterschiede in Bezug auf sozialstrukturelle oder die persönliche Lebenssituation betreffende Merkmale. Nicht zuletzt können auch diskriminierende Einstellungspraktiken die Erwerbseinbindung muslimischer Frauen mit Kopftuch erschweren. Insgesamt betrachtet scheint die Einbindung in den Arbeitsmarkt gemäß der bivariaten Ergebnisse weniger von der Religions- als von der Geschlechtszugehörigkeit abzuhängen.

Ein weiterer Indikator für die Arbeitsmarktintegration ist die berufliche Positionierung der Erwerbstätigen. Die nachfolgenden Analysen über die Art der ausgeübten Tätigkeit beziehen sich entsprechend nur auf Personen, die in Vollzeit, Teilzeit oder als geringfügig Beschäftigte arbeiten. Bei der Auswertung wird zwischen einfachen, qualifizierten und hochqualifizierten Tätigkeiten unterschieden.[9]

Ähnlich wie bei der Erwerbseinbindung bestehen zwischen männlichen Muslimen und Christen in Bezug auf die berufliche Positionierung nur geringe Unterschiede (siehe Tabelle 4). Männliche Christen üben tendenziell häufiger einfache

---

9 Die Variable wurde wie folgt gebildet: einfache Tätigkeit = un/angelernter Arbeiter, einfacher Angestellter, Beamter im einfachen Dienst; qualifizierte Tätigkeit = Fach/Vorarbeiter, Angestellter mit qualifizierter Tätigkeit, Beamter im mittleren Dienst; hoch qualifizierte Tätigkeit = Angestellter mit hoch qual. Tätigkeit, Beamter im höheren Dienst, freier Beruf; nicht zuzuordnen = Selbständige ohne weitere Angabe über die Art der Tätigkeit.

Tätigkeiten aus. Muslimische Männer arbeiten indessen häufiger als Selbständige in einer im Rahmen des Interviews nicht weiter spezifizierten Branche, so dass keine Rückschlüsse auf das Qualifikationsniveau der Tätigkeit möglich sind. Eine Zuordnung kann bei dieser Kategorie daher nicht vorgenommen werden. Gut die Hälfte sowohl der muslimischen als auch der christlichen Männer übt eine qualifizierte oder hoch qualifizierte Tätigkeit aus.

Tabelle 4: Beruflich Positionierung nach Religion und Geschlecht (in Prozent)

Art der Tätigkeit	Muslime				Christen	
	weiblich			männlich	weiblich	männlich
	mit Kopftuch	ohne Kopftuch	gesamt			
einfach	67,6	58,6	60,7	30,3	59,0	42,4
qualifiziert	25,5	28,7	28,0	39,9	24,7	35,3
hoch qualifiziert	2,9	6,3	5,6	12,0	11,7	16,2
nicht zuzuordnen	3,9	6,3	5,8	17,9	4,5	6,2
insgesamt	100,0	100,0	100,0	100,0	100,0	100,0

Quelle: MLD 2008, Befragten im Alter von 25 – 64 Jahren, gewichtet

Frauen üben deutlich häufiger eine einfache Tätigkeit aus als Männer. Es lässt sich ein ähnliches Muster wie in Bezug auf die Erwerbseinbindung erkennen. Zwischen muslimischen Frauen ohne Kopftuch und Christinnen zeigen sich kaum Unterschiede. Mehr als jede Dritte geht einer qualifizierten oder hoch qualifizierten Tätigkeit nach. Bei muslimischen Frauen, die ein Kopftuch tragen, sind es mit einem Anteil von zusammengefasst 28 Prozent deutlich weniger. Insgesamt betrachtet lässt sich damit auch in Bezug auf die berufliche Positionierung festhalten, dass Unterschiede zwischen den Geschlechtern stärker ausgeprägt sind als die Unterschiede zwischen der Religionszugehörigkeit.

3.3 Unabhängige Variablen zur Erklärung der Arbeitsmarktintegration

Vor Überprüfung der Hypothesen anhand multivariater Modelle werden die verwendeten unabhängigen Einflussgrößen und ihre Verteilungen dargestellt.

Zentrale unabhängige Variable, deren Einfluss auf die Arbeitsmarktintegration von männlichen und weiblichen Personen mit Migrationshintergrund untersucht werden soll, stellt neben der Religionszugehörigkeit die Gläubigkeit dar.

Wie in Kapitel 2 dargelegt, wird mit der Unterscheidung nach Religionszugehörigkeit der Hypothese nachgegangen, ob der Islam als Religion geschlechtsspezifische Unterschiede stärker transportiert als andere Religionen (vgl. Inglehart/ Norris 2003). In Bezug auf Gläubigkeit wird vermutet, dass geschlechtsspezifische Rollenbilder umso ausgeprägter sind, je religiöser eine Person ist (vgl. Diehl et al. 2009; Guiso et al. 2003). Insofern wird Gläubigkeit bei der Interpretation als Proxy-Variable für dahinterliegende Einstellungen zu Geschlechterrollen herangezogen. Zur Messung wurde der Grad der Gläubigkeit im Interview auf einer vierstufigen Skala mit den Antwortkategorien „gar nicht", „eher nicht", „eher" und „sehr stark" gläubig abgefragt. Christliche und muslimische Befragte erweisen sich als überwiegend gläubig, wie der fast durchgängig hohe Mittelwert zeigt (siehe Tabelle 5). Männer sind in beiden Gruppen tendenziell etwas weniger gläubig als ihre Glaubensgenossinnen. Musliminnen, die ein Kopftuch tragen, bekunden deutlich häufiger, sehr gläubig zu sein, als Musliminnen, die kein Kopftuch tragen.

Neben religiösen Aspekten werden bei den multivariaten Analysen soziodemographische Faktoren berücksichtigt. Ein wichtiger Einflussfaktor auf die Arbeitsmarktintegration ist das Alter. Aus dem Mikrozensus ist bekannt, dass die Erwerbsquote bei älteren Personen sinkt (vgl. Statistisches Bundesamt 2011: 288ff.). Gleichzeitig sind ältere Menschen oftmals in höheren beruflichen Stellungen zu finden als Berufsanfänger. Der Mittelwertvergleich zeigt, dass der Altersdurchschnitt sowohl bei muslimischen als auch christlichen Männern höher ist als bei ihren Glaubensgenossinnen. Gleichzeitig sind Christen tendenziell älter als Muslime. Insgesamt betrachtet sind die Unterschiede jedoch gering, was auch darauf zurückzuführen ist, dass bei den Analysen nur die Gruppe der 25- bis unter 65-Jährigen betrachtet wird.

Der Ort des Schulbesuchs gibt wichtige migrationsbiographische Hinweise, nämlich ob die gesamte Schulzeit oder wenigstens ein Teil davon in Deutschland verbracht wurde. Bei Bildungsinländern ist zu erwarten, dass, sofern ein Schulabschluss erworben wurde, dieser auch anerkannt ist. Mit dem frühen Einreisealter sind aber auch weitere Faktoren, die sich begünstigend auf die Arbeitsmarktintegration auswirken können, verknüpft, so etwa flüssige Deutschkenntnisse, grundlegende Kenntnisse über gesellschaftliche Strukturen und Netzwerkkontakte. Gleichzeitig ist bekannt, dass Kinder und Jugendliche in Deutschland mit Migrationshintergrund deutlich seltener einen hohen Schulabschluss erreichen als Kinder ohne Migrationshintergrund (vgl. Siegert 2008: 5f.). Werden weitere relevante Variablen, wie etwa Bildungsvoraussetzungen und Deutschkenntnisse, kontrolliert, sollte der Ort des Schulbesuchs daher letztlich kein relevanter Einflussfaktor für die Arbeitsmarktintegration sein. Bezogen auf die Befragten erweist sich, dass Muslime deutlich häufiger eine Schule in Deutschland besucht haben als Christen aus den entsprechenden Ländern. Dies gilt für beide Geschlechter.

Tabelle 5: Verteilung (in Prozent) und Mittelwerte (kursiv) unabhängiger Kontrollvariablen nach Religion und Geschlecht

unabhängige Variablen	Muslime				Christen	
	weiblich			männlich	weiblich	männlich
	mit Kopftuch	ohne Kopftuch	gesamt			
Gläubigkeit im Ø *(Skala 1 bis 4)*	*3,7*	*3,1*	*3,2*	*3,1*	*3,1*	*2,9*
Soziodemographie						
Alter in Jahren im Ø	*37,9*	*39,4*	*39,0*	*40,6*	*41,4*	*42,5*
Schulbesuch: im Ausland	48,6%	40,5%	43,3%	47,9%	77,6%	70,3%
(auch) in Deutschland	51,4%	59,5%	56,7%	52,1%	22,4%	29,7%
schulische Bildung						
ohne Abschluss	15,4%	14,9%	15,0%	12,4%	5,1%	5,3%
niedriger Abschluss	47,4%	31,9%	36,8%	26,2%	26,0%	24,8%
mittlerer Abschluss	21,5%	19,9%	20,4%	19,3%	27,1%	28,5%
hoher Abschluss	15,7%	33,3%	27,8%	42,1%	41,9%	41,4%
Berufsausbildung						
ohne anerkannte Ausbildung	78,3%	58,3%	64,8%	55,6%	71,2%	57,3%
mit Lehre/Studium	21,7%	41,7%	35,2%	44,4%	28,8%	42,7%
Deutschkenntnisse im Ø *(Index, Skala 1 bis 6)*	*4,5*	*4,9*	*4,8*	*4,9*	*4,9*	*4,9*
Alter des jüngsten Kindes						
kein Kind	27,5%	24,2%	25,3%	34,4%	31,6%	45,8%
unter 6 Jahre	25,9%	24,5%	24,9%	30,0%	19,9%	19,1%
6 bis 9 Jahre	20,3%	12,5%	14,9%	10,7%	12,9%	8,3%
10 bis 15 Jahre	12,5%	14,6%	13,9%	11,6%	14,4%	9,4%
16 Jahre und älter	13,8%	24,2%	21,1%	13,3%	21,2%	17,3%

Quelle: MLD 2008, Befragten im Alter von 25 – 64 Jahren, gewichtet

Durch viele Studien ist belegt, dass in Deutschland die Chancen, eine Arbeit zu bekommen und eine qualifizierte Tätigkeit auszuüben, mit einer guten Ausbildung steigen. Erste Ausbildungsinstanz ist die Schule. Die Höhe des Schulabschlusses ist hierbei ein Indikator für die Breite des erworbenen Wissens, aber auch für die Lernfähigkeit, sich weitere Kenntnisse anzueignen. Nicht zuletzt werden durch den Schulabschluss die Weichen für mögliche berufliche Ausbildungswege gestellt. Da auf dem Arbeitsmarkt zunehmend qualifizierte Fachkräfte gesucht werden, ist davon auszugehen, dass sich ein guter Schulabschluss positiv auf die Erwerbseinbindung und berufliche Positionierung auswirkt. Auch eine abgeschlossene Berufsausbildung sollte die Arbeitsmarktintegration begünstigen.

In Bezug auf die schulische Ausbildung zeigen sich unterschiedliche Voraussetzungen. Christen mit einem Migrationshintergrund aus einem muslimisch geprägten Herkunftsland schneiden besser ab als Muslime. Sie können häufiger einen hohen oder mittleren Schulabschluss vorweisen und haben die Schule seltener ohne einen Abschluss verlassen. Gleichzeitig fällt auf, dass zwischen den Geschlechtern kaum Unterschiede existieren. Bei den Muslimen erweisen sich Männer indessen als schulisch deutlich besser gebildet. Musliminnen mit und ohne Kopftuch haben überproportional häufig die Schule ohne einen Abschluss verlassen. Gleichzeitig wird deutlich, dass Frauen, die ein Kopftuch tragen, eher über einen niedrigen oder mittleren Abschluss verfügen, während Musliminnen ohne Kopftuch häufiger das Abitur vorweisen können. In Bezug auf die berufliche Bildung zeigt sich ein anderes Bild. Muslimische und christliche Männer sowie muslimische Frauen, die kein Kopftuch tragen, verfügen überproportional häufig über eine Berufsausbildung und haben eine Lehre oder ein Studium absolviert. Berücksichtigt werden hierbei nur die in Deutschland gemachten oder nach Aussage der Befragten anerkannten Berufsausbildungen.

Ein durch zahlreiche Untersuchungen belegter, stabiler Befund ist, dass gute deutsche Sprachkenntnisse, auch bei Kontrolle weiterer Einflussfaktoren, die Integration begünstigen. Dies gilt sowohl in Bezug auf Aspekte der strukturellen und sozialen als auch identifikativen Integration (vgl. hierzu die Zusammenfassung in Haug 2008: 10). In der MLD-Studie wurden Deutschkenntnisse in den Dimensionen Verstehen, Sprechen, Lesen und Schreiben durch Selbsteinschätzung erfasst. Die Befragten wurden gebeten, ihre Kenntnisse jeweils auf einer sechsstufigen Skala einzuordnen.[10] Diese vier Einschätzungen wurden zu einem sechsstufigen Index zusammengefasst. Christliche und muslimische Zuwanderer beiderlei Geschlechts schätzen ihre Sprachkenntnisse überwiegend als gut ein. Muslimische Frauen mit Kopftuch bewerten sich mit einem Index-Mittelwert von 4,5 am schlechtesten.

In einer arbeitsteiligen Gesellschaft sollte neben individuellen Voraussetzungen und Kenntnissen insbesondere bei Frauen die familiäre Situation die Arbeitsmarktintegration beeinflussen. In diesem Zusammenhang wird folgend zwischen Kinderlosen und Personen mit mindestens einem Kind unterschieden und das

---

10 Folgende Antworten waren möglich: 1 = sehr gut, 2 = gut, 3 = mittelmäßig, 4 = schlecht, 5 = sehr schlecht, 6 = gar nicht. Für die Auswertungen wurde die Variable umgepolt.

Alter des jüngsten Kindes berücksichtigt. So ist aus Studien bekannt, dass Mütter mit kleinen Kindern im Vorschul- oder Grundschulalter seltener erwerbstätig sind als Frauen ohne Nachwuchs oder mit älteren Kindern, die keiner regelmäßigen Betreuung mehr bedürfen (Bundesministerium für Familie, Senioren, Frauen und Jugend 2012: 49). Bei der beruflichen Positionierung sollten aber auch Frauen mit älteren Kindern im Nachteil sein, da sie häufiger einen Bruch in ihrer Erwerbsbiographie haben (Deutscher Bundestag 2011: 126). Bei Vätern sollte sich das Alter des Kindes indessen weder auf die Erwerbseinbindung noch auf die berufliche Qualifizierung auswirken. Zwischen Muslimen und Christen bestehen in Bezug auf die familiäre Situation Unterschiede. Christen mit Migrationshintergrund aus einem muslimisch geprägten Herkunftsland beiderlei Geschlechts sind deutlich häufiger kinderlos als Muslime. Differenziert man innerhalb der Gruppe der Musliminnen, haben die durchschnittlich etwas jüngeren Frauen mit Kopftuch etwas häufiger kein Kind und die Frauen ohne Kopftuch etwas häufiger ein Kind im Alter von über 15 Jahren.

Insgesamt wird durch die betrachteten Verteilungen deutlich, dass sich die Gruppen nicht nur in Bezug auf die Arbeitsmarktintegration, sondern auch in Bezug auf zentrale unabhängige Variablen unterscheiden. Damit bleibt offen, ob die Religionszugehörigkeit tatsächlich einen eigenständigen Einfluss auf die Erwerbseinbindung und berufliche Positionierung hat oder ob die festgestellten Unterschiede durch andere Zusammensetzungen in Bezug auf dahinter liegende Variablen bedingt sind. Dies lässt sich erst durch multivariate Analysen klären.

3.4 Einflussfaktoren auf die Erwerbseinbindung

Im Folgenden wird in logistischen Regressionsmodellen untersucht, von welchen Faktoren ein Einfluss auf die Einbindung in den Ausbildungs- und Arbeitsmarkt letztlich ausgeht. Hierbei wird zwischen Personen, die in Voll- oder Teilzeit arbeiten, die geringfügig beschäftigt sind oder die eine Ausbildung machen versus Nicht-Erwerbstätigen differenziert. Gemäß den Hypothesen soll insbesondere überprüft werden, ob Religionszugehörigkeit und Gläubigkeit unter Kontrolle weiterer Variablen einen eigenständigen Effekt auf die Integration in den Arbeitsmarkt haben. Da in den Hypothesen im Zusammenhang mit der geschlechtsspezifischen Arbeitsteilung erwartet wird, dass sich zu prüfende Einflussfaktoren unterschiedlich auf Männer und Frauen auswirken, werden beide Geschlechter in getrennten Modellen analysiert.[11]

---

11   Die Gesamtmodelle für Männer und Frauen, in dem das Geschlecht als zusätzlicher Kontrollvariable eingeführt wird, sind im Anhang enthalten.

Tabelle 6: Einflussfaktoren auf die Einbindung in den Ausbildungs-/ Arbeitsmarkt bei Frauen und Männern mit Migrationshintergrund (logistische Regression)

UV: 0 = nicht erwerbstätig 1 = VZ/TZ/geringfügig beschäftigt, in Schule/Ausbildung	Frauen		Männer	
	Exp(B)	Sig	Exp(B)	Sig.
Religion				
Muslim (RK Christ)	0,569	**	0,706	
Gläubigkeit (4-stufig)	0,559	***	0,316	
Demographie				
Alter	0,974	**	0,912	***
Schulbesuch in Deutschland (RK im Ausland)	1,062		1,858	*
Kenntnisse und Qualifikationen				
niedriger Schulabschluss (RK ohne Abschluss)	1,295		1,542	
mittlerer Schulabschluss	1,829	*	2,566	**
hoher Schulabschluss	1,965	**	1,384	
anerkannter Berufsabschluss (RK kein Abschluss)	1,105		0,937	
Deutschkenntnisse (Index, 6-stufig)	1,731	***	1,714	***
Alter des jüngsten Kindes (RK kein Kind)				
unter 6 Jahre	0,207	***	1,431	
6 bis 9 Jahre	1,138		1,894	
10 bis 15 Jahre	1,437		2,263	*
16 Jahre und älter	2,153	***	1,727	*
Migrationshintergrund (RK aus SO-Europa)				
Türkei	1,394		1,134	
Naher Osten	0,544		0,736	
Nordafrika	1,146		0,840	
sonstige Regionen[1]	0,875		0,901	
Konstante	1,600		8,693	*
Nagelkerkes R²	0,296		0,336	
N	1.337		1.595	

Quelle: MLD 2008, Befragten im Alter von 25 – 64 Jahren, gewichtet
* = p < 0,05 ** = p < 0,01 *** = p < 0,001

[1] Aufgrund teilweise geringer Fallzahlen wurden Personen mit Migrationshintergrund aus Zentralasien/GUS, Iran, Süd-/Südostasien und dem sonstigen Afrika in einer Kategorie zusammengefasst.

Die Ergebnisse in Tabelle 6 verdeutlichen, dass sich religiöse Aspekte nur auf die Erwerbsbeteiligung von Frauen, nicht aber auf die der Männer auswirken. Betrachtet man die Religionszugehörigkeit, so zeigt sich, dass Musliminnen in Deutschland bei sonst gleichen Voraussetzungen signifikant seltener erwerbstätig sind als Christinnen mit entsprechendem Migrationshintergrund. Unterschiedliche kulturelle bzw. regionalspezifische Prägungen scheinen nicht ausschlaggebend dafür zu sein, da von den Herkunftslandvariablen keine signifikanten Effekte ausgehen. Bei Männern spielt die Religionszugehörigkeit indessen keine Rolle. Untersucht man Männer und Frauen in einem Gesamtmodell, in dem das Geschlecht als zusätzliche Kontrollvariable eingeführt wird, geht von der muslimischen Religionszugehörigkeit ein leicht negativer und von der männlichen Geschlechtszugehörigkeit ein stark positiver Effekt aus (siehe Tabelle A1 im Anhang). Durch die Analysen kann damit belegt werden, dass geschlechtsspezifische Lebensmodelle, in denen die Frau nicht erwerbstätig ist, unter Zuwanderern sowie deren Angehörigen beider Religionen verbreitet sind (H1). Allerdings scheint die geschlechtsspezifische Arbeitsteilung bei Muslimen stärker ausgeprägt zu sein (H2).

Darüber hinaus bestätigt sich, dass die Wahrscheinlichkeit, in den Arbeitsmarkt eingebunden zu sein, sowohl bei christlichen als auch muslimischen Frauen mit dem Grad der Gläubigkeit abnimmt (H3). Bei Männern spielt Gläubigkeit in Bezug auf die Erwerbsbeteiligung indessen keine Rolle. Dies ist ein wichtiger Beleg für die Vermutung, dass zwischen Gläubigkeit und der Akzeptanz geschlechtsspezifischer Rollenbilder tatsächlich ein Zusammenhang besteht.

Beiden Geschlechtern ist gemeinsam, dass Jüngere häufiger erwerbstätig oder in Ausbildung sind als Ältere. Auch die Deutschkenntnisse haben einen hoch signifikanten positiven Einfluss. Der Ort und die Höhe des Schulabschlusse wirken sich weniger eindeutig aus. Bei christlichen und muslimischen Männern mit Migrationshintergrund erhöht sich die Wahrscheinlichkeit, in den Arbeitsmarkt eingebunden zu sein, wenn sie in Deutschland die Schule besucht haben und wenn sie einen mittleren Schulabschluss besitzen. Bei Frauen aus muslimisch geprägten Herkunftsländern hat neben dem mittleren auch der hohe Schulabschluss einen positiven Einfluss.

Weiterhin ist der bei Frauen starke Einfluss von Kindern bzw. des Alters des jüngsten Kindes auffällig. So sind Frauen mit kleinen Kindern signifikant seltener erwerbstätig als Frauen mit keinem Kind, Frauen mit älteren Kindern sind indessen häufiger erwerbstätig. Offenkundig scheiden Frauen aus muslimisch geprägten Herkunftsländern nach der Geburt eines Kindes für einige Jahre aus dem Berufsleben aus und steigen dann später, sobald die Kinder eigenständiger sind, wieder ins Erwerbsleben ein. Diese Tendenz, die Studien zufolge u. a. zur Festigung geschlechtsspezifischer Lohnunterschiede beiträgt und sich negativ auf Weiterbildungschancen sowie Aufstiegschancen auswirkt, ist in Deutschland auch unter Frauen ohne Migrationshintergrund zu beobachten (Böhm et al.

2011; Deutscher Bundestag 2011: 110). Bei Männern haben Kinder einen deutlich schwächeren und ausschließlich positiven Effekt. Insgesamt bestätigen die Befunde, dass die familiären Lebensverhältnisse insbesondere das Arbeitsmarktverhalten von Frauen beeinflussen.

Differenziert man innerhalb der Gruppe der Musliminnen zwischen Frauen mit und ohne Kopftuch, werden die auf bivariater Ebene festgestellten Tendenzen durch die multivariaten Analysen bestätigt. Musliminnen, die sich in der Öffentlichkeit bedecken, sind bei sonst gleichen Voraussetzungen seltener erwerbstätig als Musliminnen, die kein Kopftuch tragen (siehe Tabelle 7). Weiterhin zeigt sich, dass Gläubigkeit einen eigenständigen, stark signifikanten Einfluss hat.[12] Die Wahrscheinlichkeit einer Erwerbsbeteiligung hängt demnach nicht allein von der Kopftuchfrage ab, sondern auch vom Grad der Gläubigkeit. Dies könnte ein Hinweis dafür sein, dass die Erwerbstätigkeit von Musliminnen nicht nur durch äußere Faktoren, also im Falle der Kopftuch tragenden Musliminnen durch Diskriminierung, sondern auch durch innere Faktoren, also Einstellungen zur geschlechtsspezifischen Arbeitsteilung, beeinflusst werden. Wie bereits dargestellt, ist dies kein auf Muslime begrenztes Phänomen. Vielmehr besteht auch bei christlichen Frauen ein Zusammenhang zwischen Gläubigkeit und der Arbeitsmarktintegration. Daneben wirken sich bei Musliminnen ähnliche Faktoren wie bei den Frauen insgesamt auf die Erwerbseinbindung aus. Das Alter und kleine Kinder haben einen negativen Einfluss, gute Deutschkenntnisse einen positiven. Der Höhe des Schulabschlusses kommt keine Bedeutung zu.

---

12 Der Korrelationskoeffizient nach Pearson von 0,358*** verdeutlicht, dass zwischen den beiden Variablen „Muslimin mit versus ohne Kopftuch" sowie „Gläubigkeit" zwar ein statistischer Zusammenhang besteht, dass das Tragen eines Kopftuchs sowie starke Gläubigkeit jedoch kein Automatismus sind. Es ist daher auch aus methodischer Sicht gerechtfertigt, beide Variablen in einem gemeinsamen Modell zu berücksichtigen.

Tabelle 7: Einflussfaktoren auf die Einbindung in den Ausbildungs-/ Arbeitsmarkt bei Musliminnen (logistische Regression)

UV: 0 = nicht erwerbstätig 1 = VZ/TZ/geringfügig beschäftigt, in Schule/Ausbildung	Exp(B)	Sig.
Religion		
mit Kopftuch (RK ohne Kopftuch)	0,421	***
Gläubigkeit (4-stufig)	0,687	**
Demographie		
Alter	0,965	**
Schulbesuch in Deutschland (RK im Ausland)	1,151	
Kenntnisse und Qualifikationen		
niedriger Schulabschluss (RK ohne Abschluss)	1,083	
mittlerer Schulabschluss	1,220	
hoher Schulabschluss	1,193	
anerkannter Berufsabschluss (RK kein Abschluss)	0,309	
Deutschkenntnisse (Index, 6-stufig)	1,663	***
Alter des jüngsten Kindes (RK kein Kind)		
unter 6 Jahre	0,189	***
6 bis 9 Jahre	1,380	
10 bis 15 Jahre	0,899	
16 Jahre und älter	1,697	*
Migrationshintergrund (RK aus SO-Europa)		
Türkei	1,648	
Naher Osten	0,736	
Nordafrika	1,677	
sonstige Regionen	1,123	
Konstante	1,351	
Nagelkerkes R^2	0,334	
N	711	

Quelle: MLD 2008, Befragten im Alter von 25 – 64 Jahren, gewichtet, nur Musliminnen
* = p < 0,05 ** = p < 0,01 *** = p < 0,001

3.5 Einflussfaktoren auf die berufliche Positionierung

Im Folgenden wird analog zur Erwerbseinbindung analysiert, welche Faktoren die berufliche Positionierung beeinflussen. In der abhängigen Variablen wurden angesichts der teilweise geringen Fallzahlen Berufstätige, die eine hochqualifizierte Arbeit ausüben, mit qualifiziert Tätigen in einer Kategorie zusammengefasst und nicht qualifiziert Beschäftigten gegenübergestellt. In der Analyse werden ausschließlich erwerbstätige Personen berücksichtigt, also Personen, die Voll- oder Teilzeit arbeiten oder geringfügig beschäftigt sind.

Tabelle 8: Einflussfaktoren auf die berufliche Positionierung bei berufstätigen Frauen und Männern mit Migrationshintergrund (logistische Regression)

UV: 0 = nicht qualifizierte Tätigkeit	Frauen		Männer	
1 = (hoch-)qualifizierte Tätigkeit	Exp(B)	Sig	Exp(B)	Sig.
Religion				
Muslim (RK Christ)	0,772		1,883	
Gläubigkeit (4-stufig)	0,927		1,069	
Demographie				
Alter	0,977		1,051	***
Schulbesuch in Deutschland (RK im Ausland)	0,908		1,244	
Kenntnisse und Qualifikationen				
niedriger Schulabschluss (RK ohne Abschluss)	0,644		0,598	
mittlerer Schulabschluss	0,686		0,688	
hoher Schulabschluss	1,148		1,829	
anerkannter Berufsabschluss (RK kein Abschluss)	5,409	***	8,193	***
Deutschkenntnisse (Index, 6-stufig)	2,637	***	1,593	***
Alter des jüngsten Kindes (RK kein Kind)				
unter 6 Jahre	0,514	*	1,149	
6 bis 9 Jahre	0,291	***	0,555	*
10 bis 15 Jahre	0,475	*	2,082	*
16 Jahre und mehr	0,593		2,291	**
Migrationshintergrund (RK aus SO-Europa)				
Türkei	0,572		0,612	
Naher Osten	1,783		0,961	
Nordafrika	0,529		0,485	
sonstige Regionen	0,895		0,650	
Konstante	0,020	**	0,005	***
Nagelkerke's R^2	0,436		0,363	
N	575		926	

Quelle: MLD 2008, Befragten im Alter von 25 – 64 Jahren, gewichtet, nur Berufstätige
* = p < 0,05 ** = p < 0,01 *** = p < 0,001

In Bezug auf die berufliche Positionierung fällt im Unterschied zur Frage der Erwerbseinbindung zunächst auf, dass religiöse Aspekte weder bei Männern noch bei Frauen eine Rolle spielen (siehe Tabelle 8). Vielmehr sind neben guten Deutschkenntnissen anerkannte Berufsabschlüsse zentrale Einflussfaktoren. Damit bestätigt sich die Annahme, dass insbesondere die eigene Qualifikation betreffende Merkmale die Wahrscheinlichkeit begünstigen, dass tatsächlich eine qualifizierte Tätigkeit ausgeübt wird (H4). Die Höhe des Schulabschlusses wirkt sich indessen nicht aus. Die Ergebnisse zeugen davon, dass eine gute Schulausbildung allein keinesfalls ausreicht, um sich auf dem deutschen Arbeitsmarkt beruflich erfolgreich zu positionieren. Vielmehr ist entscheidend, ob eine Berufsausbildung angeschlossen wird. Insgesamt wird in den beiden nach Geschlechtern getrennten Modellen deutlich, dass es erwerbstätigen Muslimen und Christen gleichermaßen gelingt, ihre Qualifikation auf dem Arbeitsmarkt umzusetzen.

Allerdings sind in Bezug auf die berufliche Stellung deutliche Geschlechterunterschiede festzustellen. Dies wird deutlich, wenn man das Gesamtmodell für Männer und Frauen betrachtet. Religiöse Aspekte haben, wie auch in den getrennten Modellen, keinen signifikanten Einfluss (siehe Tabelle A1 im Anhang). Gleichzeitig ist bei Männern die Wahrscheinlichkeit deutlich größer als bei Frauen, eine qualifizierte Arbeit auszuüben. Es gelingt Männern bei sonst gleichen Voraussetzungen also besser, ihre Qualifikationen auf dem Arbeitsmarkt umzusetzen. Eine Erklärung hierfür könnte sein, dass Frauen häufiger in Teilzeit oder geringfügig beschäftigt sind, also in Arbeitsverhältnissen stehen, in denen es weniger Möglichkeiten zum Aufstieg oder zur Übernahme von Verantwortung gibt (Böhm et al.: 2011; Deutscher Bundestag 2011: 126).

In den nach Geschlechtern getrennten Modellen verdeutlichen die gegenläufigen Effekte in Bezug auf die Mutter- bzw. Vaterschaft die auf dem Arbeitsmarkt bestehenden Geschlechterunterschiede. Frauen mit einem Kind und insbesondere Frauen mit einem Kind im Grundschulalter üben bei sonst gleichen Voraussetzungen deutlich seltener eine qualifizierte Tätigkeit aus als Frauen ohne ein Kind (siehe Tabelle 8). Eine Erklärung ist darin zu suchen, dass Mütter mit noch zu versorgenden Kindern im Zusammenhang mit der geschlechtsspezifischen Arbeitsteilung mehr Familienarbeit übernehmen und entsprechend eher in Teilzeitarbeitsverhältnissen zu finden sind. Männer mit Kindern gehen indessen tendenziell häufiger einer qualifizierten Arbeit nach als Männer ohne Kinder. Möglicherweise streben viele Männer erst dann eine Vaterschaft an, wenn sie eine ihrer Qualifikation angemessene Arbeit gefunden haben. Eine Ursache könnte aber auch sein, dass sich Väter im Zusammenhang mit ihrer Rolle als Ernährer auch stärker um einen beruflichen Aufstieg bemühen als Kinderlose (Bundesministerium für Familie, Senioren, Frauen und Jugend 2012: 49).

Entgegen der Erwartung hat die Frage, ob ein Kopftuch getragen wird oder nicht, keinen signifikanten Einfluss auf die berufliche Positionierung muslimischer Frauen (H5). Vielmehr wird eine gute berufliche Position durch eine vorhandene Berufsausbildung und gute Deutschkenntnisse begünstigt (siehe Tabelle 9), also Faktoren, die auch in den zuvor betrachteten Modellen große Bedeutung haben. Musliminnen, die ein Kopftuch tragen, können ihre Qualifikationen offenbar gleichermaßen auf dem Arbeitsmarkt umsetzen wie Musliminnen ohne Kopftuch. Einschränkend sei angemerkt, dass die berufliche Position wenig differenziert operationalisiert wurde, über die Art der ausgeübten Tätigkeiten also wenig bekannt ist. Denkbar ist, dass sich Musliminnen mit Kopftuch und einer Ausbildung gezielt anspruchsvollere Tätigkeiten in der ethnischen Ökonomie oder in Bereichen aussuchen, in denen sie eine Brückenfunktion zwischen Angehörigen der Aufnahmegesellschaft und der eigenen Gruppe übernehmen, also in einem Umfeld arbeiten, in dem sie weniger mit Vorbehalten konfrontiert werden.

Weiterhin zeigt sich bei der gesonderten Betrachtung der Musliminnen, dass die Herkunft eine Rolle spielt. Bei Musliminnen aus der Türkei oder Nordafrika sinkt die Wahrscheinlichkeit, eine qualifizierte Tätigkeit auszuüben. Dieser Befund steht im Einklang mit Studien, in denen Türkeistämmige bei sonst gleichen Voraussetzungen schlechtere Chancen auf dem Arbeitsmarkt haben (siehe Kapitel 2 zum Forschungsstand). Da es sich sowohl bei der Türkei als auch bei Marokko und Tunesien um ehemalige Anwerbeländer handelt, so dass viele der betreffenden Frauen aus Arbeiterhaushalten stammen, könnte es sein, dass sie sich bei der Suche nach einer ihrer Qualifikation entsprechenden Arbeit mit zweierlei Arten von Vorbehalten konfrontiert sehen, nämlich einerseits in Bezug auf die Religion und andererseits in Bezug auf die Schichtzugehörigkeit. Es ist aber auch möglich, dass Frauen dieser Herkunftsgruppen überproportional häufig einen Beruf in einer schlecht entlohnten, frauentypischen Branche erlernt haben, so dass eine anhaltende Tätigkeit im Ausbildungsberuf aus finanziellen Gesichtspunkten als wenig attraktiv erscheint. Ein Beleg hierfür ist, dass sich junge Frauen mit ausländischem Pass seit vielen Jahren in einigen wenigen, von Deutschen kaum nachgefragten Ausbildungsberufen konzentrieren, etwa im Bereich des Einzelhandels, im Frisörgewerbe usw. (Granato 2003: 476f.). Neben Diskriminierungen auf dem Arbeitsmarkt scheint es den Ergebnissen einer qualitativen Studie zufolge für Mädchen aus eher traditionell eingestellten bildungsfernen Elternhäusern leichter zu sein, bei ihren Eltern eine Ausbildung in einem typisch weiblichen Beruf durchzusetzen (Behrensen/Westphal 2009: 111).

Tabelle 9: Einflussfaktoren auf die berufliche Positionierung bei berufstätigen Musliminnen (logistische Regression)

UV: 0 = nicht qualifizierte Tätigkeit 1 = (hoch-)qualifizierte Tätigkeit	Exp(B)	Sig.
Religion		
mit Kopftuch (RK ohne Kopftuch)	1,709	
Gläubigkeit (4-stufig)	0,976	
Demographie		
Alter	1,016	
Schulbesuch in Deutschland (RK im Ausland)	2,226	
Kenntnisse und Qualifikationen		
niedriger Schulabschluss (RK ohne Abschluss)	0,332	*
mittlerer Schulabschluss	0,852	
hoher Schulabschluss	1,610	
anerkannter Berufsabschluss (RK kein Abschluss)	4,469	***
Deutschkenntnisse (Index, 6-stufig)	2,469	***
Alter des jüngsten Kindes (RK kein Kind)		
unter 6 Jahre	0,504	
6 bis 9 Jahre	0,349	*
10 bis 15 Jahre	0,301	*
16 Jahre und älter	0,433	
Migrationshintergrund (RK aus SO-Europa)		
Türkei	0,203	**
Naher Osten	1,297	
Nordafrika	0,165	*
sonstige Regionen	0,411	
Konstante	0,006	**
Nagelkerkes R^2	0,509	
N	239	

Quelle: MLD 2008, Befragten im Alter von 25 – 64 Jahren, gewichtet, nur berufstätige Musliminnen
* = p < 0,05 ** = p < 0,01 *** = p < 0,001

4. Fazit

Ziel des Beitrages war es, die soziale Struktur der Muslime in Deutschland darzustellen und zu beleuchten, welche Bedeutung religiöse Aspekte für die Arbeitsmarktintegration haben.

Gemäß der Hochrechnung auf Basis der Daten der Studie „Muslimisches Leben in Deutschland" leben im Bundesgebiet zwischen 3,8 und 4,3 Millionen Muslime. Ihr Anteil an der deutschen Gesamtbevölkerung beträgt rund fünf Prozent. Nach den Christen bilden Muslime, wenn auch mit deutlichem Abstand, die zweitgrößte Religionsgruppe in Deutschland. Berücksichtigt man, dass rund 45 Prozent die deutsche Staatsangehörigkeit haben und 29 Prozent der über 15-Jährigen in Deutschland geboren sind, wird deutlich, dass Muslime ein fester Bestandteil der deutschen Bevölkerung sind.

Bezüglich der strukturellen Merkmale zeigen die Auswertungen, dass Muslime keine homogene Gruppe bilden, sondern sich u. a. im Hinblick auf ihre Herkunft, vertretene Glaubensrichtungen und die Migrationsbiografie voneinander unterscheiden. Die Mehrzahl der Muslime stammt aus der Türkei, mehr als jeder Dritte hat aber einen anderen Migrationshintergrund. Auswertungen über Türkeistämmige lassen daher keine Rückschlüsse über die in Deutschland lebenden Muslime zu. Gleichzeitig ist wichtiges Ergebnis unserer Analysen, dass nicht jeder, der aus einem muslimisch geprägten Herkunftsland stammt, auch Muslim ist. Demnach kann von der Herkunft einer Person nicht auf die Religionszugehörigkeit geschlossen werden. Insgesamt betrachtet verdeutlichen die Ergebnisse, dass pauschalisierende Aussagen über Muslime und über den Stand ihrer Integration angesichts der Heterogenität dieser Bevölkerungsgruppe wenig angemessen sind.

Im zweiten Teil des Beitrages wurde die Arbeitsmarktintegration von Muslimen in Deutschland thematisiert. Ziel war es, die Rolle der Religion und der Gläubigkeit für Erwerbsbeteiligung und berufliche Positionierung herauszuarbeiten. Zugrunde liegt die Annahme, dass sowohl das Christentum als auch der Islam traditionelle Geschlechterrollenbilder transportieren, sich der Bedeutungsgrad entsprechender Wertvorstellungen und Normen zwischen beiden Religionen aber möglicherweise unterscheidet. Gleichzeitig sollten Gläubige, von denen erwartet werden kann, dass sie die Grundannahmen ihrer Religion teilen, generell stärker traditionellen Geschlechterrollen verhaftet sein als weniger Religiöse.

Ein Hauptergebnis ist, dass die Einbindung in den Arbeitsmarkt und die berufliche Positionierung in erster Linie durch das Geschlecht und weniger durch die Religion bestimmt wird: Männer mit Migrationshintergrund zwischen 25 und 64 Jahren sind nicht nur insgesamt häufiger erwerbstätig als Frauen der entsprechenden Herkunftsländer, sondern auch deutlich häufiger Vollzeit beschäftigt.

Zudem sind sie häufiger in (hoch) qualifizierten Bereichen tätig als Frauen. Dies gilt sowohl für Muslime als auch für Christen mit Migrationshintergrund. Hierbei ist zu betonen, dass Muster der geschlechtsspezifischen Arbeitsteilung kein für Personen mit Migrationshintergrund typisches Phänomen sind, sondern auch in Bezug auf die Gesamtbevölkerung bestehen.

Religiöse Aspekte können dennoch nicht vollständig vernachlässigt werden. Ihr Einfluss zeigt sich jedoch nur in der Gruppe der Frauen. Die Wahrscheinlichkeit, erwerbstätig zu sein, verringert sich bei gläubigen Frauen. Zudem ist für Musliminnen im Vergleich zu Christinnen eine geringere Wahrscheinlichkeit der Erwerbstätigkeit zu verzeichnen. Dies lässt darauf schließen, dass die geschlechtsspezifische Arbeitsteilung bei Muslimen stärker ausgeprägt ist als bei Christen. Die eigenständige Betrachtung der muslimischen Frauen lässt zudem erkennen, dass sie eine niedrigere Wahrscheinlichkeit der Erwerbstätigkeit aufweisen, wenn sie ein Kopftuch tragen. Ob das Tragen eines Kopftuches die Erwerbsbeteiligung von muslimischen Frauen über Diskriminierungsmechanismen auf dem Arbeitsmarkt beeinflusst oder diese Frauen eher eine klassische Rollenverteilung befürworten und sich deshalb eher in der Haus- und Familienarbeit engagieren, kann auf Grundlage der Daten nicht beantwortet werden. Für die Erwerbsbeteiligung von Männern spielt weder die Religionszugehörigkeit noch die Gläubigkeit eine Rolle.

Religiöse Faktoren nehmen indes keinen Einfluss auf die berufliche Positionierung der Befragten. Ist eine Person erwerbstätig, hängt es von der Ausstattung mit Humankapital – und hierbei vor allem von den Deutschkenntnissen und der beruflichen Bildung – ab, ob sie eine (hoch) qualifizierte Tätigkeit übernimmt. Gleichzeitig ist die Platzierung auf dem Arbeitsmarkt nicht losgelöst von einer geschlechtsspezifischen Arbeitsteilung. Frauen mit Kindern im Haushalt übernehmen mit einer geringeren Wahrscheinlichkeit qualifizierte Tätigkeiten als kinderlose Frauen. Männer scheinen indes von älteren Kindern im Haushalt beruflich zu profitieren: Für sie erhöht sich mit einem älteren Kind die Wahrscheinlichkeit, in einem (hoch) qualifizierten Bereich beschäftigt zu sein. Die spezifische Untersuchung muslimischer Frauen ergibt zudem, dass es für die berufliche Positionierung keinen Unterschied macht, ob eine Muslimin ein Kopftuch trägt oder nicht. Auf die Wahrscheinlichkeit, eine (hoch) qualifizierte Tätigkeit zu übernehmen, geht vom Kopftuchtragen kein signifikanter Einfluss aus.

Zusammenfassend weisen diese Befunde darauf hin, dass Erwerbsbeteiligung und berufliche Positionierung für Muslime und Christen mit Migrationshintergrund auf einem ähnlichen Muster basieren. In beiden Gruppen dominieren Geschlechter- und Bildungseffekte. Religionsbezogene Einflüsse lassen sich nur in Bezug auf die Erwerbsbeteiligung von Frauen nachweisen. Dies erscheint insofern schlüssig, als sich die Frage nach einer geschlechtsspezifischen Arbeitsteilung im Haushalt im Grundsatz eher an der Frage der Erwerbseinbindung entscheidet und weniger an der Art der ausgeübten Tätigkeit.

Insgesamt hat sich der Ansatz, religiöse Aspekte als Einflussfaktoren der Arbeitsmarktintegration zu berücksichtigen, als fruchtbar erwiesen. Einerseits konnte für männliche Erwerbspersonen die Vermutung eines spezifisch muslimischen Nachteils entkräftet werden, anderseits zeigen die Befunde, dass Religion und Gläubigkeit für Frauen mit wirtschaftlichen Folgen verbunden sind. Mit steigender Religiosität sinkt ihre Erwerbsbeteiligung. Dem Einfluss der Religion sind allerdings Grenzen gesetzt. Die berufliche Positionierung hängt sowohl für Männer als auch für Frauen maßgeblich von der fachlichen Qualifikation ab, und zwar ungeachtet der Religionszugehörigkeit, des Grades der Gläubigkeit und religiöser Praktiken wie das Tragen eines Kopftuches.

Weiterhin zeigen die Analysen, dass bei christlichen und muslimischen Erwerbspersonen mit Migrationshintergrund letztlich ähnliche Einflussfaktoren wirken, wie sie auch in Bezug auf die Gesamtbevölkerung bekannt sind. Dieses Ergebnis deutet darauf hin, zur Förderung der Arbeitsmarktintegration keine gänzlich neuen Instrumente zu entwickeln, sondern vielmehr zielgruppengerechte Anpassungen auszubauen. Die niedrigere Erwerbseinbindung von Frauen mit Kindern zeigt an, dass Maßnahmen zur Vereinbarkeit von Familie und Beruf wichtig sind. In Bezug auf die berufliche Positionierung zeigt sich die große Bedeutung von Deutschkenntnissen und beruflichen Bildungsabschlüssen. Sprachkursen, der Anerkennung ausländischer Ausbildungsabschlüsse sowie dem Ausbau von Möglichkeiten zur Nach- und Erstqualifizierung bereits Erwachsener kommt hohe Priorität zu. Gleichzeitig gilt es, Kinder von Zuwanderern unabhängig von ihrer Religion und ihrem Geschlecht bei der Suche nach einer passenden beruflichen Ausbildung zu unterstützen. Dies bedeutet, das breite Spektrum an bestehenden Berufen bei Jugendlichen mit Migrationshintergrund bekannter zu machen, Eltern frühzeitig von der Bedeutung einer guten Ausbildung für ihre Kinder zu überzeugen und Arbeitgeber über das Potenzial unter den Jugendlichen mit Migrationhintergrund aufzuklären. Bei der Umsetzung zielgruppengerechter Maßnahmen kommt auch die Religion wieder ins Spiel, etwa indem Moscheen und Kirchen verstärkt als Ansprechpartner zur Werbung für und als Träger von Angeboten gewonnen werden. Über diesen Weg könnte insbesondere die Gruppe der praktizierenden Religionsangehörigen erreicht werden. Betrachtet man die breite Palette an bestehenden nicht-religiösen Angeboten in islamischen Gemeinden, so etwa Hausaufgabenhilfe oder Deutschkurse (Halm/Sauer 2012: 77) sowie das hohe Interesse bei islamischen Religionsbediensteten an Fort- und Weiterbildungen im beratenden/pädagogischen Bereich (Schmidt/Stichs 2012: 399f.) wird deutlich, dass an vorhandene Erfahrungen angeknüpft werden kann.

Literatur

Ali, Abbas J., Robert C. Camp und *Manton Gibbs,* 2005: The concept of free agency in monotheistic religions: implications for global business, Journal of Business Ethnics 60 (1): 103-112.

Allmendinger, Jutta, 2011: Geschlecht als wichtige Kategorie der Sozialstrukturanalyse, Aus Politik und Zeitgeschichte 61 (37-38): 3-7.

Alt, Christian (Hg.), 2006: Kinderleben – Integration durch Sprache? Bedingungen des Aufwachsens von türkischen, russlanddeutschen und deutschen Kindern. Deutsches Jugendinstitut. Wiesbaden: Verlag für Sozialwissenschaften.

Arrow, Kenneth J., 1973: Higher education as a filter, Journal of Public Economics 2 (3): 193-216.

Babka von Gostomski, Christian, 2005: In Vorurteilen gegenüber türkischen Jugendlichen vereint? Eine desintegrationstheoretisch geleitete Längsschnittanalyse zur Entwicklung von Einstellungen gegenüber türkischen Jugendlichen bei Jugendlichen deutscher Herkunft und Aussiedler-Jugendlichen mit Daten des IKG Jugendpanels 2001-2003. Dissertation. Bielefeld. Online unter: https://pub.uni-bielefeld.de/luur/download?func=downloadFile&recordOId=230597&fileOId=2305901 (letzter Zugriff: 26.09.2011).

Babka von Gostomski, Christian, 2010: Fortschritte der Integration. Zur Situation der fünf größten in Deutschland lebenden Ausländergruppen. Nürnberg: Bundesamt für Migration und Flüchtlinge.

Baier, Dirk, Christian Pfeiffer, Susann Rabold, Julia Simonson und *Cathleen Kappes,* 2010: Kinder und Jugendliche in Deutschland: Gewalterfahrungen, Integration, Medienkonsum. Zweiter Bericht zum gemeinsamen Forschungsprojekt des Bundesministeriums des Innern und des KFN. Hannover (KFN-Forschungsbericht 109).

Becker, Gary S., 1962: Investment in human capital – a theoretical analysis, Journal of Political Economy 70 (5): 9-49.

Becker, Gary S., 1964: Human capital. New York: Columbia University Press.

Behrensen, Birgit, und *Manuela Westphal,* 2009: Beruflich erfolgreiche Migrantinnen. Rekonstruktion ihrer Wege und Handlungsstrategien. Expertise im Rahmen des Nationalen Integrationsplans im Auftrag des Bundesamtes für Migration und Flüchtlinge, IMIS-Beiträge 35.

Berlin-Institut für Bevölkerung und Entwicklung, 2009: Ungenutzte Potenziale. Zur Lage der Integration in Deutschland. Berlin: Berlin-Institut für Bevölkerung und Entwicklung.

Bertrand, Marianne, und *Sendhil Mullainathan,* 2004: Are Emily and Greg more employable than Lakisha and Jamal? A field experiment on labour market discrimination, American Economic Review, 94: 991-1013.

Böltken, Ferdinand, 2000: Soziale Distanz und räumliche Nähe – Einstellungen und Erfahrungen im alltäglichen Zusammenleben von Ausländern und Deutschen im Wohngebiet. S. 195-228 in: *Richard Alba, Peter Schmidt* und *Martina Wasmer* (Hg.): Deutsche und Ausländer: Fremde, Freunde oder Feinde. Wiesbaden: Westdeutscher Verlag.

Blommaert, Lieselotte, Frank van Tubergen und *Marcel Coenders,* 2012: Implicit and explicit interethnic attitudes and ethnic discrimination in hiring, Social Science Research 41 (1): 61-73.

Böhm, Kathrin, Katrin Drasch, Susanne Götz und *Stephanie Pausch,* 2011: Frauen zwischen Beruf und Familie, IAB Kurzbericht 23. Nürnberg: IAB

Brown, Mark, 2000: Quantifying the Muslim Population in Europe: conceptual and data issues, International Journal of Social Research Methodology 3 (2): 87-101.

Brettfeld, Katrin, und *Peter Wetzels,* 2007: Muslime in Deutschland. Berlin: Bundesministerium des Innern.

Bundesministerium für Familie, Senioren, Frauen und Jugend (Hg.), 2012: Familienreport 2011. Leistungen, Wirkungen, Trends. Berlin: BMFSFJ.

Burkert, Carola, und *Holger Seibert,* 2007: Labour market outcomes after vocational training in Germany – equal opportunities for migrants and natives? IAB Discussion Paper 31. Nürnberg: IAB.

Carlsson, Magnus, und *Dan-Olof Rooth,* 2007: Evidence of ethnic discrimination in the Swedish labour market using experimental data, Labour Economics 14: 716-729.

Chadwick, Bruce A., und *H. Dean Garrett,* 1995: Women's religiosity and employment: the LDS experience, Review of Religious Research 36 (3): 277-293.

Chiswick, Barry R., und *Paul W. Miller,* 2002: Immigrant earnings: language skills, linguistic concentrations and the business cycle, Journal of Population Economics 15 (1): 31-57.

Chusmir, Leonhard H., und *Christine S. Koberg,* 1988: Religion and attitudes toward work: a new look at an old question, Journal of Organizational Behavior 9 (3): 251-262.

Constant, Amelie F., Lydia Gataulina und *Klaus F. Zimmermann,* 2006: Gender, ethnic identity and work. Discussion Paper Series No. 2420. Bonn: IZA.

Damelang, Andreas, und *Anette Haas,* 2006: Schwieriger Start für junge Türken, IAB-Kurzbericht 19. Nürnberg: IAB.

Deutscher Bundestag, 2007: Drucksache 16/5033 vom 18.04.2007.

Deutscher Bundestag, 2011: Drucksache 17/6240 vom 16.06.2011.

Diehl, Claudia, Matthias Koenig und *Kerstin Ruckdeschel,* 2009: Religiosity and gender equality: comparing natives and Muslim migrants in Germany, Ethnic and Racial Studies 32 (2): 278-301.

England, Paula, 1992: Comparable worth: theories and evidence. New York: De Gruyter.

Esser, Hartmut, 1980: Aspekte der Wanderungssoziologie. Assimilation und Integration von Wanderern, ethnischen Gruppen und Minderheiten. Eine handlungstheoretische Analyse. Darmstadt: Luchterhand.

Esser, Hartmut, 2000: Soziologie. Spezielle Grundlagen. Band 2: Die Konstruktion der Gesellschaft. Frankfurt am Main: Campus Verlag.

Esser, Hartmut, 2004: Does the new immigration require a new theory of intergenerational Integration? The International Migration Review 38 (3): 1126-1159.

Esser, Hartmut, 2008: Assimilation, ethnische Schichtung oder selektive Akkulturation? Neuere Theorien der Eingliederung von Migranten in das Modell der intergenerationalen Integration. S. 81-107 in: *Frank Kalter* (Hg.): Migration und Integration. Kölner Zeitschrift für Soziologie und Sozialpsychologie. Sonderheft 48. Wiesbaden: VS.

Gerhards, Jürgen, 1996: Religion und der Geist des Kapitalismus: Einstellungen zur Berufsarbeit und zur Wirtschaftsordnung in den USA und Spanien im Vergleich, Berliner Journal für Soziologie 6 (4): 541-549.

Geser, Hans, 2009: Work values and Christian religiosity. An ambiguous multidimensional relationship, Journal of Religion and Society 11: 1-36.

Geschke, Daniel, Anna Möllering, Dajana Schmidt, David Schiefer und *Wolfgang Frindte,* 2012: Meinungen, Einstellungen und Bewertungen: die standardisierte Telefonbefragung von Nichtmuslimen und Muslimen. S. 106-432 in: *Wolfgang Frindte, Henry Kreikenbom* und *Wolfgang Wagner*: Lebenswelten junger Muslime in Deutschland. Berlin: Bundesministerium des Inneren.

Granato, Mona, 2003: Jugendliche mit Migrationshintergrund in der beruflichen Bildung. WSI Mitteilungen 8: 474-483.

Granato, Nadia, und *Frank Kalter,* 2001: Die Persistenz ethnischer Ungleichheit auf dem deutschen Arbeitsmarkt. Diskriminierung oder Unterinvestition in Humankapital?, Kölner Zeitschrift für Soziologie und Sozialpsychologie 53 (3): 497-520.

Granato, Nadia, 2009: Effekte der Gruppengröße auf die Arbeitsmarktintegration von Migranten, Kölner Zeitschrift für Soziologie und Sozialpsychologie 61 (3): 387-409.

Guiso, Luigi, Paola Sapienza und *Luigi Zingales,* 2003: Does culture affect economic outcomes? The Journal of Economic Perspectives 20 (2): 23-48.

Halm, Dirk, und *Martina Sauer,* 2012: Angebote und Strukturen der islamischen Organisationen in Deutschland. S. 21-156 in: *Dirk Halm, Martina Sauer, Jana Schmidt* und *Anja Stichs*: Islamisches Gemeindeleben in Deutschland. Forschungsbericht 13. Nürnberg: Bundesamt für Migration und Flüchtlinge.

Haug, Sonja, 2000: Soziales Kapital und Kettenmigration. Italienische Migranten in Deutschland. Opladen: Leske und Budrich.

Haug, Sonja, 2002: Familienstand, Schulbildung und Erwerbstätigkeit. Eine Analyse der ethnischen und geschlechtsspezifischen Ungleichheiten – Erste Ergebnisse des Integrationssurveys des BiB, Zeitschrift für Bevölkerungswissenschaft 1: 115-144.

Haug, Sonja, 2005a: Familienstand, Schulbildung und Erwerbstätigkeit. Eine Analyse der ethnischen und geschlechtsspezifischen Ungleichheiten. S. 51-76 in: *Sonja Haug* und *Claudia Diehl* (Hg.): Aspekte der Integration. Eingliederungsmuster und Lebenssituation italienisch- und türkischstämmiger junger Erwachsener in Deutschland. Wiesbaden: VS.

Haug, Sonja, 2005b: Soziale Integration durch soziale Einbettung in Familie, Verwandtschafts- und Freundesnetzwerke. S. 227-250 in: *Sonja Haug Sonja* und *Claudia Diehl* (Hg.): Aspekte der Integration. Eingliederungsmuster und Lebenssituation italienisch- und türkischstämmiger junger Erwachsener in Deutschland. Wiesbaden: VS.

Haug, Sonja, und *Claudia Diehl* (Hg.), 2005: Aspekte der Integration. Wiesbaden: VS.

Haug, Sonja, 2008: Sprachliche Integration von Migranten in Deutschland. Working Paper 14, Integrationsreport Teil 2. Nürnberg: Bundesamt für Migration und Flüchtlinge.

Haug, Sonja, Stephanie Müssig und *Anja Stichs,* 2009: Muslimisches Leben in Deutschland. Nürnberg: Bundesamt für Migration und Flüchtlinge.

Hill, Paul Bernhard, 1984: Determinanten der Eingliederung von Arbeitsmigranten. Königstein: Hanstein.

Höhne, Jutta, und *Ruud Koopmans,* 2010: Host-country capital and labour market trajectories of migrants in Germany. The impact of host-country orientation and migrant-specific human and social capital on labour market transitions. Discussion Paper SP IV 2010-701. Berlin: WZB.

Inglehart, Ronald, und *Pippa Norris,* 2003: Rising Tide: gender equality and cultural change around the world. Cambridge: Cambridge University Press.

Kaas, Leo, und *Christian Manger,* 2010: Ethnic discrimination in Germany's labour market: A field experiment. Discussion Paper Series 4741. Bonn: IZA.

Kaas, Leo, und Christian Manger, 2012: Ethnic discrimination in Germany's labour market: A field experiment, German Economic Review 13 (1): 1-20.

Kalter, Frank, und Nadia Granato, 2002: Ethnic minorities' education and occupational attainment: the case of Germany, Arbeitspapiere 58. Mannheim: MZES.

Kalter, Frank, 2006: Auf der Suche nach einer Erklärung für die spezifischen Arbeitsmarktnachteile von Jugendlichen türkischer Herkunft. Zugleich eine Replik auf den Beitrag von Holger Seibert und Heike Solga: „Gleiche Chancen dank einer abgeschlossenen Ausbildung?" (ZfS 5/2005), Zeitschrift für Soziologie 35 (2): 144-160.

Kalter, Frank, 2007: Ethnische Kapitalien und Arbeitsmarkterfolg Jugendlicher türkischer Herkunft. S. 393-418 in: Monila Wohlrab-Sahr und Levent Tezcan (Hg.): Konfliktfeld Islam in Europa. Soziale Welt. Sonderband 17. Baden-Baden: Nomos.

Kogan, Irene 2004: Labour market careers of immigrants in Germany and the United Kingdom, Journal of International Migration and Integration 5 (4): 417-448.

Krech, Volkhard, 2008: Exklusivität, Bricolage und Dialogbereitschaft. Wie die Deutschen mit religiöser Vielfalt umgehen. S. 33-43 in: Bertelsmann Stiftung (Hg.): Religionsmonitor 2008. Gütersloh: Gütersloher Verlagshaus.

McCleary, Rachel M., 2007: Salvation, damnation, and economic incentives, Journal of Contemporary Religion 22 (1): 49-74.

Münz, Rainer, Wolfgang Seifert und Ralf Ulrich, 1997: Zuwanderung nach Deutschland. Strukturen, Wirkungen, Perspektiven. Frankfurt am Main, New York: Campus Verlag.

Nauck, Bernhard, 2004: Familienbeziehungen und Sozialintegration von Migranten, IMIS-Beiträge 23: 83-104.

Parboteeha, K. Parveen, Martin Hoegl und John Cullen, 2009: Religious dimensions and work obligation: A country institutional profile model, Human Relations 62 (1): 119-148.

Rieger, Martin, 2008: Religionsmonitor. S. 9-12 in: Bertelsmann Stiftung (Hg.): Religionsmonitor 2008. Muslimische Religiosität in Deutschland. Gütersloh: Bertelsmann.

Rommelsbacher, Birgit, 2009: Feminismus und kulturelle Dominanz. Kontroversen um die Emanzipation der muslimischen Frau. S. 395-412 in: Sabine Berhahne und Petra Rostock (Hg.): Der Stoff, aus dem Konflikte sind. Debatten um das Kopftuch in Deutschland, Österreich und der Schweiz. Bielefeld: transcript Verlag.

Sauer, Martina, 2011: Partizipation und Engagement türkeistämmiger Migrantinnen und Migranten in Nordrhein-Westfalen. Ergebnisse der elften Mehrthemenbefragung. Essen: Stiftung Zentrum für Türkeistudien und Integrationsforschung.

Scheible, Jana Anne, und Fenella Fleischmann, 2011: Geschlechterunterschiede in islamischer Religiosität und Geschlechterrollenwerten: Ein Vergleich der Zusammenhänge am Beispiel der türkischen und marokkanischen zweiten Generation in Belgien. Discussion Paper SP IV 2011-702. Berlin: WZB.

Schmidt, Jana, und Anja Stichs, 2012: Islamische Religionsbedienstete in Deutschland. S. 157-502 in: Halm, Dirk, Martina Sauer, Jana Schmidt und Anja Stichs: Islamisches Gemeindeleben in Deutschland. Forschungsbericht 13. Nürnberg: Bundesamt für Migration und Flüchtlinge.

Schulz, Florian, und Hans-Peter Blossfeldt, 2006: Wie verändert sich die häusliche Arbeitsteilung im Eheverlauf? Eine Längsschnittstudie der ersten 14 Ehejahre in Westdeutschland, Kölner Zeitschrift für Soziologie und Sozialpsychologie 58 (1): 23-49.

Seebaß, Katharina, und Manuel Siegert, 2011: Migranten am Arbeitsmarkt in Deutschland. Working Paper 36, Integrationsreport Teil 9. Nürnberg: Bundesamt für Migration und Flüchtlinge.

Seguino, Stephanie, 2011: Help or hindrance? Religion's impact on gender inequality in attitudes and outcomes, World Development 39 (8): 1308-1321.

Seibert, Holger, und Heike Solga, 2005: Gleiche Chancen dank einer abgeschlossenen Ausbildung? Zum Signalwert von Ausbildungsabschlüssen bei ausländischen und deutschen jungen Erwachsenen, Zeitschrift für Soziologie 34 (5): 364-382.

Seibert, Holger, 2008: Bildung und Einbürgerung verbessern die Chancen. Institut für Arbeitsmarkt- und Berufsforschung. IAB Kurzbericht Nr. 17. Nürnberg: IAB.

Siegert, Manuel, 2008: Schulische Bildung von Migranten in Deutschland. Working Paper 13, Integrationsreport Teil 1. Nürnberg: Bundesamt für Migration und Flüchtlinge.

Siegert, Manuel, 2009: Berufliche und akademische Ausbildung von Migranten in Deutschland. Working Paper 22, Integrationsreport Teil 5. Nürnberg: Bundesamt für Migration und Flüchtlinge.

Skrobanek, Jan, 2007: Junge Migrantinnen und Migranten auf dem Weg in die Ausbildung. Ungleiche Platzierung durch Diskriminierung?, Soziale Probleme 18 (2): 113-138.

Sökefeld, Martin, 2008: Aleviten in Deutschland. Kommentar zu den Daten der Umfrage „Muslimische Religiosität in Deutschland. S. 32–37 in: Bertelsmann Stiftung (Hg.): Religionsmonitor 2008. Muslimische Religiosität in Deutschland. Gütersloh: Bertelsmann Stiftung.

Spence, Michael, 1973: Job market signaling, The Quarterly Journal of Economics 87 (3): 355-374.

Spielhaus, Riem, 2007: Die Integration religiöser Symbole, Internationale Politik 62 (9): 56-60.

Spierings, Niels, Jeroen Smits und Miee Verloo, 2008: On the Compatibility of Islam and Gender Equality. Effects of Modernization, State Islamization, and Democracy on Women's Labor Market Participation in 45 Muslim Countries, Social Indicators Research 90: 503-522.

Statistisches Bundesamt, 2011: Bevölkerung und Erwerbstätigkeit; Bevölkerung mit Migrationshintergrund – Ergebnisse des Mikrozensus 2010. Fachserie 1 Reihe 2.2. Wiesbaden: Statistisches Bundesamt.

Stichs, Anja, 2008: Arbeitsmarktintegration von Frauen ausländischer Nationalität in Deutschland. Working Paper 20. Nürnberg: Bundesamt für Migration und Flüchtlinge.

Voicu, Malina, 2009: Religion and gender across Europe, Social Compass 56 (2): 144-162.

Widner, Daniel, und Stephen Chicione, 2011: It's all in the name: employment discrimination against Arab Americans, Sociological Forum 26 (4): 806-823.

Wiley, Norbert F., 1970: The ethnic mobility trap and stratification theory. S. 397-408 in: Peter I. Rose und Charles H. Page (Hg.): The study of society. An integrated anthology. New York: Random House.

Wippermann, Carsten, und Berthold Bodo Flaig, 2009: Lebenswelten von Migrantinnen und Migranten, Aus Politik und Zeitgeschichte 5: 3-11.

Anhang

Tabelle A1: Einflussfaktoren auf die Einbindung in den Ausbildungs-/ Arbeitsmarkt und auf die berufliche Positionierung bei Personen mit Migrationshintergrund (logistische Regression, Gesamtmodell für Männer und Frauen)

	Erwerbseinbindung[1]		Berufliche Positionierung[2]	
	Exp(B)	Sig	Exp(B)	Sig.
Religion				
Muslim (RK Christ)	0,681	*	1,270	
Gläubigkeit (4-stufig)	0,739	***	1,090	
Demographie				
Männlich (RK Weiblich)	5,278	***	3,123	***
Alter	0,945	***	1,025	**
Schulbesuch in Deutschland (RK im Ausland)	1,191		0,958	
Kenntnisse und Qualifikationen				
niedriger Schulabschluss (RK ohne Abschluss)	1,137		0,612	*
mittlerer Schulabschluss	1,708	**	0,736	
hoher Schulabschluss	1,442	*	1,634	*
anerkannter Berufsabschluss (RK kein Abschluss)	1,063		6,282	***
Deutschkenntnisse (Index, 6-stufig)	1,575	***	1,988	***
Alter des jüngsten Kindes (RK kein Kind)				
unter 6 Jahre	0,432	***	0,879	
6 bis 9 Jahre	1,363		0,458	***
10 bis 15 Jahre	1,859	***	1,069	
16 Jahre und älter	2,301	***	1,022	*
Migrationshintergrund (RK aus SO-Europa)				
Türkei	1,206		0,692	
Naher Osten	0,721		1,029	
Nordafrika	0,975		0,547	
sonstige Regionen[3]	1,037		0,712	
Konstante	2,896		0,003	***
Nagelkerkes R^2	0,304		0,405	
N	2.763		1.501	

[1] UV: 0 = nicht erwerbstätig, 1 = VZ/TZ/geringfügig beschäftigt, in Schule/Ausbildung
[2] UV: 0 = nicht qualifizierte Tätigkeit, 1 = (hoch) qualifizierte Tätigkeit
[3] Aufgrund teilweise geringer Fallzahlen wurden Personen mit Migrationshintergrund aus Zentralasien/GUS, Iran, Süd-/Südostasien und dem sonstigen Afrika in einer Kategorie zusammengefasst.

II
Zusammenleben mit Muslimen

Öffentliche Wahrnehmung des Islam in Deutschland

Detlef Pollack

Im Spätsommer 2010 hat die sogenannte „Sarrazin-Debatte" Deutschland in Atem gehalten. Noch bevor Thilo Sarrazin sein Buch „Deutschland schafft sich ab" veröffentlicht hatte, ging die politische Klasse – allen voran die Bundeskanzlerin – auf Distanz zu ihm und machte deutlich, dass seine Position im politischen Deutschland keinen Platz habe. Zur Überraschung des politischen Establishments erfuhren die Thesen Thilo Sarrazins in der Öffentlichkeit jedoch breite Unterstützung. Danach gefragt, inwieweit man den Äußerungen von Thilo Sarrazin zustimmt, gaben im September 2010 über 70 Prozent eine positive Antwort (Forsa 02.09.2010; vgl. auch Website des Stern vom 08.09.2010). Welchen seiner Thesen die Bevölkerungsmehrheit zustimmte, blieb unklar. Eine von seinen Behauptungen lautete, dass die Zuwanderer nicht genug tun, um sich in Deutschland zu integrieren. Testet man die Zustimmung zu dieser Behauptung, dann waren es wiederum etwa 70 Prozent, die sagten, dass Ausländer sich zu wenig integrieren wollten; nur 24 Prozent vertraten die Meinung, dass Ausländer genug für ihre Eingliederung tun (Politbarometer 10.09.2010).

Die politische Elite reagierte auf die hohe Zustimmung zu den Äußerungen Sarrazins in der Regel nicht durch scharfe Kritik, sondern schwenkte um und nahm Schritt für Schritt Positionen Sarrazins in die eigene Argumentation auf. Auf einmal gab es kaum noch ein Interview, in dem die Politiker nicht damit drohten, die Zugewanderten mit harter Hand zu behandeln und notfalls auszuweisen, wenn sie denn nicht integrationswillig seien. Dieser Vorgang zeigt, dass die Politik entgegen einem weit verbreiteten Vorurteil sehr wohl in der Lage ist, auf Bevölkerungsstimmungen zu reagieren. Die Politik ist, so scheint es, gegenüber Haltungen und Einstellungen in der Bevölkerung durchaus nicht insensitiv, sondern in der Lage, Mehrheitsmeinungen aufzunehmen und auf diese sensibel zu reagieren.

Doch was denkt eigentlich die Bevölkerung über die wachsende Vielfalt religiöser Gruppierungen in Deutschland, über den Islam und über das Zusammenleben von Muslimen und Nichtmuslimen? Haben die Menschen Angst vor fremden Kulturen? Fühlen sie sich gar durch sie bedroht? Oder nehmen sie fremde Kulturen möglicherweise auch als Bereicherung wahr? Wie steht es um die Wahrnehmung und Akzeptanz der wachsenden Vielfalt des Religiösen in Deutschland? Das war die leitende Frage einer repräsentativen Bevölkerungsumfrage, die im Frühsommer 2010, also noch vor der Sarrazin-Debatte, in Deutschland und weiteren westeuropäischen Ländern durchgeführt wurde. Wesentliche Ergebnisse dieser Studie sollen hier vorgestellt werden, wobei sich die Darstellung auf Deutschland konzentriert.

Zwei Fragestellungen stehen im Mittelpunkt der folgenden Analysen: Erstens, wie wird die zunehmende Präsenz des Islam und der Muslime in Deutschland wahrgenommen und bewertet? Wie stehen die Menschen zur religiösen Praxis der Muslime, mit welchen positiven und negativen Eigenschaften assoziieren sie den Islam? Fühlen sie sich durch ihn bedroht? Sehen sie ihn als vereinbar mit der westlichen Welt und gestehen sie ihm die gleichen Rechte zu wie dem Christentum und anderen Religionsgemeinschaften? Die deskriptive Frage nach der Haltung zum Islam ist, zweitens, mit der explanatorischen Frage nach den Bestimmungsfaktoren dieser Haltung verbunden. Wovon hängt es ab, dass manche Menschen toleranter gegenüber dem Islam eingestellt sind und manche eher Vorbehalte haben? Was sind die sozialen Bedingungen, die Aufgeschlossenheit gegenüber dem Islam und den Muslimen befördern, welche behindern sie?

Fragen nach der Einstellung zu fremden Religionen zu stellen ist durchaus sinnvoll, denn menschliche Handlungsweisen und Praktiken werden in starkem Maße durch Wahrnehmungsmuster, kognitive Rahmenannahmen, Situationsdeutungen, Weltbilder und Stereotypen beeinflusst. Inwieweit die Integration des Islam in die deutsche Gesellschaft gelingt, ist mithin auch davon abhängig, was die Mehrheit der Bevölkerung über den Islam und die Muslime denkt. Natürlich ist das individuelle Verhalten auch durch politische Gelegenheitsstrukturen, institutionelle Chancen, ökonomische Knappheiten und soziale Anreize bedingt. Wie Menschen die Wirklichkeit wahrnehmen, wie sie ihre Rolle in der Gesellschaft interpretieren, welche Präferenzen sie haben, was sie lieben, was sie hassen, besitzt allerdings gleichfalls Relevanz für ihr Handeln. Durch individuelles Handeln wiederum werden gesellschaftliche Institutionen und Organisationen, Parteien, Vereine sowie die öffentliche Debatte und die politische Kultur eines Landes beeinflusst. Deshalb ist es analytisch aufschlussreich, Einstellungen und Haltungen zu erheben und nach den Gründen für ihre Ausprägung zu fragen.

Zur Erfassung der Faktoren, die die Haltung der Menschen zur wachsenden Präsenz des Islam und der Muslime in Deutschland beeinflussen, sollen in einem ersten Schritt auf der Basis von theoretischen Überlegungen einige plausibel erscheinende Hypothesen formuliert werden. Erst danach werden die empirischen Ergebnisse der Studie präsentiert.

1. Theoretischer Rahmen und Hypothesen

Zunächst lässt sich vermuten, dass die Haltung zum Islam durch *sozialstrukturelle Faktoren* wie Bildung, Alter und Einkommen beeinflusst wird. Je höher Menschen gebildet sind, desto wahrscheinlicher ist es, dass sie anderen Religionsgemeinschaften mit Toleranz begegnen, denn mit dem Bildungsniveau steigt, so ist anzunehmen, die Reflexivität und die Bereitschaft zur Selbstkritik und damit auch die Offenheit gegenüber kulturell differenten Einstellungen, Erfahrungen und Praktiken. Ebenso dürften jüngere Menschen aufgeschlossener gegenüber dem Fremden sein als ältere. Eine besonders starke Rolle in der Haltung gegenüber dem Fremden dürften der soziale Status und die ökonomische Sicherheit spielen. „Materielle Sicherheit und transparente demokratische Institutionen bilden eine Art Sicherheitsnetz", welches dazu beiträgt, dass Vertrauen quasi als „Vorleistung" geschenkt wird (Delhey 2007: 141-162, 154). Unter ungünstigen gesamtwirtschaftlichen Bedingungen neigen Personen mit niedrigem sozialem Status dagegen dazu, Feindbilder aufzubauen und Mitglieder anderer Gruppen abzuwerten und ihnen mit Vorurteilen zu begegnen (McCutcheon 2000: 88-89). Gleichwohl ist vermutlich nicht nur einfach die sozioökonomische Position bedeutsam, sondern auch, wie man die eigene Position in der Gesellschaft *wahrnimmt*. In den Sozialwissenschaften wird zur Erfassung dieses Sachverhalts von *relativer sozialer Deprivation* gesprochen. Mit diesem Begriff werden nicht nur Formen einer objektiven Benachteiligung erfasst, sondern „auch die Gefühle, die die Akteure hinsichtlich dieser Benachteiligung empfinden" (Rippl/Baier 2005: 664-666, 648). Dabei lässt sich empirisch feststellen, dass die subjektive Einschätzung der eigenen Situation im Vergleich zur Situation Anderer einen stärkeren Einfluss auf die Einstellungen und das Verhalten hat als die objektiven situativen Gegebenheiten als solche.

Viele Forschungsergebnisse sprechen für die Deprivationsthese (vgl. Decker et al. 2010; Becker 2007; Edinger/Hallermann 2001; Winkler 2003). Ein Problem in der Anwendung von Deprivationskonzepten besteht jedoch darin, dass sie nicht erklären können, warum nur wenige Personen auf ihre schlechte wirtschaftliche Situation mit der Ablehnung von Fremden reagieren (vgl. Winkler 2001: 55-56). Diese Tatsache deutet darauf hin, dass Deprivationskonzepte allein zur Erklärung fremdenfeindlicher Haltungen nicht ausreichen.

Eine weitere Hypothese lautet, dass gesellschaftliches Engagement ebenso wie interpersonales Vertrauen die Einstellung gegenüber fremden Religionsgemeinschaften positiv beeinflusst (*Sozialkapitalansatz*). Robert Putnam (2000) vertritt die These, dass Soziales Kapital ein wichtiger Bestandteil einer funktionierenden Gemeinschaft sei. Bürgerschaftliches Engagement fördere das Vertrauen zu den Mitmenschen und stärke die sozialen Bindekräfte des Gemeinwesens. In dem Maße, in dem sich in einer Gesellschaft Freiwilligenassoziationen herausbildeten und interpersonales Vertrauen wächst, nehme auch das Vertrauen gegenüber Fremden zu. Unabhängige Gruppen innerhalb einer Gesellschaft würden zudem vor der Übernahme extremistischer Ideologien schützen, da sie regulative Funktionen für das Verhalten der Individuen erfüllten (vgl. McCutcheon 2000)[1].

Weiterhin kann hypothetisch unterstellt werden, dass natürlich auch die eigene *Religiosität* einen Einfluss auf das Verhältnis zu anderen Religionen ausübt. So haben Gordon Allport und Michael J. Ross (1967: 432-443) den Zusammenhang zwischen Vorurteilen und religiöser Motivation anhand der Differenzierung zwischen intrinsischer und extrinsischer Religiosität untersucht. Sie stellen fest, dass intrinsisch Orientierte weniger ethnische Vorurteile haben als Menschen mit einer extrinsischen Religiosität (vgl. Allport/Ross 1967: 441)[2]. Theoretisch basieren ihre Überlegungen auf den Studien zum autoritären Charakter von Theodor W. Adorno (2004). In der Tatsache, dass insbesondere diejenigen, die intrinsische und extrinsische Motivation in sich vereinen („indiscriminately proreligious people"), sich als besonders intolerant erwiesen, sehen sie in Anlehnung an Milton Rokeach das Vorhandensein eines „dogmatic mind", der zu undifferenzierten Wahrnehmungen neigt (vgl. Allport/Ross 1967: 441).

Religiöser Fundamentalismus kann Vorurteile gegenüber Fremdgruppen besser erklären als extrinsische oder intrinsische Religiosität (Herek 1987: 4). Die Bedeutung des *religiösen Dogmatismus* für die Ablehnung fremder religiöser Gruppierungen wird auch durch die Studien von Müller (2003: 171-196, 188-191), Doktór (2002; 553-562, 558, 559), Jelen/Wilcox (1991: 32-45), Merino (2010: 231-246, 243) und andere bestätigt. Es ist daher naheliegend, die Hypothese zu formulieren, dass eine dogmatische Verfestigung der religiösen Haltung eine kritische und skeptische Einstellung gegenüber dem Islam und den Muslimen befördert.

Darüber hinaus dürfte auch die jeweilige Gruppenzugehörigkeit des Einzelnen einen Einfluss auf seine Offenheit gegenüber dem Islam haben. Um diesen Zusammenhang zu erfassen, kann auf die *Social Identity Theory* von Henri

---

1   Delhey kommt in seiner Untersuchung jedoch zu dem Ergebnis, dass solchem Engagement zwar eine Bedeutung zugesprochen werden müsse, die Effekte aber geringer seien, als in der Sozialkapital-Theorie postuliert wird (Delhey/Newton 2004: 151-168, 162).
2   Herek kritisiert an den Studien, dass Allport und Ross stets nur ethnische Vorurteile in den Blick genommen hätten. Er selbst findet in einer Untersuchung zum Einfluss religiöser Orientierungen auf die Akzeptanz von Homosexualität heraus, dass die intrinsisch Orientierten hier sogar intoleranter waren als die Extrinsischen. Seiner Meinung nach erhöhe eine intrinsische religiöse Orientierung nur dann die Toleranz gegenüber anderen Gruppen, wenn die religiöse Lehre, der man folgt, zur Toleranz der entsprechenden Gruppe aufruft (vgl. Herek 1987: 34-44, 5).

Tajfel (1981) zurückgegriffen werden. Individuen verhalten sich diesem Ansatz zufolge in bestimmten Situationen nicht ihren individuellen Eigenschaften entsprechend. Vielmehr wird ihr Verhalten stark durch ihre Gruppenzugehörigkeit bestimmt, die in Differenz zu anderen Gruppen definiert wird (vgl. Tajfel/Turner 1986: 7-24, 10). Dieser Zusammenhang trifft besonders dann zu, wenn eine geringe Mobilität in der Gruppenzugehörigkeit besteht (*social mobility*) und die Gruppenzugehörigkeit in das Selbst-Konzept integriert ist (vgl. Tajfel/Turner 1986: 11, 16). Aufgrund der komparativen Identifikation mit der Eigengruppe (soziale Identität) und des Bedürfnisses nach einem positiven Selbstwert auf der Gruppenebene wird die eigene Gruppe im Vergleich zur Fremdgruppe aufgewertet. In dem Maße, in dem man sich mit der eigenen Gruppe verbunden fühlt, können sich folglich kritische und skeptische Einstellungen gegenüber fremden Gruppierungen verstärken. So könne etwa eine stärkere Ausprägung nationalistischer Gefühle, wie Stolz auf die eigene Nation, einen negativen Effekt auf die Akzeptanz von Muslimen haben.

Weiterhin hängt das Verhältnis zum Islam wahrscheinlich auch davon ab, inwieweit man diese Religion überhaupt kennt und mit ihren Vertretern in Kontakt kommt. Die sogenannte *Kontakthypothese* geht auf den Sozialpsychologen Gordon Allport (1971) zurück, der vor allem Verallgemeinerungen und Vereinfachungen als Ursache für die Entwicklung von Vorurteilen gegenüber sozialen Gruppen annimmt. Nach der Kontakthypothese würden „Kontakte, die Wissen und Bekanntschaft stiften, [...] ein besseres Wissen über Minderheiten" erzeugen, wodurch Vorurteile reduziert werden könnten (Allport 1971: 273). Aufgrund der Bedeutung, die Allport dem Wissen durch Kontakte zuspricht, sei dieser Effekt nur bei einer gewissen Intensität der Kontakte zu erwarten, die über Zufallsbegegnungen hinausgehen. So differenziert auch Susanne Rippl (1995: 273-283) in ihren Analysen zwischen der Anzahl der Kontakte und verschiedenen Formen von Kontakterfahrungen. Sie stellt fest, dass der Einfluss des Kontaktes auf Vorurteile erheblich höher ausfällt, wenn die Beziehungsstärke, die Netzwerkgröße, das Kategorisierungsniveau und die Statusungleichheit in die Betrachtung einbezogen werden, als wenn nur die Kontakthäufigkeit untersucht wird (vgl. Rippl 1995: 279-280).

Religiöse Toleranz dürfte auch durch die Einstellung zur jeweiligen *Mehrheitsreligion* beeinflusst werden. Wenn sich die Christen in der Mehrheit befinden, könnte eine positive Haltung zu ihnen Abgrenzungstendenzen gegenüber nichtchristlichen Religionsgemeinschaften verstärken. Aber es könnte auch sein, dass die Konfliktlinie nicht zwischen Islam und Christentum verläuft, sondern zwischen Religion und Nicht-Religion. Dann wäre zu erwarten, dass eine positive Haltung zum Christentum die Haltung zu den Muslimen positiv beeinflusst. Schließlich dürfte auch die Akzeptanz von *Werten* wie Gleichheit, Gerechtigkeit und Freiheit einen Einfluss auf religiöse Toleranz ausüben. Je stärker Werte wie Gleichheit oder Gerechtigkeit bejaht werden, desto wahrscheinlicher ist es, dass nichtchristliche Religionsgemeinschaften positiv bewertet werden und ihre Anhänger Anerkennung finden.

2. Datengrundlage

Als Datengrundlage dienen die Angaben von Befragten einer Bevölkerungsumfrage, die von Juli bis August 2010 von TNS Emnid in Deutschland, Dänemark, Frankreich, den Niederlanden und Portugal durchgeführt wurde. Auf Grundlage einer ADM[3]-Stichprobe wurden in Ostdeutschland 1041 und in Westdeutschland 1002 Interviews mit der CAPI-Methode (Computer Assisted Personal Interviewing) realisiert. Aufgrund der üblichen Stichprobenverzerrungen sind die Daten – falls nicht anders angegeben – gewichtet.

Der Fragebogen umfasst Fragen zur Wahrnehmung und Akzeptanz religiöser Pluralität und fremder Glaubenspraktiken sowie zu Einstellungen zu Mitgliedern verschiedener Religionsgemeinschaften. Insbesondere lag der Fokus auf der Beurteilung islamischer Glaubenspraktiken. Des Weiteren wurde nach Kontakten zu Mitgliedern unterschiedlicher Religionsgemeinschaften sowie nach der Beschäftigung mit den verschiedenen Religionen gefragt. Aufgrund des religionssoziologischen Bezugs wurden dezidiert Fragen zur individuellen Religiosität gestellt. Weitere Fragebogeninhalte konzentrierten sich auf den Bereich der politischen Kultur, die subjektive Wahrnehmung der sozialen Lage, Wertorientierungen, bürgerschaftliches Engagement und soziodemographische Merkmale.

3. Deskription

Gegenüber den Muslimen ist die Haltung der Deutschen mehrheitlich kritisch. In Westdeutschland sind es nur 34 Prozent, im Osten Deutschlands sogar lediglich 26 Prozent, die sagen, sie hätten eine positive Haltung gegenüber Muslimen (Abbildung 1). Dass diese Haltung tatsächlich als äußerst negativ anzusehen ist, wird durch einen Vergleich mit den Einstellungen zu den Muslimen in anderen europäischen Ländern deutlich. In Frankreich, den Niederlanden, Dänemark und

---

3 Zufallsstichprobe nach Methode der AG deutscher Marktforschungsinstitute.

Portugal haben etwa 60% der Befragten ihren eigenen Angaben zufolge ein positives Verhältnis zu den Muslimen. Wie negativ die Haltung zu den Muslimen in Deutschland ist, wird aber auch daran deutlich, dass die Einstellung der Deutschen zu Juden, Hinduisten und Buddhisten weitaus positiver ausfällt.

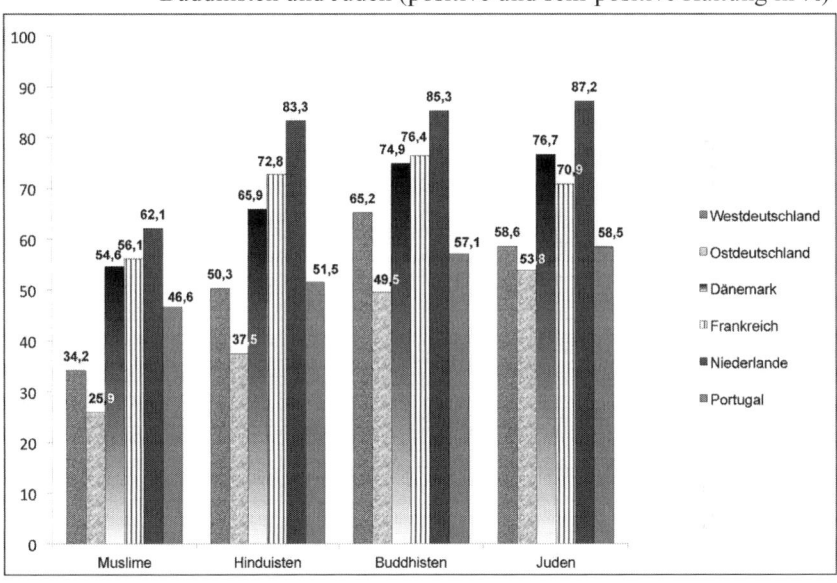

Abbildung 1: Positive Haltungen gegenüber Muslimen, Hinduisten, Buddhisten und Juden (positive und sehr positive Haltung in %)

	Muslime	Hinduisten	Buddhisten	Juden
Westdeutschland	34,2	50,3	65,2	76,7
Ostdeutschland	25,9	37,5	49,5	53,8
Dänemark	54,6	65,9	74,9	58,6
Frankreich	56,1	72,8	76,4	70,9
Niederlande	62,1	83,3	85,3	87,2
Portugal	46,6	51,5	57,1	58,5

Um nähere Informationen darüber zu erhalten, was die Menschen sich vorstellen, wenn sie vom Islam reden, wurden ihnen Vorstellungsbilder vorgelegt, die sie mit dem Islam in Verbindung bringen. Diese Images, die sie dem Islam zuordnen konnten, repräsentieren positive sowie negative Vorurteile.[4] Die Befragten sollten hier spontan angeben, welche Eigenschaften sie mit dem Islam assoziieren. In Deutschland, Ost wie West, assoziieren jeweils deutlich über die Hälfte, teilweise sogar bis zu etwa 80 Prozent, den Islam mit negativen Eigenschaften: mit

---
4 In Anlehnung an die klassischen Arbeiten zur Vorurteilsforschung von Allport (1971) und Tajfel (1982) sollen Vorurteile allgemein als übervereinfachte, generalisierende Merkmalszuschreibungen zu Gruppen und ihren Angehörigen verstanden werden, die eine Bewertung eben jener Gruppen und Gruppenmitglieder enthalten.

der Benachteiligung der Frau, Fanatismus, Gewaltbereitschaft sowie, wenn auch etwas weniger häufig, mit Engstirnigkeit (Abbildung 2, die die Daten für Westdeutschland wiedergibt).

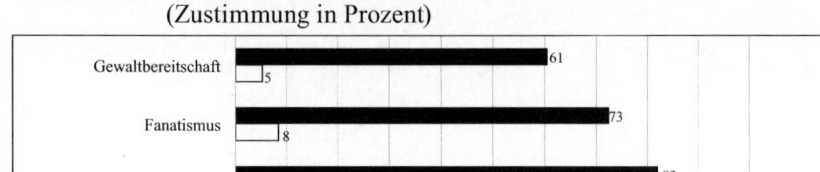

Abbildung 2: Assoziationskette Christentum/Islam in Westdeutschland (Zustimmung in Prozent)

Merkmal	Islam	Christentum
Gewaltbereitschaft	61	5
Fanatismus	73	8
Benachteiligung der Frau	82	10
Rückwärtsgewandtheit	39	20
Engstirnigkeit	53	28
Toleranz	5	47
Solidarität	9	51
Achtung der Menschenrechte	7	57
Friedfertigkeit	8	60

Die Bereitschaft, dem Islam positive Eigenschaften zuzusprechen, ist demgegenüber sehr gering. Nicht einmal zehn Prozent der Befragten denken beim Stichwort Islam an Toleranz, an die Achtung der Menschenrechte, an Solidarität und Friedfertigkeit.

Fragt man nach den Merkmalen, die die Westdeutschen dem Christentum zuschreiben, so kehrt sich die Einschätzung um: Jetzt sind es nicht Minderheiten, sondern Mehrheiten, die ein positives Bild entwerfen, und nicht Mehrheiten, sondern Minderheiten, die sich negativ äußern. Es entsteht der Eindruck, als würde der Islam ebenso negativ beurteilt, wie das Christentum positiv gesehen wird (Abbildung 2). Zwischen 60 und 80 Prozent der Westdeutschen attribuieren dem Islam Gewaltbereitschaft, Fanatismus und Benachteiligung der

Frau, dem Christentum aber werden diese Eigenschaften nur von fünf bis zehn Prozent zugeschrieben. Während Toleranz, Solidarität, Achtung der Menschenrechte und Friedfertigkeit etwa 50 bis 60 Prozent der Westdeutschen im Christentum entdecken, verbinden derartige Eigenschaften weniger als zehn Prozent der Westdeutschen mit dem Islam. Dabei ist zu berücksichtigen, dass man sich mit der Vorgabe von Assoziationsketten auf der semantischen Ebene bewegt. Nicht die Praxis und die Erfahrung werden erfasst, vielmehr wird nur die Ebene der Perzeption angesprochen. Auf dieser Ebene, auf der Ebene der Vorstellungsgehalte, der Wissensordnung, der Stereotypen und Vorurteile, ist der Gegensatz zwischen der Haltung zum Islam und zum Christentum in der deutschen Bevölkerung ausgesprochen stark.

Die auf der semantischen Ebene angesiedelten Vorbehalte gegenüber dem Islam werden auch daran ersichtlich, dass nur eine Minderheit den Islam als kompatibel mit den Grundprinzipien der westlichen Welt ansieht. Auf die Frage, ob der Islam in unsere westliche Welt passt, antworten in Westdeutschland nur 23 Prozent und in Ostdeutschland nur 21 Prozent mit Ja (vgl. Tabelle 1). Auch wenn es darum geht, ob die zunehmende Anzahl der Muslime eine kulturelle Bereicherung darstellt, stimmen dieser Aussage in Westdeutschland nur 35 Prozent zu und in Ostdeutschland nur 29 Prozent. In anderen westeuropäischen Gesellschaften wie Dänemark, Frankreich, die Niederlande oder Portugal sind es hingegen Mehrheiten, die die wachsende Zahl der Muslime als kulturelle Bereicherung wahrnehmen (vgl. Abbildung 3).

Tabelle 1: Der Islam in der westlichen Welt (Prozentwerte)

	Islam passt in westliche Welt	
	D West	D Ost
Stimme stark zu	3,8	3,8
Stimme eher zu	18,9	16,8
Stimme eher nicht zu	43,3	37,0
Stimme überhaupt nicht zu	29,8	36,5
weiß nicht	3,4	4,9
keine Angabe	0,9	1,0
Gesamt	100,0	100,0

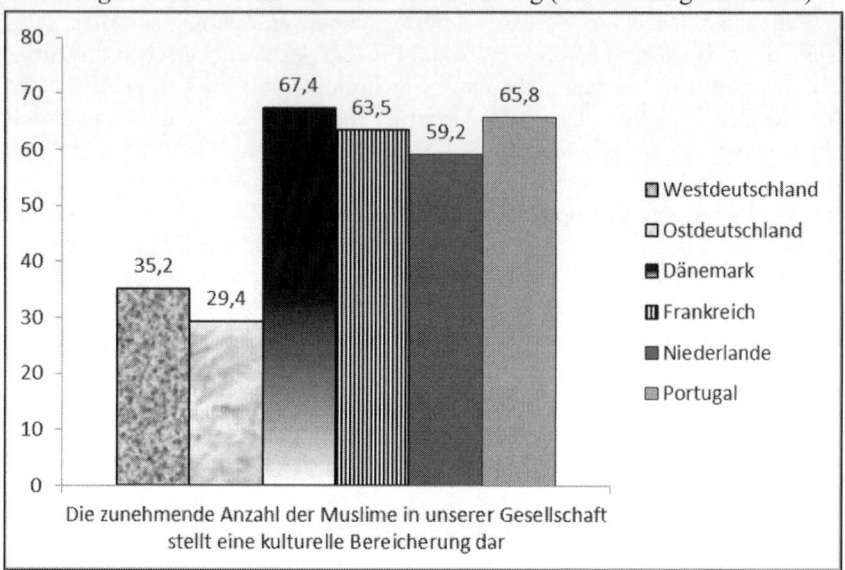

Abbildung 3: Muslime als kulturelle Bereicherung (Zustimmung in Prozent)

- Westdeutschland: 35,2
- Ostdeutschland: 29,4
- Dänemark: 67,4
- Frankreich: 63,5
- Niederlande: 59,2
- Portugal: 65,8

Die zunehmende Anzahl der Muslime in unserer Gesellschaft stellt eine kulturelle Bereicherung dar

Obwohl der Islam in Deutschland äußerst kritisch gesehen wird, legen die Menschen jedoch Wert darauf, mit fremden Religionsgemeinschaften fair umzugehen. Wenn danach gefragt wird, ob man alle Religionen und damit auch den Islam respektieren muss, dann antwortet eine beachtliche Mehrheit mit Ja (vgl. Tabelle 2). In Westdeutschland sind es immerhin etwa 80 Prozent, die so antworten, in Ostdeutschland etwa 75 Prozent.

Auch die Zustimmung zu dem Satz „Sofern sich die Ausländer an unsere Gesetze halten, kommt es nicht darauf an, welche Religion sie haben" fällt hoch aus (vgl. Tabelle 2). Hier erreichen die Akzeptanzwerte in Ost- und Westdeutschland 90 Prozent. Ebenso wird der Grundsatz der Glaubensfreiheit von etwa 90 Prozent bejaht. Insgesamt stehen die Menschen also zu den freiheitlichen Werten der westlichen Demokratien, und es scheint, als würden sie den Respekt und die Achtung gegenüber fremden Religionsgemeinschaften zumindest zum Teil auch davon abhängig machen, inwieweit sich diese gleichfalls an diese Werte halten. Die ablehnende Haltung gegenüber den Angehörigen des Islam muss zu dem Respekt, den man fremden Religionen entgegenbringt, nicht im Widerspruch stehen.

Toleranz meint ja genau dies, dass man den anderen achtet, obwohl man mit seinen Überzeugungen und Verhaltensweisen nicht einverstanden ist.

Tabelle 2: Respekt vor fremden Religionen (Prozentwerte)

	Man muss alle Religionen respektieren		Sofern sich die Ausländer an unsere Gesetze halten, kommt es nicht darauf an, welche Religion sie haben		Glaubensfreiheit ist wichtig	
	D West	D Ost	D West	D Ost	D West	D Ost
Stimme stark zu	36,8	31,4	49,4	50,2	68,5	51,2
Stimme eher zu	44,0	43,6	42,3	39,6	25,4	35,9
Stimme eher nicht zu	14,8	14,7	5,2	6,1	4,7	9,8
Stimme überhaupt nicht zu	3,0	8,5	2,0	3,5	1,2	2,7
weiß nicht	0,8	1,2	0,6	0,3	0,1	0,1
keine Angabe	0,6	0,6	0,5	0,3	0,2	0,3
Gesamt	100,0	100,0	100,0	100,0	100,0	100,0

Aber haben wir es in Deutschland, wenn man eine ablehnende Haltung zu Muslimen einnimmt und zugleich darauf besteht, allen Religionen mit Respekt begegnen zu wollen, tatsächlich mit einer Form der Toleranz zu tun? Skepsis ist angebracht, denn wenn man danach fragt, ob man allen Gruppen im Land die gleichen Rechte zugestehen sollte, sind nur etwa 50 Prozent der Deutschen dazu bereit, in Ostdeutschland 53,4, in Westdeutschland 48,5 (Abbildung 4). So gesehen könnte man also allenfalls von bedingter Duldung sprechen. In den anderen westeuropäischen Ländern, die Bestandteil unserer Studie sind, beläuft sich der Anteil derer, die gleiche Rechte für alle religiösen Gruppen akzeptieren, auf über 70 Prozent, in Frankreich, den Niederlanden und Portugal sogar auf deutlich über 80 Prozent. Offenbar ist die Haltung zu nichtchristlichen Religionsgemeinschaften bei vielen Deutschen durch eine gewisse Widersprüchlichkeit charakterisiert. Obwohl man den Wert der Religionsfreiheit hoch schätzt, sollen die Religionsgemeinschaften doch ungleich behandelt werden. Das ist ein Ergebnis, das beunruhigt. Steht hinter der Verweigerung gleicher Rechte für alle Religionsgemeinschaften, die immerhin von etwa der Hälfte der Bevölkerung in Deutschland befürwortet wird, das Bedürfnis nach kultureller und religiöser Konformität, die Ablehnung alles Fremden, die Unterscheidung zwischen „wir" und „sie", also eine generelle Fremdenfeindlichkeit? Oder bezieht sich die Verweigerung vor allem auf den Islam, der als gewaltbereit, fanatisch und gefährlich eingeschätzt wird? Oder hängt sie vor allem mit einem Gefühl der Bedrohung durch fremde Kulturen, durch die Konflikthaftigkeit religiöser Pluralität und die als potenziell unfriedlich wahrgenommene Präsenz von Religionen im Allgemeinen zusammen? Oder müssen alle drei Einstellungen zugleich herangezogen werden, wenn es darum geht, die beachtlichen Vorbehalte der Deutschen gegenüber einer Gleichbehandlung aller Religionen zu erklären?

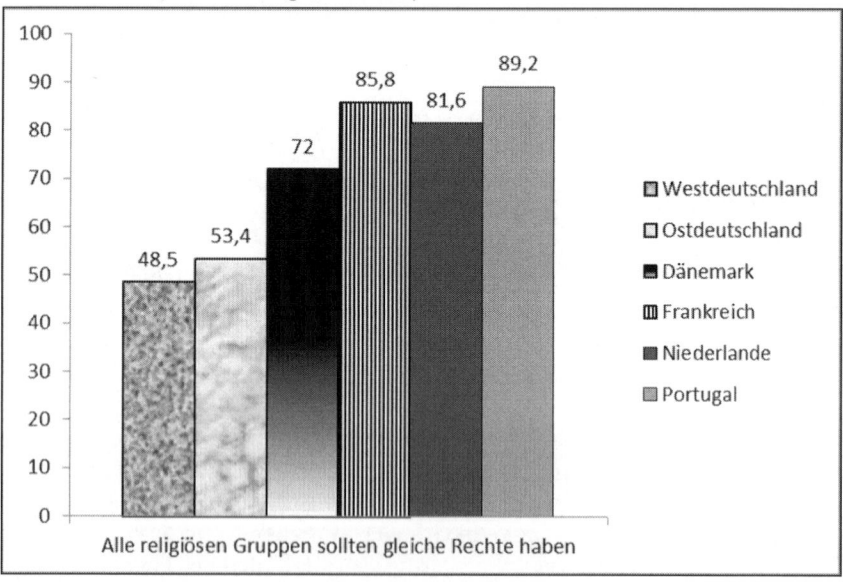

Abbildung 4: Gleiche Rechte für alle religiösen Gruppen
(Zustimmung in Prozent)

Land	Zustimmung (%)
Westdeutschland	48,5
Ostdeutschland	53,4
Dänemark	72
Frankreich	85,8
Niederlande	81,6
Portugal	89,2

Alle religiösen Gruppen sollten gleiche Rechte haben

Was fremde Kulturen, Religionen und Lebensstile betrifft, so ist die Skepsis in Deutschland weit verbreitet. 56 Prozent der Westdeutschen sagen, es lebten zu viele Ausländer in Deutschland (vgl. Tabelle 3). Im Osten Deutschlands, obwohl dort der Ausländeranteil deutlich geringer ist als im Westen, vertreten diese Meinung sogar fast 70 Prozent. Wenn man Ausländerfeindlichkeit mit diesem Statement misst, dann muss man konstatieren, dass die Ausländerfeindlichkeit in anderen westeuropäischen Ländern deutlich niedriger liegt (hier nicht dargestellt).

Tabelle 3: Ausländerfeindlichkeit und Akzeptanz religiöser Vielfalt
(Prozentwerte)

	In Deutschland leben zu viele Ausländer		Die zunehmende Vielfalt religiöser Gruppen ist eine kulturelle Bereicherung		Ich wünsche mir mehr religiöse Vielfalt, um zwischen den Angeboten auswählen zu können	
	D West	D Ost	D West	D Ost	D West	D Ost
Stimme stark zu	22,8	33,2	11,2	9,7	1,9	2,1
Stimme eher zu	33,1	35,4	42,1	36,6	10,3	7,5
Stimme eher nicht zu	27,2	19,7	31,5	33,3	36,1	30,2
Stimme überhaupt nicht zu	14,1	9,6	10,8	15,6	46,9	55,8
weiß nicht	2,0	1,2	3,6	4,4	3,1	3,2
keine Angabe	0,8	0,8	0,8	0,4	1,7	1,3
Gesamt	100,0	100,0	100,0	100,0	100,0	100,0

Immerhin 53 Prozent in den alten Bundesländern und 46 Prozent in den neuen nehmen die zunehmende Vielfalt religiöser Gruppen in unserer Gesellschaft als Bereicherung wahr. In anderen westeuropäischen Gesellschaften beläuft sich der Anteil, der so denkt, allerdings auf etwa 80 Prozent. Auch wenn es um die Hochschätzung kultureller und religiöser Vielfalt geht, neigen die Deutschen also mehr als andere Nationen zur Präferenz von Homogenität. Besonders deutlich wird diese Neigung bei der Frage, ob man sich in seiner Nachbarschaft mehr religiöse Vielfalt wünscht, um eventuell selbst zwischen unterschiedlichen religiösen Angeboten auswählen zu können. Hier sind es in West- und Ostdeutschland lediglich zwölf bzw. zehn Prozent, die sich zu dieser Frage zustimmend äußern. In Frankreich, den Niederlanden und Portugal hegen immerhin etwa 45 Prozent einen solchen Wunsch, in Dänemark hingegen auch nur etwa 15 Prozent. Das Christentum in Westdeutschland und in allen anderen in die Untersuchung einbezogenen westeuropäischen Ländern wird von mehr als 70 Prozent als das Fundament ihrer Kultur angesehen, und sogar im überwiegend konfessionslosen Osten Deutschlands gibt es eine Mehrheit, die das Christentum als das Fundament der Kultur bezeichnet. Das Bedürfnis nach kultureller und religiöser Homogenität könnte in signifikantem Maße dazu beitragen, dass viele Deutsche sich dafür aussprechen, den vielfältigen und vielfältiger werdenden Religionsgemeinschaften die Gleichbehandlung vorzuenthalten.

Die Vorbehalte gegenüber einer Gleichberechtigung aller Religionsgemeinschaften könnten sich vor allem auf den Islam beziehen. Tatsächlich sprechen sich über 40 Prozent im Westen und mehr als 50 Prozent im Osten dafür aus, die islamische Glaubensausübung stark einzuschränken (Abbildung 5). Nur 28 Prozent in Westdeutschland und in Ostdeutschland sogar nur 19 Prozent befürworten den Bau von Moscheen. Bezüglich des Baus von Minaretten ist die Befürwortung noch niedriger, in Westdeutschland liegt sie bei 18 Prozent, in Ostdeutschland bei zwölf Prozent. In den anderen westeuropäischen Ländern, in denen unsere Untersuchung durchgeführt wurde, ist die Bevölkerung weitaus eher bereit, den Muslimen religiöse Rechte zuzugestehen. Ähnlich sieht es aus, wenn die Frage gestellt wird, ob Mädchen in der Schule Kopftuch tragen dürfen, sofern es Teil ihrer religiösen Tradition ist. In Westdeutschland sind es 30 Prozent, im Osten Deutschlands 25 Prozent, die sich zustimmend äußern. Allerdings schert Frankreich bei dieser Frage aus, was damit zusammenhängt, dass es in der Tradition der Laicité liegt, religiöse Symbole aus der Öffentlichkeit zu verbannen und den öffentlichen Raum religiös neutral zu halten. Seit 2004 ist in Frankreich das Tragen des Kopftuchs Lehrerinnen und Schülerinnen in der Schule verboten. Die geringe Akzeptanz des Tragens von Kopftüchern in der Schule, wie sie Abbildung 5 für Frankreich ausweist, erklärt sich daraus. Auch die Frage, ob sich die Muslime

Abbildung 5: Akzeptanz religiöser Rechte von Muslimen

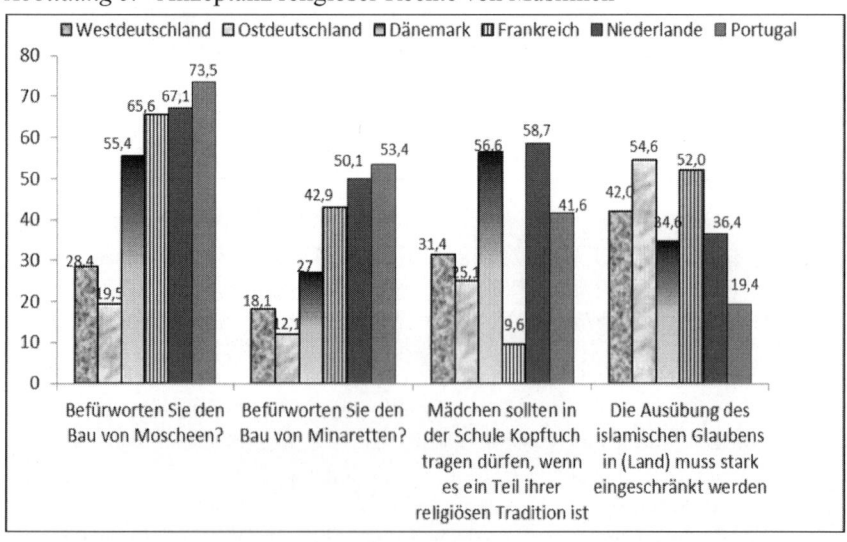

an unsere Kultur anpassen müssen, wird in Westdeutschland von über 80 Prozent bejaht, in Ostdeutschland sogar von über 90 Prozent, in den anderen untersuchten Ländern allerdings ebenfalls von über 80 Prozent.

Doch warum wollen so viele Deutsche die Religionsausübung der Muslime eingeschränkt sehen? Fühlen sie sich durch den Islam bedroht? Etwa zwei Fünftel der Westdeutschen und etwa die Hälfte der Ostdeutschen meinen, dass ihr Land durch fremde Kulturen bedroht sei (vgl. Tabelle 4). In Frankreich, Dänemark und den Niederlanden sind es nicht viel weniger, teilweise sogar mehr. Auch was die konflikthaften Folgen der zunehmenden Vielfalt der Religionsgemeinschaften angeht, sind die Länderdifferenzen nicht sehr groß. Überall beurteilt eine Mehrheit die wachsende Pluralität des Religiösen als eine Ursache von Konflikten. In Deutschland, Dänemark und den Niederlanden macht der Anteil, der dies so sieht, sogar mehr als 70 Prozent aus (für Deutschland vgl. Tabelle 4). Fragt man ganz direkt, ob die Menschen Angst haben, dass unter den Muslimen in Deutschland nicht auch viele Terroristen sind, so antworten etwa zwei Drittel der Deutschen mit Ja. Es verwundert dann nicht, dass etwa ebenso viele bzw. sogar etwas mehr Befragte islamische Gemeinschaften vom Staat beobachtet wissen wollen (Tabelle 4). Von einem „Kampf der Kulturen" zwischen Christentum und Islam will allerdings weder in West- noch in Ostdeutschland eine Mehrheit sprechen (vgl. Tabelle 5). Im Westen Deutschlands meinen 41 Prozent, dass wir einen Kampf der

Tabelle 4: Islam und Muslime in Deutschland (Prozentwerte)

	Ich glaube, dass unser Land durch fremde Kulturen/ Nationen bedroht ist		Die zunehmende Vielfalt von religiösen Gruppen in unserer Gesellschaft ist eine Ursache für Konflikte		Manchmal habe ich direkt Angst, ob unter den Muslimen in Deutschland nicht auch viele Terroristen sind		Islamische Gemeinschaften sollten vom Staat beobachtet werden	
	D West	D Ost	D West	D Ost	D West	D Ost	D West	D Ost
Stimme stark zu	10,6	16,4	23,8	29,3	22,4	34,5	29,1	39,4
Stimme eher zu	30,1	33,7	49,5	45,2	39,2	33,3	41,9	35,1
Stimme eher nicht zu	38,7	30,7	20,3	18,8	25,2	22,5	20,7	15,5
Stimme überhaupt nicht zu	18,1	17,6	4,1	4,5	11,3	7,5	4,8	6,2
weiß nicht	2,0	1,4	1,9	1,8	1,1	1,5	2,3	2,6
keine Angabe	0,5	0,2	0,5	0,3	0,9	0,7	1,2	1,2
Gesamt	100,0	100,0	100,0	100,0	100,0	100,0	100,0	100,0

Kulturen haben, 52 Prozent verneinen dies, in Ostdeutschland belaufen sich die entsprechenden Anteile auf 45 und 43 Prozent, während 11 Prozent sich in dieser Frage nicht entscheiden können.

Tabelle 5: Kampf der Kulturen?

	Haben wir zurzeit einen Kampf der Kulturen, oder würden Sie das nicht sagen?	
	D-West	D-Ost
Haben Kampf der Kulturen	41,5	45,2
Kann man nicht sagen	52,4	42,8
weiß nicht	4,5	10,7
keine Angabe	1,6	1,3
Gesamt	100,0	100,0

Insgesamt stehen die Deutschen in ihrer Mehrheit den Muslimen also äußerst kritisch gegenüber. Sie haben keine positive Meinung von ihnen und assoziieren den Islam vor allem mit negativen Eigenschaften wie Fanatismus, Gewaltbereitschaft und Benachteiligung der Frau. Die zunehmende Anzahl der Muslime sehen sie im Unterschied zu anderen westeuropäischen Ländern mehrheitlich nicht als eine kulturelle Bereicherung an. Überhaupt schätzen sie religiöse Vielfalt weniger, als Dänen, Niederländer, Portugiesen und Franzosen dies tun. Auch wenn es in den anderen Ländern in etwa ebenso viele Menschen wie in Deutschland sind, die sich durch fremde Kulturen bedroht fühlen, die zunehmende Vielfalt des Religiösen als eine Konfliktursache beurteilen, das Christentum für das Fundament ihrer Kultur halten und von den Muslimen Anpassung an die Mehrheitskultur erwarten, ist in diesen Ländern die Bereitschaft, allen Religionsgemeinschaften gleiche Rechte zuzugestehen und auch dem Islam umfassende Rechte zur Religionsausübung einzuräumen, deutlich ausgeprägter als in Deutschland. Es entsteht der Eindruck, als wäre die Ambiguitätstoleranz bei den Deutschen weniger stark entwickelt als bei ihren westeuropäischen Nachbarn. Womit es zusammenhängt, dass die deutsche Bevölkerung eine negativere Haltung gegenüber den Muslimen hat und die Gleichbehandlung der Religionsgemeinschaften stärker eingeschränkt sehen will, soll im nächsten Abschnitt untersucht werden.

4. Explanation

Zunächst zu dem auffälligen Befund, dass im Unterschied zu anderen Ländern nur etwa die Hälfte der Deutschen allen Religionsgemeinschaften gleiche Rechte zugesteht. In einer schrittweise vorgehenden Regressionsanalyse[5] wurde untersucht, inwieweit die relativ geringe Befürwortung der rechtlichen Gleichbehandlung aller religiöser Gruppen in Deutschland West und Ost auf sozialstrukturelle Merkmale wie Geschlecht, Alter, Erziehung, sozialen Status oder Wohnort, auf die Ablehnung politischer und bürgerlicher Freiheiten wie Meinungsfreiheit oder Religionsfreiheit, auf ein Gefühl der Bedrohung durch fremde Kulturen, und dabei ganz konkret auf die Angst vor der Gewaltbereitschaft von Angehörigen des Islam, auf die Abwehr kultureller und religiöser Vielfalt und die Bevorzugung kulturell-religiöser Homogenität oder ganz allgemein auf die Skepsis gegenüber unterschiedlichen Religionsgemeinschaften, seien es buddhistische, hinduistische, jüdische oder muslimische, zurückzuführen ist.

Die sozialstrukturellen Merkmale üben einen gewissen Einfluss auf die Bereitschaft, Religionsgemeinschaften gleiche Rechte einzuräumen, aus. In Westdeutschland hat der Bildungsgrad einen Effekt: Je höher die Befragten gebildet sind – hier gemessen anhand der Zahl der Jahre, in denen Ausbildungseinrichtungen durchlaufen wurden –, desto wahrscheinlicher ist es, dass die Gleichberechtigung religiöser Gruppen favorisiert wird (vgl. Tabelle 6). In Ostdeutschland ist das Alter einflussreich: Je jünger die Befragten sind, desto stärker neigen sie zur Akzeptanz religiöser Gleichberechtigung (vgl. Tabelle 7). Sowohl in West- als auch in Ostdeutschland spielen die Verortung auf der politischen Links/Rechts-Skala und die Beurteilung des eigenen sozialen Status eine Rolle. Die sich politisch mehr links einordnen, neigen mehr zur Gleichbehandlung religiöser Gruppen als diejenigen, die sich im politischen Spektrum mehr rechts ansiedeln. Mit dem sozialen Status steigt auch die Bereitschaft, religiösen Gruppen gleiche Rechte zuzubilligen. Diese Ergebnisse verwundern nicht und entsprechen geläufigen Erwartungen. Mit dem Bildungsgrad nehmen Reflexivität und Toleranz gewöhnlich zu. Je höher der eigene soziale Status ist, desto entspannter kann man mit Menschen umgehen, die anderen Überzeugungen folgen und andere Identitäten haben. Dabei ist es ebenfalls nicht überraschend, dass die Wahrnehmung des sozialen Status in Ostdeutschland ein größeres Gewicht besitzt. Aufgrund der öko-

---

5   Bei einer hierarchischen Regression werden in verschiedenen Schritten immer mehr Variablen auf der Grundlage von theoretischen Überlegungen in das Modell integriert. Dabei interessiert vor allem dreierlei: 1. geht es darum, wie sehr sich die erklärte Varianz (R^2) mit jedem Schritt verändert, 2. werden diejenigen Variablen identifiziert, die die stärksten Effekte auf die abhängige Variable ausüben, 3. wird untersucht, ob erklärungskräftige Variablen ihre Erklärungskraft behalten, wenn weitere Variablen in das Modell eingefügt werden.

nomischen Schlechterstellung der Ostdeutschen im Vergleich zu den Westdeutschen sind Fragen des Status, der Anerkennung und der ökonomischen Stellung im Osten Deutschlands prekärer als im Westen. Geschlechtszugehörigkeit und Wohnort machen in der Einstellung zur Gleichbehandlung der religiösen Gruppen keinen Unterschied. Mit einem R^2 von .085 bzw. .062 ist die erklärte Varianz zufriedenstellend. Mit der Variable R^2 wird ausgesagt, wie viel Prozent der beobachtbaren Unterschiede in der Einstellung zur Gleichbehandlung religiöser Gruppen – dies ist die abhängige Variable der Regressionsanalyse – durch sozialstrukturelle Merkmale aufgeklärt werden können. Hier sind dies nicht mehr als acht bzw. sechs Prozent, was aber bei sozialstrukturellen Zusammenhängen im erwartbaren Rahmen liegt.

In einem zweiten Schritt wird der Einfluss der Akzeptanz von rechtsstaatlichen Prinzipien und Toleranz untersucht. Mit diesem Analyseschritt erhöht sich die erklärte Varianz in Westdeutschland um sechs Prozentpunkte auf 15 Prozent, in Ostdeutschland sogar um 21 Prozentpunkte auf 27 Prozent (vgl. Tabelle 6 und 7). Vor allem eine Variable schlägt in starkem Maße durch: die Zustimmung zu der Aussage „Sofern sich die Ausländer an unsere Gesetze halten, kommt es nicht darauf an, welche Religion sie haben". Man könnte auch hier wieder von einer bedingten Toleranz sprechen: Sofern Ausländer die Gesetze respektieren, will man ihnen mit Toleranz begegnen. Dann sieht man offenbar ein, dass ihnen, ganz gleich welcher Religionsgemeinschaft sie angehören, die gleichen Rechte zustehen. Anscheinend sind jedoch viele der Ansicht, dass sich Ausländer nicht an die Gesetze halten, und verweigern ihnen daher die Gleichberechtigung. Besonders in Ostdeutschland ist dieser Zusammenhang stark ausgeprägt. Wahrscheinlich steht hinter der mangelnden Bereitschaft, allen Religionsgemeinschaften gleiche Rechte einzuräumen, in Ost wie West, besonders aber im Osten, eine starke Devianzwahrnehmung.

Auf die Absage an eine Gleichbehandlung aller religiösen Gruppen könnte aber auch die Einschätzung einen Einfluss ausüben, dass das Eigene durch Fremdes bedroht ist und Religionen zu dieser Bedrohung beitragen. Dieser Zusammenhang wird im dritten Analyseschritt untersucht. Tatsächlich erhöht sich die Erklärungskraft des Modells in Ost- und Westdeutschland durch Hinzufügung dieses Faktors noch einmal um je sieben Prozent. Das Gefühl, dass das eigene Land durch fremde Kulturen bedroht ist und dass die zunehmende Vielfalt religiöser Gruppen eine Ursache von Konflikten ist, ist ein wichtiger Prädiktor für die Ausprägung der abhängigen Variablen. Vor allem im Westen Deutschlands hat das Bedrohungsgefühl einen starken Einfluss.

Um herauszufinden, ob das Gefühl der Bedrohung durch Fremdes, das sich negativ auf die Akzeptanz der Rechtsgleichheit religiöser Gruppen auswirkt, vor allem ein Gefühl der Bedrohung durch den Islam ist, wird in einem weiteren Schritt der Einfluss von Aussagen über den Islam und die Muslime untersucht. Überraschenderweise geht von der Aussage „Manchmal habe ich direkt Angst, ob unter den Muslimen in Deutschland nicht auch viele Terroristen sind" kein direkter Effekt auf die abhängige Variable aus. Möglicherweise sind die Effekte der Angst vor Terroristen bereits durch das allgemeine Bedrohungsgefühl „aufgesogen". Jedenfalls trägt die Angst vor muslimischen Terroristen, die von mehr als drei Fünfteln der deutschen Bevölkerung geteilt wird, nicht zu der verbreiteten Auffassung bei, dass gleiche Rechte religiösen Gruppierungen vorenthalten werden sollen. Wohl aber spielen die Erwartung, dass Muslime sich an die in Deutschland herrschende Kultur anpassen sollten und das Bewusstsein der Andersartigkeit des Islam („Der Islam passt durchaus in unsere westliche Welt") eine Rolle. Je höher die Anpassungserwartung und je stärker der Eindruck mangelnder Passförmigkeit, desto stärker auch die Ablehnung gleicher Rechte für alle religiösen Gemeinschaften.

Die Konformitätserwartung auf dem religiösen Feld wird noch einmal gesondert im fünften Schritt der Regressionsanalyse abgetestet. Sofern man sich eine größere religiöse Vielfalt wünscht und die wachsende Vielfalt religiöser Gruppierungen für eine Bereicherung hält, tendiert man auch stärker zur Gewährung gleicher Rechte an alle Religionsgemeinschaften. Wo die Vielfalt abgelehnt wird und wo man das Christentum für das Fundament seiner Kultur hält, neigt man dagegen zu der Auffassung, dass unterschiedlichen religiösen Gruppen nicht die gleichen Rechte zustehen. Die Ablehnung von Rechtsgleichheit für unterschiedliche religiöse Gemeinschaften ist also vor allem auf die Erwartung eines hohen Maßes an religiös-kultureller Homogenität und die zu unterstellende Erfahrung der Abweichung von dieser Erwartung zurückzuführen. Daneben spielt auch das Gefühl der Bedrohung durch Fremdes eine gewisse Rolle. Außerdem fungieren rechtsstaatliche Grundüberzeugungen als Barriere gegen die Ablehnung von Rechtsgleichheit. Das gilt zumindest für Westdeutschland.

Interessanterweise verschwinden gerade in Westdeutschland nun aber alle bisher in die Rechnung einbezogenen Einflüsse, wenn in einem letzten Schritt die Wirksamkeit der Haltung zu einzelnen Religionsgemeinschaften analysiert wird. Die Haltung zu Hinduisten, Buddhisten und Juden übt keinen Einfluss aus. Dafür zieht die Einstellung zu den Muslimen alle Effekte auf sich, bis auf den Effekt der Konformitätserwartung. Wenn man Muslimen negativ gegenübersteht, religiöse Vielfalt nicht für einen kulturellen Gewinn hält und sich eher weniger als mehr religiöse Pluralität wünscht, dann ist die Wahrscheinlichkeit hoch, dass man religiöse Gemeinschaften nicht mit gleichen Rechten versehen wissen will und die Rechte nichtchristlicher Religionsgemeinschaften und dabei wohl vor allem des Islam eingeschränkt sehen will. Natürlich spielen in diese Bereitschaft zur Unterprivilegierung nichtchristlicher Religionsgemeinschaften Gefühle der Bedrohung und der Besorgnis über die Konflikthaftigkeit religiöser Vielfalt mit hinein. Diese Bedrohungs- und Angstgefühle lassen sich als eigenständiger Effekt in Westdeutschland jedoch nicht isolieren. Wenn sie in Ostdeutschland als eigenständiger Effekt auftreten, dann muss man diese Gefühle offenbar in einem engen Zusammenhang mit den Konformitätserwartungen sehen. Gerade weil viele Befragte religiöse Vielfalt nicht wünschen, erleben sie das Fremde als Infragestellung und Gefahr. Und wenn sie dann noch ein starkes Bewusstsein für Abweichungen haben, wie das in Ostdeutschland offenbar der Fall ist, dann bringt diese Mischung aus Konformitätserwartung, Bedrohungsgefühl durch Fremdes und Abweichungsempfindlichkeit wohl jene beachtliche Befürwortung der Ungleichbehandlung religiöser Gemeinschaften hervor, die den Ausgangspunkt für die hier angestellte Regressionsanalyse darstellte.

Tabelle 6: Regressionsanalyse für Westdeutschland – Abhängige Variable: Alle religiösen Gruppen in Deutschland sollten gleiche Rechte haben

Prädiktoren	1	2	3	4	5	6
Geschlecht						
Alter						
Bildung	-.153**	-.113**				
Stadt/Land						
Links/Rechts	.187**	.129**	.082*	.066*		
Wahrnehmung des sozialen Status	.109**	.074*				
Bedeutung der Rede- und Meinungsfreiheit						
Bedeutung der Religionsfreiheit		.114**	.091*	.076*	.079*	
Auch wenn ich eine bestimmte Überzeugung habe, akzeptiere ich Menschen, die anders denken		.100**	.069*	.075*	.079*	
Sofern sich die Ausländer an unsere Gesetze halten, kommt es nicht darauf an, welche Religion sie haben		.199**	.148**	.146**	.122**	
Unser Land ist durch fremde Kulturen/Nationen bedroht			-.254**	-.145**	-.104*	

Prädiktoren	1	2	3	4	5	6
Zunehmende Vielfalt von religiösen Gruppen ist eine Ursache für Konflikte			-.089*			
Wenn man so sieht, was in der Welt passiert, führen Religionen eher zu Konflikten als zum Frieden						
Manchmal habe ich direkt Angst, ob unter den Muslimen in Deutschland nicht auch viele Terroristen sind						
Die Muslims müssen sich an unsere Kultur anpassen			-.075*			
Durch die vielen Muslime fühle ich mich manchmal wie ein Fremder im eigenen Land						
Der Islam passt durchaus in unsere westliche Welt			.129**			
Es leben zu viele Ausländer in Deutschland						
Das Christentum ist das Fundament unserer Kultur					-.087*	-.096*
Ich würde mir wünschen, dass es in meiner Nachbarschaft eine größere Vielfalt an religiösen Gruppen/Organisationen gäbe					.162**	.148**
Zunehmende Vielfalt von religiösen Gruppen ist eine kulturelle Bereicherung					.136**	.116*
Haltung zu Muslimen						.160**
Haltung zu Hinduisten						
Haltung zu Buddhisten						
Haltung zu Juden						
Adj. R²		.085	.149	.220	.251	.289	.295
ΔR²			.064	.071	.031	.038	.006

Signifikanz: ***p < .001; **p < .01; *p < .05

Tabelle 7: Regressionsanalyse für Ostdeutschland – Abhängige Variable: Alle religiösen Gruppen in Deutschland sollten gleiche Rechte haben

Prädiktoren	1	2	3	4	5	6
Geschlecht						
Alter	.081*	.091**	.067*			
Bildung						.085*
Stadt/Land						
Links/Rechts	.182**	.118**				
Wahrnehmung des sozialen Status	.178**	.112**	.070*			
Bedeutung der Rede- und Meinungsfreiheit						
Bedeutung der Religionsfreiheit						
Auch wenn ich eine bestimmte Über-zeugung habe, akzeptiere ich Men-schen, die anders denken	.126**	.104**	.078*	.077*		.080*
Sofern sich die Ausländer an unsere Gesetze halten, kommt es nicht darauf an, welche Religion sie haben	.355**	.309**	.303**	.253**		.246**
Unser Land ist durch fremde Kulturen/ Nationen bedroht		-.264**	-.180**	-.130**		-.101*
Zunehmende Vielfalt von religiösen Gruppen ist eine Ursache für Konflikte		-.128**				
Wenn man so sieht, was in der Welt passiert, führen Religionen eher zu Konflikten als zum Frieden						
Manchmal habe ich direkt Angst, ob unter den Muslimen in Deutschland nicht auch viele Terroristen sind						
Die Muslims müssen sich an unsere Kultur anpassen				-.104**	-.082*	
Durch die vielen Muslime fühle ich mich manchmal wie ein Fremder im eigenen Land						
Der Islam passt durchaus in unsere westliche Welt.				.155**	.128**	
Es leben zu viele Ausländer in Deutschland						
Das Christentum ist das Fundament unserer Kultur						-.086*
Ich würde mir wünschen, dass es in meiner Nachbarschaft eine größere Vielfalt an religiösen Gruppen/ Organisationen gäbe					.072*	.101**

Prädiktoren	1	2	3	4	5	6
Zunehmende Vielfalt von religiösen Gruppen ist eine kulturelle Bereicherung					.253**	.223**
Haltung zu Muslimen						.143**
Haltung zu Hinduisten						
Haltung zu Buddhisten						
Haltung zu Juden						
Adj. R^2	.062	.271	.338	.358	.417	.450
ΔR^2		.209	0.067	.020	.059	.033

Signifikanz: ***p < .001; **p < .01; *p < .05

Wie aber lässt sich die auffällig reservierte Haltung der Deutschen zu den Muslimen erklären? Wovon sind die Einstellungen zum Islam abhängig? Nach dem Versuch der Erklärung für die beachtliche Bejahung der rechtlichen Ungleichbehandlung religiöser Gemeinschaften soll nun die Haltung in den Blick genommen werden, die die unterschiedlichen Faktoren zur Erklärung der Bejahung von Rechtsungleichheit auf sich gezogen hat: die Haltung zu Muslimen.[6] Dafür wurde die generalisierte Haltung gegenüber Muslimen als abhängige Variable ebenfalls in ein lineares hierarchisches Regressionsmodell integriert, das in Tabelle 8 dargestellt ist.

Im ersten Schritt der Regressionsanalyse wurden lediglich die soziodemographischen Variablen Alter, Geschlecht und Bildungsabschluss aufgenommen. Während mit steigendem Alter auch die Wahrscheinlichkeit steigt, dass man eine ablehnende Haltung zu Muslimen einnimmt, fördert ein höherer Schulabschluss eher die Toleranz. Allerdings weist das Modell mit gerade einmal vier Prozent eine relative geringe Varianzaufklärung (R^2= .036) auf.

---

6   Dieser Abschnitt ist aus Platzgründen auf die Untersuchung der westdeutschen Stichprobe beschränkt.

Tabelle 8: Lineare Regression – Abhängige Variable: Haltung zu den Muslimen in Westdeutschland

Prädiktoren	Haltung zu Muslimen								
	1	2	3	4	5	6	7	8	9
Geschlecht	.04	.05	.04	.03	.02	.01	.00	.02	.03
Alter	-.11**	-.12**	-.11**	-.13**	-.11**	-.10**	-.11**	-.08*	-.04
Bildungsabschluss	.14***	.14***	.14***	.15***	.11**	.08*	.08	.06	.05
Vereinsengagement		.10**	.10**	.08*	.05	.05	.05	.04	.03
Deprivation			-.14***	-.13**	-.11**	-.11**	-.10**	-.09*	-.07*
Sozialstatus			-.07	-.08	-.07	-.05	-.05	-.05	-.03
Arbeitslosigkeit			-.02	-.01	-.01	-.02	-.02	-.02	-.03
Konfession Ja/Nein				-.06	-.07	-.07	-.06	-.07	-.08*
Häufigkeit des Gottesdienstbesuchs				-.06	-.13**	-.16**	-.15**	-.15**	-.12**
Es gibt nur eine wahre Religion					-.18***	-.17***	-.17***	-.17***	-.16***
Ich greife auf versch. relig. Trad. zurück					.17***	.16***	.16***	.14***	.13***
Christentum Fundament unserer Kultur					-.07	-.07	-.08*	-.07	-.05
Politische Einstellung						-.12**	-.10**	-.09*	-.06
Ich bin stolz auf meine Nationalität						-.10*	-.10*	-.09*	-.07*
Wichtigkeit von Glaubensfreiheit							.10**	.10**	.09**
Beschäftigung mit Muslimen								.14***	.02
Kontakt zu Muslimen									.31***
R^2	.036***	.045***	.059***	.065***	.117***	.136***	.144***	.162***	.234***
ΔR^2		.040***	.010**	.018**	.009*	.055***	.021***	.009**	.019***	.071***

Signifikanz: ***p < .001; **p < .01; *p < .05

Das Vereinsengagement besitzt ebenfalls einen relativ geringen toleranzfördernden Einfluss. Wichtiger ist hingegen, welche Position man in der Gesellschaft besetzt, wobei entscheidend ist, wie man die eigene Position im Vergleich zu anderen auf der sozialen Leiter wahrnimmt, während die objektive Lage – hier gemessen durch Arbeitslosigkeit – keinen signifikanten Einfluss ausübt. Dieses Ergebnis entspricht den theoretischen Erwartungen, in denen zwischen objektiver Lage und relativer Deprivation, also im Vergleich zu Anderen wahrgenommener Lage, unterschieden wurde: Je negativer die eigene wahrgenommene Position, desto negativer auch die Haltung gegenüber Muslimen.

Die Konfessionszugehörigkeit und Häufigkeit des Gottesdienstbesuches üben hingegen keinen signifikanten Effekt aus. Dies ändert sich allerdings, wenn man in einem weiteren Schritt den Dogmatismus der eigenen Glaubensüberzeugung hinzunimmt. Dann wird der Kirchgang signifikant: Je häufiger die Menschen zum Gottesdienst gehen, desto toleranter ist ihre Haltung zu Muslimen. Vertreten sie aber ein dogmatisches Glaubensverständnis, das nur eine einzige Religion als wahr anerkennt, dann neigen sie eher zur Ablehnung von Muslimen. Vermutlich lässt sich aus der Gegenläufigkeit der Effekte auch erklären, warum der Kirchgang zunächst nicht signifikant war. Da dogmatisch eingestellte Menschen auch häufig in die Kirche gehen, überlagert der toleranzhemmende Effekt des Dogmatismus vermutlich den toleranzfördernden Einfluss des Gottesdienstes. Wird Dogmatismus als eigene Variable in die Rechnung einbezogen, separieren sich die Effekte jedoch. Erwartungsgemäß führt ein synkretistisches Glaubensverständnis zu einer größeren Offenheit gegenüber Muslimen. Wer seine eigene Religiosität aus unterschiedlichen religiösen Traditionen zusammensetzt, ist gegenüber Muslimen toleranter eingestellt als jemand, der das nicht tut. Diese Glaubensaussagen leisten einen signifikanten Beitrag zur Varianzaufklärung, welche allein in diesem Schritt fünf Prozent beträgt.

Auch die politische Einstellung besitzt Erklärungskraft. Je weiter man links steht, desto toleranter ist man. Je stärker man stolz ist auf die eigene Nation, desto kritischer ist man gegenüber den Muslimen, wobei dieser Effekt nur relativ schwach ausfällt. Auch die Betonung von Glaubensfreiheit geht tendenziell eher mit positiven Haltungen gegenüber Muslimen einher. Interessant ist nun der Befund zum Einfluss der Beschäftigung mit Muslimen und der Kontakthäufigkeit. Wenn man sich mit dem Islam beschäftigt, dann wird die Haltung zu den Muslimen positiver; bezieht man im nächsten und letzten Schritt aber die Häufigkeit der Kontakte mit Muslimen ein, so findet sich hier nicht nur der stärkste Einfluss überhaupt, sondern die Frage, ob man viel Kontakt zu Muslimen hat, überlagert den Effekt der Beschäftigung. Die Entstehung von positiven Haltungen scheint also weniger intellektuell-kognitiv bedingt als durch persönliche Erfahrungen beeinflusst zu sein.

Insgesamt betrachtet haben drei Faktoren einen besonders starken Einfluss: Zunächst sind hier die verschiedenen Glaubensaussagen sowie die Häufigkeit des Kirchgangs besonders wichtig. Am bedeutendsten ist in diesem Zusammenhang die Frage, ob man der Meinung ist, es gebe nur eine einzige wahre Religion. Ebenso spielt die Akzeptanz von Glaubensfreiheit eine gewisse Rolle. Am stärksten ist jedoch der Einfluss der Kontakthäufigkeit. Das weist darauf hin, dass es entscheidend ist, ob man im alltäglichen Leben, in der Nachbarschaft, bei der Arbeit, vielleicht sogar in der Familie Muslime kennt und ihnen begegnet. Wo man den Muslimen begegnet, ist übrigens nicht so entscheidend. Wichtig ist, ob man Erfahrungen mit ihnen macht. Wenn es zum Kontakt mit ihnen kommt, dann berichten in Westdeutschland drei Viertel und im Osten knapp zwei Drittel der Befragten, dass sie diese als angenehm oder sehr angenehm empfunden hätten. Das Problem ist eben nur, dass so wenige Kontakte zu Muslimen haben, was noch stärker im Osten Deutschlands der Fall ist (Abbildung 6). Dort sind es gerade einmal 16 Prozent, die Kontakt zu Muslimen haben. In Westdeutschland trifft dies zwar auf etwas mehr als 40 Prozent zu. Aber im Vergleich zu Frankreich, wo zwei Drittel der Befragten Kontakte zu Muslimen haben, ist die Kontakthäufigkeit auch in den alten Bundesländern nicht sehr hoch. Es ist klar, dass dort, wo nur wenige Kontakte eingegangen werden, die Wahrscheinlichkeit gering ist, dass Vorurteile durch persönliche Begegnungen und Erfahrungen abgebaut werden.

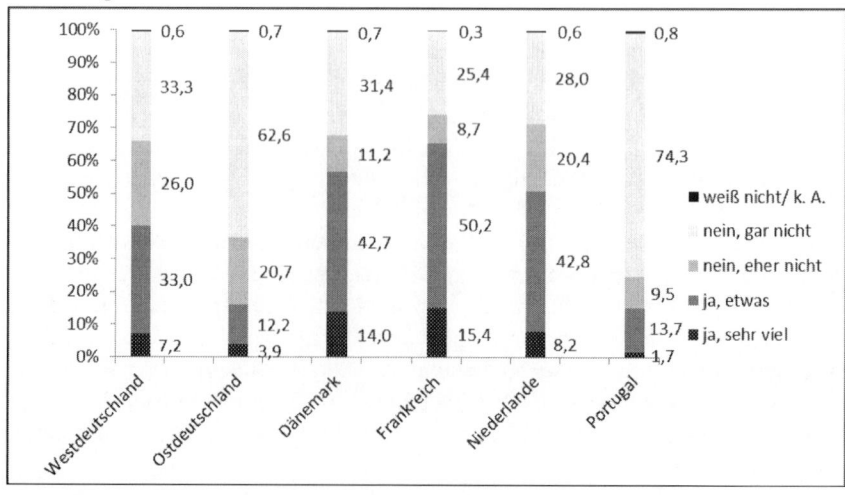

Abbildung 6: Haben Sie viel Kontakt zu Muslimen?

Neben den hier aufgewiesenen Einflussfaktoren auf der Individualebene spielen aber auch Kontextbedingungen eine Rolle. Auch die rechtlichen, politischen und kulturellen Rahmenbedingungen müssen zur Erklärung der Haltung gegenüber den Muslimen herangezogen werden. Auch wenn diese Bedingungen nicht in das präsentierte statistische Regressionsmodell eingehen können, das auf der Individualebene angesiedelt ist, können sie doch eine große Bedeutung besitzen. Ein beachtliches Gewicht dürfte zum Beispiel der unterschiedlichen politischen Diskussionskultur in den einzelnen Ländern zukommen. So sind in Deutschland über Jahrzehnte hinweg in der öffentlichen Debatte Integrationsprobleme wenig offensiv aufgegriffen worden. In den Niederlanden und in Dänemark wurde hingegen schon in den 1990er Jahren über die Einwanderungspolitik diskutiert und nicht nur über Fördermaßnahmen für Zugewanderte nachgedacht, sondern auch darüber, welche Forderungen an sie zu richten sind. In Dänemark gibt es seit Jahren Vorschläge zur Durchmischung von sozialen Problemregionen. In Deutschland dagegen bestanden im Umgang mit den Integrationsproblemen über lange Zeit deutlich wahrnehmbare Sagbarkeitsgrenzen. In dem Maße, wie darauf verzichtet wird, Integrationsprobleme öffentlich anzusprechen, können sich Vorbehalte und Vorurteile gegenüber Ausländern jedoch umso leichter subkutan halten. Sie müssen nicht der öffentlichen Kritik ausgesetzt werden und können sich daher besonders leicht mental verfestigen.

Darüber hinaus besitzen die Menschen in Frankreich und den Niederlanden aufgrund ihrer kolonialen Vergangenheit weitaus mehr Erfahrung im Umgang mit Fremden. Die Begegnung mit Menschen aus Algerien oder Marokko gehört für viele Franzosen seit Jahrzehnten zu den gewöhnlichen Alltagserfahrungen. Sie sind nicht nur mit ihrem Auftreten in der Öffentlichkeit vertraut, sondern auch mit ihrer Musik, ihrer Literatur und mit ihrer Esskultur und haben sie auf diese Weise teilweise schätzen gelernt. Multikulturalismus ist in Frankreich mehr als in Deutschland eine Tag für Tag gelebte Alltagswirklichkeit.

Schließlich sind für die Einstellungen der Mehrheitsbevölkerung gegenüber Angehörigen fremder Religionsgemeinschaften jedoch nicht nur Faktoren verantwortlich zu machen, die in der Aufnahmegesellschaft, in ihrer Diskussionskultur, in ihrer Vertrautheit mit außereuropäischen Ethnien oder auch in ihrer politischen Vergangenheit liegen. Auch Merkmale der Zugewanderten selbst üben einen Einfluss auf die Haltung, die man ihnen entgegenbringt, aus. In Deutschland stammt der überwiegende Teil der Muslime aus der Türkei. Nach den Berechnungen von Haug/Müssig/Stichs (2009: 96; siehe auch den Beitrag von Stichs/Müssig im vorliegenden Band) beläuft sich ihr Anteil auf knapp zwei Drittel. In Frankreich hingegen haben über 70 Prozent der Muslime ihre Ursprünge in den ehemaligen nordafrikanischen Kolonien. In der Regel sprechen sie Französisch, während die Deutschkenntnisse der Türken, vor allem der mit eingereisten und nachgereisten Familienangehörigen, in Deutschland oft mangelhaft sind. Auch hinsichtlich des Bildungsniveaus unterscheiden sich die Zugewanderten in Deutschland von den im Ausland Geborenen in allen anderen von uns untersuchten Ländern. Zumeist sind die Menschen mit niedrigen Bildungsabschlüssen unter den Zugewanderten überrepräsentiert. Aber sowohl in Frankreich als auch in Dänemark, den Niederlanden und Portugal gibt es unter den Zugewanderten zugleich einen überdurchschnittlich hohen Anteil an Menschen mit den höchsten Bildungsabschlüssen. Nicht so in Deutschland. Dort liegt der Anteil der Hochgebildeten unter den im Ausland Geborenen unter dem Bevölkerungsdurchschnitt (Organisation for Economic Co-operation and Development 2008: 82ff.). Mit ihrer Herkunft und ihrem Bildungsniveau verbunden sind abweichende Wertorientierungen, Verhaltensweisen und politische Einstellungen. Viele der aus der Türkei eingewanderten Muslime, die großteils aus ländlichen Gegenden stammen, werden traditionalen und patriarchalischen Familienvorstellungen anhängen, die sich mit dem Lebensstil der Mehrheit der Deutschen nur schwer vertragen. Probleme im Zusammenleben zwischen Mehrheitsbevölkerung und religiös-kulturellen Minderheiten wird man daher nicht allein Praktiken und Einstellungen der Deutschen zurechnen dürfen. Die Einstellungen der Deutschen sind ihrerseits auch bedingt durch die Erfahrungen, die sie im Zusammenleben mit Muslimen machen.

5. Fazit

In Deutschland herrscht ein negatives Bild vom Islam und den hier lebenden Muslimen vor. Auch nehmen relativ wenige die zunehmende Multireligiosität als Bereicherung wahr. Es scheint, dass hinsichtlich der zugewanderten Immigranten eine hohe Konformitätserwartung und eine starke Devianzempfindlichkeit bestehen. Das negative Image des Islam und der Muslime hängt zum einen mit einer geringeren Kontakthäufigkeit im Umgang mit Muslimen zusammen, aber wohl auch mit einer einseitig verengten Diskussionskultur. Möglicherweise spielen aber auch Differenzen im Bildungsniveau, in der Urbanität und der kulturellen Aufgeschlossenheit bei den zugewanderten Muslimen selbst mit hinein. Aus der Haltung zu den Muslimen und der hohen Konformitätserwartung erklärt sich zu einem beachtlichen Teil, warum Deutsche in Ost und West nur etwa zu 50 Prozent eine Gleichbehandlung religiöser Gruppen befürworten.

Literatur

Adorno, Theodor W., 2004: Studien zum autoritären Charakter (Nachdr.). Frankfurt am Main: Suhrkamp.

Allport, Gordon W., und *Ross, J. Michael*, 1967: Personal Religious Orientation and Prejudice, Journal of Personality and Social Psychology 5: 432–443.

Allport, Gordon W., 1971: Die Natur des Vorurteils. Köln: K&W.

Decker, Oliver, Marliese Weißmann, Johannes Kiess und *Elmar Brähler*, 2010: Die Mitte in der Krise. Rechtsextreme Einstellungen in Deutschland 2010. Berlin: Friedrich-Ebert-Stiftung.

Delhey, Jan, 2007: Grenzüberschreitender Austausch und Vertrauen. Ein Test der Transaktionsthese für Europa. S. 141–162 in: *Axel Franzen* und *Markus Freitag* (Hg.): Sozialkapital. Grundlagen und Anwendungen, Kölner Zeitschrift für Soziologie und Sozialpsychologie, Sonderheft 47.

Delhey, Jan, und *Kenneth Newton*, 2004: Determinanten sozialen Vertrauens. Ein international vergleichender Theorietest. S. 151-168 in: *Ansgar Klein, Kristine Kern, Brigitte Geißel*, und *Maria Berger* (Hg.): Zivilgesellschaft und Sozialkapital. Herausforderungen politischer und sozialer Integration, Wiesbaden: VS.

Doktór, Tadeusz, 2002: Factors Influencing Hostility Towards Controversial Religious Groups, Social Compass 49/4: 553–562.

Edinger, Michael, und *Andreas Hallermann*, 2001: Rechtsextremismus in Ostdeutschland. Struktur und Ursachen rechtsextremer Einstellungen am Beispiel Thüringens, Zeitschrift für Parlamentsfragen 32/3: 588–612.

Haug, Sonja, Stephanie Müssig und *Anja Stichs*, 2009: Muslimisches Leben in Deutschland. Im Auftrag der Deutschen Islam Konferenz. Nürnberg: Bundesamt für Migration und Flüchtlinge.

Herek, Gregory M., 1987: Religious Orientation and Prejudice: A Comparison of Racial and Sexual Attitudes, Personality and Social Psychology Bulletin 13/1: 34-44.

Jelen, Ted G., und *Clyde Wilcox*, 1991: Religious Dogmatism Among White Christians: Causes and Effects, Review of Religious Research 33/1: 32–45.

McCutcheon, Allan L., 2000: Religion und Toleranz gegenüber Ausländern. Eine vergleichende Trendanalyse fremdenfeindlicher Gesinnung nach der Vereinigung Deutschlands. S. 87–104 in: *Detlef Pollack* und *Gert Pickel* (Hg.): Religiöser und kirchlicher Wandel in Ostdeutschland 1989 – 1999. Opladen: Leske und Budrich (Veröffentlichungen der Sektion Religionssoziologie in der DGS, 3).

Merino, Stephen M., 2010: Religious Diversity in a "Christian Nation": The Effects of Theological Exclusivity and Interreligious Contact on the Acceptance of Religious Diversity, Journal for the Scientific Study of Religion 49/2: 231-246.

Müller, Olaf, 2003: Glaube versus Atheismus? Individuelle religiöse Orientierungen in Mittel- und Osteuropa. S. 171-196 in : *Christel Gärtner, Detlef Pollack* und *Monika Wohlrab-Sahr* (Hg.), Atheismus und religiöse Indifferenz. Opladen: Leske und Budrich.

Organisation for Economic Co-operation and Development, 2008: A Profile of Immigrant Populations in the 21st Century. Data from OECD Countries (2008). Paris: OECD.

Putnam, Robert D., 2000: Bowling Alone. The Collapse and Revival of American Community. New York: Simon & Schuster.

Rippl, Susanne, 1995: Vorurteile und persönliche Beziehungen zwischen Ost- und Westdeutschen, Zeitschrift für Soziologie 24/4: 273–283.

Rippl, Susanne, und *Dirk Baier*, 2005: Das Deprivationskonzept in der Rechtsextremismusforschung. Eine vergleichende Analyse, Kölner Zeitschrift für Soziologie und Sozialpsychologie 57/4: 644-666.

Tajfel, Henri, 1981: Human Groups and Social Categories. Studies in Social Psychology. Cambridge: University Press.

Tajfel, Henri, 1982: Gruppenkonflikt und Vorurteil. Entstehung und Funktion sozialer Stereotypen. Bern: Huber.

Tajfel, Henri, und *John C. Turner*, 1986: The Social Identity Theory of Intergroup Behavior. S. 7-24 in: *Stephen Worchel* und *William G. Austin* (Hg.): Psychology of Intergroup Relations. Chicago: Nelson-Hall.

Website des ZDF Politbarometers vom 10.09.2010: Mehrheit gibt Sarrazin Recht. 57 Prozent beklagen schlechtes Miteinander von Deutschen und Ausländern, unter <http://politbarometer.zdf.de/ZDFde/inhalt/29/0,1872,8109053,00.html> (Zugriff am 28.07.2011).

Website des Stern vom 08.09.2010: Große Rückendeckung für Thilo Sarrazin, unter < http://www.stern.de/politik/deutschland/umfrage-fuer-den-stern-grosse-rueckendeckung-fuer-thilo-sarrazin-1601305.html> (Zugriff am 28.07.2011).

Winkler, Jürgen R., 2001: Rechtsextremismus: Gegenstand – Erklärungsansätze – Grundprobleme. S. 38-68 in: *Wilfried Schubarth* und *Richard Stöss* (Hg.): Rechtsextremismus in der Bundesrepublik Deutschland. Eine Bilanz. Opladen: Leske und Budrich.

Winkler, Jürgen R., 2003: Ursachen fremdenfeindlicher Einstellungen in Westeuropa. Befunde einer international vergleichenden Studie, Aus Politik und Zeitgeschichte 26: 33-38.

Die Wirkung eines Medienhypes auf Vorurteile. Die „Causa Sarrazin" in der Berichterstattung der deutschen Hauptnachrichtensendungen und die Auswirkung auf Einstellungen gegenüber der Minderheits- und Mehrheitsgesellschaft[1]

Wolfgang Frindte/Katharina Schurz/Tilda Roth

1. Einleitung

Die zentrale Aufgabe der (Massen-)Medien besteht in der Informationsvermittlung. Aber nicht jede Information, nicht jede Nachricht scheint gleichermaßen gesellschaftlich relevant und berichtenswert zu sein.

Die Diskussionen um das Verhältnis zwischen der deutschen Mehrheitsgesellschaft und den in Deutschland lebenden Minderheiten dürfte in diesem Zusammenhang von besonderer Relevanz sein. Diese Diskussionen werden nicht nur kontrovers geführt; sie eignen sich offenbar auch, um in skandalisierender Weise wechselseitig Vorurteile zu schüren. Erinnert sei an den damaligen Landesvorsitzenden der FDP in Nordrhein-Westfalen, Jürgen W. Möllemann, der im Jahre 2002 Michel Friedman und den damaligen Ministerpräsidenten Israels, Ariel Scharon, mitverantwortlich machte für den Antisemitismus in Deutschland (vgl. Salzborn/Schwietring 2003: 66). Nach einem brutalen Überfall auf einen Rentner in der Münchner U-Bahn im Jahre 2007 sprach der damalige hessische Ministerpräsident Roland Koch von verfehlter Integrationspolitik, die in Deutschland zu einer „multi-kulturellen Verblendung" geführt habe (vgl. Focus Online 2007).

Vor allem aber war es die Debatte um Thilo Sarrazin, die in den letzten Jahren die Diskussionen um das Verhältnis der deutschen Mehrheitsgesellschaft und der in Deutschland lebenden Minderheiten im Allgemeinen sowie um die soziale Integration muslimischer Migranten im Besonderen bestimmt hat (vgl. auch Hofmann 2012: 52). Diese Debatte markierte nicht nur „einen Tiefpunkt in der sachlichen Auseinandersetzung um die Integration der islamischen Minderheit"

---

[1] Die Studie wurde durch das Bundesinnenministerium des Innern (BMI) im Rahmen des Projektes „Lebenswelten junger Muslime" gefördert.

(Leibold et al. 2012: 178); sie zeigte auch, dass die Medien eine zentrale Rolle in den genannten Diskussionen spielen: Am 23.08.2010 veröffentlichten der Spiegel und die Bild-Zeitung vorab Auszüge aus Sarrazins Buch „Deutschland schafft sich ab". Am 28.08.2010 verbreiteten die Berliner Morgenpost und die Welt am Sonntag ein Interview, in dem er erklärt: „Alle Juden teilen ein bestimmtes Gen, Basken haben bestimmte Gene, die sie von anderen unterscheiden." Sowohl der Zentralrat der Juden in Deutschland als auch Spitzenpolitiker der im Bundestag vertretenen Parteien kritisierten ihn daraufhin scharf. Am 30.08.2010 stellte er sein Buch in der Bundespressekonferenz vor. Am Abend desselben Tages war er zu Gast in der ARD-Sendung „Beckmann". Die Sendung erreichte mit 2,18 Millionen Zuschauern ihre achtbeste Einschaltquote der letzten fünf Jahre. Ein Tag später trat Sarrazin in der ARD-Sendung „Hart aber fair" auf. Diesmal sahen 4,13 Millionen Zuschauer die Sendung.

Die Beziehungen zwischen der deutschen Mehrheitsgesellschaft und den muslimischen Minderheiten waren allerdings schon vor der Veröffentlichung des Sarrazin-Buches nicht unproblematisch. Das legt eine Studie nahe, die Andreas Zick und Beate Küppers Ende 2009 im Internet publizierten (Zick/Küppers 2009; vgl. auch Zick et al. 2011). Unter dem Titel „Meinungen zum Islam und Muslimen in Deutschland und Europa" präsentierten sie ausgewählte Befunde einer Meinungsumfrage, bei der jeweils 1.000 Bürgerinnen und Bürger in Deutschland, Großbritannien, Frankreich, den Niederlanden, Italien, Portugal, Polen und Ungarn befragt worden waren. Dabei stimmten nur 16,6 Prozent der befragten Deutschen der Auffassung zu „Die muslimische Kultur passt gut nach Deutschland". Im Vergleich dazu waren rund 50 Prozent der Franzosen und Portugiesen und rund 39 Prozent der Briten und Niederländer dieser Meinung. Weitgehend einig mit den Befragten der anderen Länder waren sich die befragten Deutschen hingegen in der Zustimmung zu der Aussage: „Der Islam ist eine Religion der Intoleranz." 52,2 Prozent der befragten Deutschen und 54,4 Prozent der übrigen Europäer stimmten hier eher oder voll und ganz zu.

Dass ablehnende Einstellungen seitens der einheimischen nichtmuslimischen Bevölkerung durchaus mit Isolationswahrnehmungen auf der Seite der Muslime im Zusammenhang stehen, zeigt eine im Mai 2009 veröffentlichte Studie des Gallup-Instituts. In der Studie, in der jeweils mehr als 1.000 Muslime in 27 Ländern befragt wurden, gaben 38 Prozent der in Deutschland befragten Muslime an, sie würden sich durch die Mehrheitsgesellschaft isoliert fühlen, 49 Prozent fühlten sich toleriert und 13 Prozent meinten, sie seien integriert.

Es scheint plausibel, davon auszugehen, dass derartige wechselseitige Intergruppen-Wahrnehmungen und -Einstellungen nicht zuletzt auch durch die *medi-*

alen Konstruktionen über das Verhältnis von Mehrheitsgesellschaft und Minderheiten beeinflusst sind (vgl. z. B. Jäger/Link 1993; Mack-Phillip 2007; European Monitoring Center on Racism and Xenophobia 2006; Schurz et al. 2012).

Die Frage, die vor diesem Hintergrund am Beispiel der Sarrazin-Debatte beantwortet werden soll, ist, ob und inwiefern die Meinungen der deutschen Mehrheitsgesellschaft einerseits und die der muslimischen Migranten in Deutschland andererseits von den medialen Integrationsdiskursen im Allgemeinen und von der Sarrazin-Debatte im Besonderen beeinflusst werden.

In einem *ersten Schritt* (Studie 1) wird deshalb zunächst zu klären sein, ob und inwieweit die medial vermittelte Sarrazin-Debatte, auch wenn sie und ihre Folgen in der öffentlichen Kommunikation nach wie vor weitgehend präsent sein dürften, tatsächlich ein Schlüsselereignis für den Themenbereich „Migration und Integration" darstellt. In einem *zweiten Schritt* (Studie 2) kann dann analysiert werden, ob und inwieweit die Debatte die Einstellungen von nichtmuslimischen und muslimischen Rezipienten zu Migration und Integration beeinflusst hat.

Die erste Studie (siehe Abschnitt 3) konzentriert sich auf die Berichterstattung der Sarrazin-Debatte in den deutschen Fernsehnachrichten. Mittels inhaltsanalytischer Auswertung werden die relevanten Nachrichtenbeiträge von ARD, ZDF, RTL und Sat.1 analysiert und hinsichtlich ihrer Öffentlichkeitswirksamkeit geprüft. In der sich anschließenden zweiten Studie (Abschnitt 4) werden die Ergebnisse einer standardisierten Telefonbefragung zu den wechselseitigen Einstellungen von deutschen Nichtmuslimen und von Muslimen, die in Deutschland leben, präsentiert. Diese Befragung fand im Zeitraum vor bzw. nach der Veröffentlichung von Auszügen des Buches von Sarrazin in Spiegel und Bild statt. Bevor das methodische Vorgehen beider Studien und deren Ergebnisse vorgestellt werden, sind zunächst noch einige Erläuterungen über die Hintergründe und Ausgangspunkte beider Studien notwendig. Das geschieht im folgenden Abschnitt 2.

2. Theoretischer Ausgangspunkt: Mediale Schlüsselereignisse und ihr Einfluss auf Intergruppenbeziehungen

2.1 Schlüsselereignisse und Medienhypes

Themen oder Problembereiche, die durch die Öffentlichkeit bislang kaum wahrgenommen wurden, gelangen meist durch spektakuläre Ereignisse – sogenannte

Schlüsselereignisse[2] oder „Key Events" – in den Fokus der allgemeinen Berichterstattung und in den Blickpunkt des Publikums (Jäckel 2008: 179). Vor allem „negative" Ereignisse, also solche, die z. B. auf Normabweichungen hindeuten, Kontroversen auszulösen vermögen oder mit sozialen Konflikten verknüpft sind, werden von den Medien oberflächlich berichtet und vom Publikum aufmerksam beachtet. Eine durch die Rezipienten in Gang gesetzte und durch die Journalisten gefütterte Aufmerksamkeitsspirale kann in solchen Fällen einen hohen Handlungsdruck auch auf die politischen, wirtschaftlichen und wissenschaftlichen Eliten ausüben (vgl. Leitner 2000, zit. nach Rauchenzauner 2008: 25).

Derartige Schlüsselereignisse können als Auslöser für einen *Medienhype*[3] angesehen werden. Vasterman (2005: 511ff.) hat sich bemüht, diesen im Alltag sehr populären Begriff in den wissenschaftlichen Diskurs einzuführen und definiert Medienhype als „media-generated, wall-to-wall newswave, triggered by one specific event and enlarged by the self-reinforcing processes within the newsproduction of the media. During a media-hype, the sharp rise in news stories is the result of making news, instead of reporting news events, and covering media-triggered social responses, instead of reporting developments that would have taken place without media interference" (Vasterman 2005: 515). Unter einem Medienhype lässt sich somit der gesamte Prozess subsumieren, der in Folge eines Schlüsselereignisses zu einer plötzlichen Veränderung der Berichterstattung führt. Die medialen Berichte nehmen rasant zu und immer mehr Journalisten berichten über ein und dasselbe Thema. Jedes kleine Vorkommnis wird zur wichtigsten Neuigkeit des Tages, sofern es das gleiche Ereignis betrifft.

Medienhypes zeichnen sich in Anlehnung an Vasterman (2005: 513ff.) durch charakteristische Muster aus: *Erstens* durch *Positive Feedback Loops* (positive Rückkopplungseffekte), die darauf hinweisen, dass die Berichterstattung mehr oder weniger unabhängig von tatsächlichen Ereignissen einer Eigendynamik unterliegt. Ein Ereignis wird quasi zu einem Selbstläufer, indem sich die Berichte über das Ereignis nicht mehr nur auf das Ereignis, sondern auf die Berichte über die Berichte usw. beziehen. Diese Eigendynamik kommt – *zweitens* – allerdings nur dann zustande, wenn es sich bei dem Auslöseereignis tatsächlich um ein Schlüsselereignis, also um ein Ereignis mit überdurchschnittlichem Aufmerksamkeits-

---

2 Bei Schlüsselereignissen „handelt [es] sich um ein spektakuläres Ereignis, das die Aufmerksamkeit der Medien in besonderem Maße auf sich zieht. Es muss dazu etwas Einzigartiges haben, sei es, dass es einen neuen Sachverhalt beinhaltet oder eine besonders große Tragweite [...] besitzt." (Leitner 2000, zit. n. Rauchenzauner 2008: 21)

3 In der englischsprachigen Literatur wird der Begriff *Media Hype* dafür verwendet.

wert, handelt.⁴ Das Schlüsselereignis und die darauf bezogene Eigendynamik der Berichterstattung generieren *drittens* ein generelles Nachrichtenthema, das als Ausgangspunkt für die weitere Suche nach immer neuen Nachrichten betrachtet werden kann und gegebenenfalls zu einer Uniformität in der journalistischen Nachrichtenselektion führt. *Viertens* lässt sich eine *Absenkung der Nachrichtenschwellen* beobachten, die dazu beiträgt, dass mit dem generellen Nachrichtenthema verwandte Nachrichten eine größere Chance haben, publiziert zu werden als solche, die mit dem Nachrichtenthema nicht oder nur marginal zusammenhängen. Schließlich folgt *fünftens* eine Abnahme der öffentlichen Aufmerksamkeit; auch Journalisten verlieren das Interesse am Nachrichtenthema und wenden sich anderen Neuigkeiten zu (vgl. Vasterman 2005: 513ff.).

Im *ersten Forschungsschritt* der vorliegenden Studie wird mittels Inhaltsanalyse eruiert, ob und inwieweit die Sarrazin-Debatte derartige Muster eines Medienhypes aufweist. Analysiert werden die Hauptnachrichtensendungen der deutschen Fernsehsender ARD, ZDF, RTL und Sat.1 im Erhebungszeitraum 16.08. bis 19.09.2010.

2.2 Der Einfluss der Sarrazin-Debatte auf Beziehungen zwischen Nichtmuslimen und Muslimen

Vasterman (2005: 515) verweist u. a. darauf, dass mit der Konstruktion eines über gewisse Zeiten dominierenden Nachrichtenthemas ein Referenzrahmen *(Frame of Reference)* salient werden kann, der die öffentlichen (gesellschaftlichen, politischen, gruppenspezifischen und individuellen) Reaktionen im Umgang mit dem Schlüsselereignis und seinen Folgen zu beeinflussen vermag.

Mit der Sarrazin-Debatte dürfte ein solcher Referenzrahmen geschaffen worden sein. Gunter Hofmann (2012: 53) sieht sie als Zeichen, dass sich die Politik zunehmend abhängig gemacht habe „von öffentlichen Stimmungen, die von den Medien erzeugt werden". Tatsächlich meldeten sich zwischen der Vorveröffentlichung des Buches (am 23.08.2010 im Spiegel) und dem 3. September u. a. der Außenminister Guido Westerwelle, der damalige Verteidigungsminister Karl-Theodor zu Guttenberg, der SPD-Vorsitzende Sigmar Gabriel, die Grünen-Vorsitzende Claudia Roth, die Bundeskanzlerin und der Bundespräsident in Sachen

---

4   Nach Wien und Elmelund-Præstekær (2009) sind Schlüsselereignisse durch drei wichtige Elemente gekennzeichnet: Ein Schlüsselereignis muss erstens für die öffentliche Diskussion geeignet und bedeutsam sein. Zweitens muss die Möglichkeit gegeben sein, dieses Thema aus verschiedenen Blickwinkeln darzustellen. Drittens sollte das Schlüsselereignis ein komplexes Problem in einem deutlichen und offensichtlichen Rahmen darstellen (vgl. Wien/Elmelund-Præstekær 2009: 194ff.).

Sarrazin medial zu Worte, um u. a. seine Abberufung aus dem Vorstand der Bundesbank und den Ausschluss aus der SPD zu begründen. Auch das disperse, aber auch teilweise sehr aktive Publikum ließ sich von der Berichterstattung beeinflussen und beeinflusste diese seinerseits mit. So äußerten sich in den Internetforen und diversen Blogs mehrere tausend Befürworter, aber auch Gegner von Sarrazins Thesen. Am 3. September 2010 veröffentlichte das Hamburger Meinungsforschungsinstitut Consumer Fieldwork eine repräsentative Telefonumfrage, die im Zeitraum vom 30.08. bis 03.09.2010 durchgeführt worden war und an der 2.500 Erwachsene teilgenommen hatten (Consumer Fieldwork 2010). Die Frage, welche die Interviewpartner beantworten sollten, lautete: „Wie ist Ihre Meinung zu den Thesen von Thilo Sarrazin: Sagt Thilo Sarrazin im Wesentlichen die Wahrheit bzw. hat er Recht?" 43 Prozent der Befragten meinten, Sarrazin habe Recht; 28 Prozent glaubten, er sage nicht die Wahrheit; 20 Prozent hatten noch nichts von seinem Buch und der damit verbundenen Debatte gehört und neun Prozent mochten ihre Meinung nicht sagen. Die Zustimmung zu Sarrazins Thesen schien bei den FDP-Anhängern am höchsten zu sein (59 Prozent), aber auch die Wähler der CDU/CSU (51 Prozent), der Linkspartei (52 Prozent) und der SPD (43 Prozent) meinten, er habe Recht mit seiner kritischen und provokanten Sicht auf die Integrationsfähigkeit und die Integrationsbereitschaft der Muslime in Deutschland.

Insgesamt kann davon ausgegangen werden, dass die Debatten um die Integration mit der Veröffentlichung des Sarrazin-Buches Wucht bekommen und auch die Beziehungen zwischen Nichtmuslimen und Muslimen in starkem Maße beeinträchtigt haben, wobei diese Beziehungen allerdings bereits vor der Debatte nicht unproblematisch waren. Darauf verweisen zumindest die Befunde der Umfrage „Gruppenbezogene Menschenfeindlichkeit in Europa" (Zick et al. 2011), auf die bereits verwiesen wurde.

Auch auf der Seite der in Deutschland lebenden Muslime blieb die Sarrazin-Debatte nicht folgenlos. Das legt zumindest eine im März 2011 veröffentlichte Studie des Sachverständigenrates deutscher Stiftungen für Integration und Migration (SVR, 2011) nahe. Der Vorsitzende des Sachverständigenrates, Klaus Bade, meinte dazu in einem Interview: „Die Sarrazin-Debatte hat in der Einwanderungsgesellschaft Spuren hinterlassen" (Welt Online 2011). In den Jahren 2009 und 2010 – nach der Veröffentlichung des Sarrazin-Buches – wurden mehr als 2.000 Zuwanderer durch den SVR befragt. Im Vergleich zeigte sich u. a.: Im Jahr 2009 stimmten noch 21,7 Prozent der Zuwanderer „voll und ganz" der Aussage zu, dass Mehrheits- und Zuwandererbevölkerung „ungestört miteinander" leben; Ende 2010 waren es nur noch 9,1 Prozent. Umgekehrt hat sich der Anteil der pessimistischen Einschätzungen unter den Zuwanderern zwischen 2009 und

2010 fast verdoppelt: 2009 stimmten nur 3,5 Prozent der Einschätzung eines ungestörten Miteinanders „gar nicht" zu, 2010 stieg dieser Anteil auf sechs Prozent. Allerdings können die dokumentierten Veränderungen in den Einschätzungen der Zuwanderer nicht eindeutig auf die Sarrazin-Debatte zurückgeführt werden.

Nach der vom Bundesamt für Migration und Flüchtlinge (BAMF) vorgelegten und im Auftrag der Deutschen Islamkonferenz erstellten bundesweiten und repräsentativen Studie (siehe Haug/Müssig/Stichs 2009 und den Beitrag von Stichs/Müssig im vorliegenden Band) zu Muslimen in Deutschland beträgt ihr Anteil an der Gesamtbevölkerung zwischen 4,6 und 5,2 Prozent. Ein Teil der nichtmuslimischen deutschen Bevölkerung erlebt die Anwesenheit dieser Minderheit, die keinesfalls eine homogene Gruppierung darstellt, offenbar als Überfremdung und Bedrohung. Und die Muslime ihrerseits fühlen sich zu großen Teilen ausgegrenzt und diskriminiert.

Diese offensichtlichen Diskrepanzen in den gegenseitigen Wahrnehmungen und Bewertungen der Muslime und Nichtmuslime sind Teil der problematischen (Intergruppen-)Beziehungen zwischen der nichtmuslimischen Mehrheitsgesellschaft und der muslimischen Minderheit.

Von Intergruppenbeziehungen lässt sich dann sprechen, wenn die Art und Weise, in der sich Menschen zueinander verhalten, nicht primär durch ihre individuellen Besonderheiten bestimmt wird, sondern durch ihre Zugehörigkeit zu eben verschiedenen Gruppen (Brewer/Brown 1998). Problematische Intergruppenbeziehungen können sich u. a. in der Wahrnehmung realistischer Bedrohung, in Intergruppenangst (Piontkowski et al. 2002), Eigengruppenfavorisierung (Zagefka/Brown 2002) und Vorurteilen gegenüber Migranten (Zagefka et al. 2007) ausdrücken.

Vor diesem Hintergrund werden im *zweiten Forschungsschritt* des vorliegenden Beitrags Ergebnisse einer Befragung junger deutscher Nichtmuslime und junger Muslime, die in Deutschland leben, vorgestellt. Die Nichtmuslime und die Muslime wurden im Zeitraum der Veröffentlichung des Sarrazin-Buches mittels standardisierter Telefoninterviews nach ihren Einstellungen gegenüber den jeweiligen Fremdgruppen befragt. Mit dieser Befragung sollte analysiert werden, ob und in welcher Weise die Debatte die wechselseitigen Einstellungen beeinflusst haben könnte. Die Auswahl und Operationalisierung der Einstellungen, die in diesem zweiten Forschungsschritt untersucht werden, orientiert sich an einem theoretischen Arbeitsmodell, das in einem größeren Projekt entwickelt und empirisch geprüft wurde (vgl. Frindte et al. 2012a; Frindte et al. 2012b). Auf der Basis dieses Arbeitsmodells wurden folgende Einstellungskomplexe ausgewählt und – siehe unten – operationalisiert: „Vorurteile von Muslimen und Nichtmuslimen gegenüber dem Westen", „Einstellungen von Muslimen gegenüber Deutschen", „Akkulturationseinstellungen von Muslimen", „religiös-fundamentalistische Einstellungen von Muslimen", „Vorurteile von Nichtmuslimen gegenüber Ausländern", „Vorurteile von Nichtmuslimen gegenüber Muslimen", „Kontakt von Muslimen mit Nichtmuslimen" und „Kontakt von Nichtmuslimen mit Muslimen". Außerdem wurden die Nichtmuslime und Muslime gefragt, wo sie sich am häufigsten über die politische Situation informieren.

3. Studie 1: Medienanalyse

3.1 Methode: Inhaltsanalyse

Konstruktionen und Informationen über Eigen- und Fremdgruppen, Intergruppenbeziehungen und damit assoziierte Ereignisse und Handlungen zwischen Muslimen und Nichtmuslimen sind für das Individuum nicht immer unmittelbar der eigenen Erfahrung zugänglich oder durch eigene Erfahrung validierbar, sondern sie bedürfen nicht zuletzt auch einer medialen Vermittlung.

Im intermedialen Vergleich ist dabei das Fernsehen mit einer täglichen Nutzungsdauer von durchschnittlich 244 Minuten im ersten Halbjahr 2010 (ARD/ZDF 2010; vgl. auch van Eimeren/Ridder 2011: 4) nach wie vor das von der deutschen Bevölkerung am häufigsten genutzte Medium. Und auch bei den in Deutschland lebenden Migranten konnte die dominierende Rolle des (deutschsprachigen) Fernsehens in verschiedenen Studien nachgewiesen werden (Klingler/Kutteroff 2009; Sauer 2010; Simon/Kloppenburg 2006).

Aus diesen Gründen wurde die Medienanalyse der Debatte auf die Berichterstattung im Fernsehen beschränkt. Es können somit keine Aussagen über die Berichte in anderen Medien getroffen werden. Für den Untersuchungszeitraum wurde die Zeit eine Woche vor und vier Wochen nach der Veröffentlichung von Auszügen des Buches in Spiegel und Bild am 23.08.2010 ausgewählt. Ausgewertet wurden ausschließlich die Hauptnachrichtensendungen der deutschen Fernsehsender ARD[5], ZDF, RTL und Sat.1 im Erhebungszeitraum 16.08. bis 19.09.2010. Diese Senderauswahl stützt sich auf einschlägige Nutzeranalysen, in denen diese vier Fernsehsender immer wieder als die mit den höchsten Einschaltquoten ausgewiesen werden (vgl. Zubayr/Gerhard 2011).

Die Fälle der Medieninhaltsanalyse (zur Methode z. B. Früh 2007) werden durch einzelne relevante Beiträge aus den Nachrichtensendungen gestellt. Die Grundgesamtheit an Beiträgen, aus denen diese Stichproben gewonnen werden,

---

5   bzw. *Das Erste.*

bilden diejenigen Beiträge innerhalb einer Nachrichtensendung, in denen die Person Thilo Sarrazins erwähnt oder gezeigt wird und Beiträge, in denen Wörter genannt werden, welche die Migrations- und Integrationsproblematik umfassen. Die Dauer des Beitrages wird zur Gesamtdauer der Sendung[6], in der er vorkommt, in Beziehung gesetzt. In einem zweiten Schritt wird die Platzierung des relevanten Beitrags im Verhältnis zur Gesamtanzahl aller Beiträge der Sendung berechnet. Der Durchschnitt beider Werte (Dauer, Platzierung) bildet den *Beachtungsgrad der Meldung*. Sowohl die Platzierung als auch die Dauer gehen mit dem gleichen Gewicht in die Bewertung ein. Da die Nachrichtensendungen senderabhängig eine unterschiedliche Gesamtdauer aufweisen, wird mit diesem relativen Wert eine Vergleichbarkeit der einzelnen Beiträge ermöglicht.

3.2 Ergebnisse: Medienhype mit Folgeberichterstattung?

In *Abbildung 1* sind die relativen *Nachrichtenwerte* (z.B. Kepplinger/Bastian 2000), operationalisiert über die Beitragsdauer und Platzierung, der Berichte über Sarrazin in den Hauptnachrichten der vier untersuchten Sender abgebildet.[7] In den 1.438 untersuchten Beiträgen, die eine Woche vor und vier Wochen nach der Vorabveröffentlichung von Buchkapiteln analysiert wurden, finden sich 57 Beiträge, in denen das Thema eine Rolle spielt. Dies entspricht etwa vier Prozent aller erfassten Beiträge.

In der ersten beobachteten Woche hat das Thema noch keine Bedeutung. Eine erste Spitze in der Berichterstattung zeigt sich am 24.08.2010, also einen Tag nach der auszugsweisen Veröffentlichung des Buches. Diese Spitze lässt sich als das mediale Schlüsselereignis interpretieren. Tags darauf ist ein Einbruch der Berichterstattung über das Thema zu erkennen, bevor die Berichterstattung wieder zunimmt und sich die Meldungen bis zum 13.09.2010 auf einem relativ hohen Niveau fortsetzen. Das Schlüsselereignis wird zum besagten Selbstläufer und erzeugt die von Vasterman (2005: 513ff.) beschriebenen positiven Rückkopplungsschleifen (*Positive Feedback Loops*), indem sich die Berichte über die Buchveröffentlichung nicht mehr nur auf dieses Ereignis, sondern auf die Berichte über die Berichterstattung zum Buch und über seinen Autors usw. beziehen (s.u.). Nach zwei Wochen zeigt sich eine Verdrängung der Berichterstattung zugunsten ande-

---

6   Der meist unterschiedlich lange Teaser einer Sendung wurde grundsätzlich von der Berechnung ausgenommen.
7   Im Rahmen der Untersuchung wurden übrigens auch die Hauptnachrichten der türkischen Sender TRT Türk und Kanal D sowie der arabischen Nachrichtensender Al Arabiya und Al Jazeera untersucht. Das Thema „Sarrazin" tauchte in der Untersuchungsperiode nur in einem Beitrag von *TRT Türk* auf. Zumindest in den hier untersuchten fünf Wochen spielte Sarrazin keine Rolle in der türkischen und arabischen Berichterstattung.

rer Themen, wie z. B. die AKW-Laufzeitverlängerung, Stuttgart 21, die geplante Koran-Verbrennung in Amerika und der Skandal um Erika Steinbach. Bei *RTL* und *Sat.1* spielte zudem der Fall „Mirco" eine wichtige Rolle.

Abbildung 1: Beachtungsgrad des „Sarrazin"-Themas

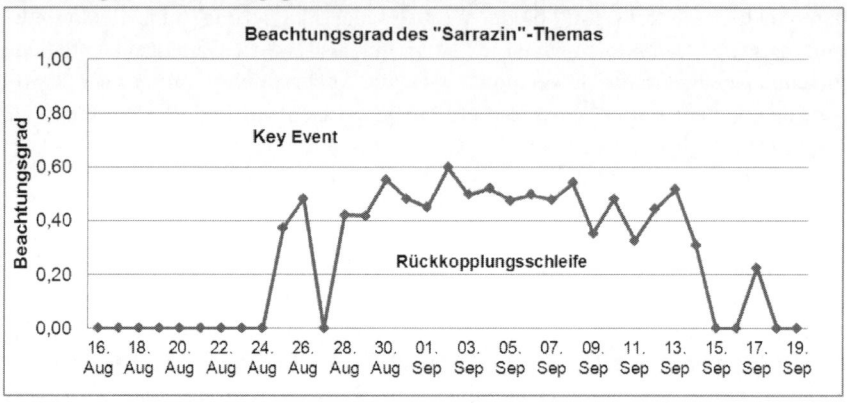

Abbildung 2: Beachtungsgrad des „Sarrazin"-Themas – Sendervergleich

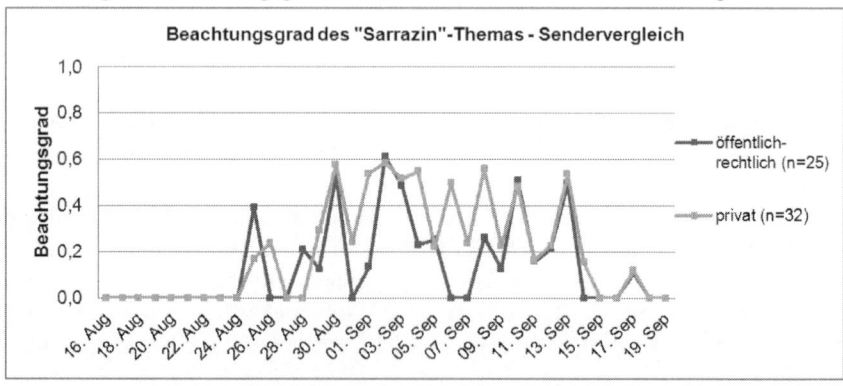

Material (Abb. 1 und 2): vier Hauptnachrichtensendungen (*ARD Tagesschau, ZDF heute, RTL aktuell, Sat.1 Nachrichten*); Umfang: 16. August bis 19. September 2010; Grundgesamtheit: 1.438 Beiträge; Auswahleinheit 57 Beiträge, in denen das Thema „Sarrazin" angesprochen wurde (*ARD*: 12 Beiträge, *ZDF*: 13 Beiträge, *RTL*: 14 Beiträge, *Sat.1*: 18 Beiträge).

Dabei zeigen sich nur geringe Unterschiede zwischen der Berichterstattung in den öffentlich-rechtlichen und den Privatsendern (siehe Abbildung 2); auffällig ist höchstens, dass der Beachtungsgrad bei den Privatsendern eine größere Konstanz über die Zeit bis zum 13.09.2010 aufweist.

Anhand der Erhebung der Themenkomplexe „Migration und Integration" wird im nächsten Schritt geprüft, ob durch das von Vasterman (2005: 513ff.) beschriebene Absenken der Nachrichtenschwelle auch die mit dem Hauptthema „Sarrazin" verwandten Nachrichten eine größere Chance haben, publiziert zu werden.

Die Befunde zeigen (Abbildung 3), dass ab dem 05.09.2010, also zwei Wochen nach dem Schlüsselereignis, die Berichterstattung zum Themenbereich Migration und Integration stark zugenommen hat, die Nachrichten zum Thema „Sarrazin" hingegen nachlassen.[8] Unterschiede in der Anzahl und Länge der Berichte zwischen den untersuchten Sendern zeigen sich indes nicht.

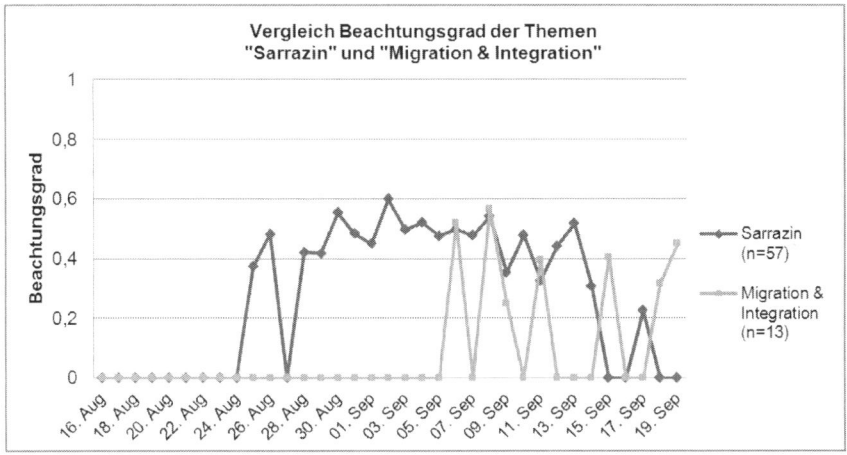

Abbildung 3: Nachrichtenwert „Sarrazin" und „Integration und Migration"

Material: vier Hauptnachrichtensendungen (ARD Tagesschau, ZDF heute, RTL aktuell, Sat.1 Nachrichten); Umfang: 16. August bis 19. September 2010; Grundgesamtheit: 1.438 Beiträge; Auswahleinheit 64 Beiträge, in denen das Thema „Sarrazin" und/oder „Integration und Migration" angesprochen wurde (ARD: 13 Beiträge, ZDF: 15 Beiträge, RTL: 16 Beiträge, Sat.1: 20 Beiträge).

---

8   In der Erhebung konnten sechs Beiträge sowohl in die Kategorie „Berichterstattung über Sarrazin" als auch „Berichterstattung über Migration & Integration" eingeordnet werden. Diese wurden doppelt gezählt.

Zusammenfassend lässt sich festhalten: Die deskriptiven Ergebnisse der Inhaltsanalyse der Fernsehnachrichten zeigen *erstens*, dass die Veröffentlichung des Sarrazin-Buches ein Schlüsselereignis darstellt, dass durch das Fernsehen aufgegriffen wurde und das über den Zeitraum von ca. drei Wochen einen relativ hohen und stabilen Beachtungsgrad erfuhr. *Zweitens* legen die Befunde nahe, dass das Thema „Sarrazin" zu einem Absinken der Nachrichtenschwelle führte, in deren Folge auch der Themenkomplex „Migration & Integration" einen vergleichsweise hohen Beachtungsgrad seitens der Fernsehsender erfuhr. Nach ca. drei Wochen scheint das Interesse der Journalisten am Thema zu sinken, so dass *drittens* auch eine Abnahme der öffentlichen Aufmerksamkeit vermutet werden kann. Insgesamt illustrieren die Befunde somit wesentliche Muster, die von Vasterman (2005) als Merkmale von Medienhypes beschrieben wurden.

Die Frage, die somit naheliegend ist, lautet demnach: Hat die Veröffentlichung des Sarrazin-Buches und der anschließende Medienhype auch die wechselseitigen Einstellungen und Meinungen der Nichtmuslime und Muslime beeinflusst?

4. Studie 2: Standardisierte Telefonbefragung von Muslimen und Nichtmuslimen

4.1 *Methode: Stichprobe, Design und Fragebogen*

Es wurden junge deutsche und nichtdeutsche Muslime im Alter zwischen 14 und 32 Jahren zu zwei Erhebungszeitpunkten (erste Welle im Jahre 2009 mit N = 700, zweite Welle im Jahre 2010 mit N = 350) und gleichaltrige deutsche Nichtmuslime (erste Welle mit N = 206, zweite Welle mit N = 100) befragt.[9] Die standardisierten Telefoninterviews mittels CATI-System hatten eine Länge von ca. 30 Minuten und wurden – je nach Wunsch der Interviewpartner – in deutscher, türkischer oder arabischer Sprache durchgeführt. Die Auswahl der Interviewpartner erfolgte entweder durch Zufallsauswahl (für die Nichtmuslime) oder per onomastischer Verfahren[10] (für die Muslime).

---

9   Wir sprechen im Folgenden von den drei Teilstichproben a) der deutschen Nichtmuslime, b) der deutschen Muslime und c) der nichtdeutschen Muslime. Diese Bezeichnungen stellen ausschließlich termini technici dar und sollen keine Bewertungen implizieren.
10 Bei dieser Methode erfolgt die Auswahl der Adressen auf der Grundlage des Telefonbuches. Mit den Mitteln computergestützter Namensforschung lassen sich auf Basis der Telefonbucheinträge für alle Gemeinden Deutschlands Zugehörigkeiten zu Nationalitäten, Sprachen, Religionen und Kulturkreisen identifizieren. Auf diese Weise lässt sich eine Telefonstichprobe von Personen generieren, die mit großer Wahrscheinlichkeit aus Ländern mit hohem Anteil an Muslimen stammen. Die ausgewählten Haushalte wurden telefonisch kontaktiert und mittels eines Screening-Moduls die Staatsbürgerschaft, Herkunft, Religionszugehörigkeit, Einreise

Die Logistik der Datenerhebung erlaubt es zu prüfen, ob die Veröffentlichung von Sarrazins Buch, der daraus resultierende Medienhype und die damit angestoßene Debatte die Meinungen und Einstellungen der von uns befragten deutschen Nichtmuslime und der deutschen und nichtdeutschen Muslime beeinflusst haben könnte. Die zweite Erhebungswelle der Panel-Studie im Rahmen unseres oben erwähnten BMI-Gesamtprojektes fand im Zeitraum vom 16.08. bis 28.09.2010 statt. Das Buch von Sarrazin erschien am 30.08.2010 (Vorabdrucke allerdings bereits am 23.08.2010). Bis zu diesem Zeitpunkt waren 29 Prozent der Stichprobe befragt worden. Allerdings verteilten sich diese Personen sehr ungleich auf die drei Teilstichproben (der deutschen Nichtmuslime und der deutschen und nichtdeutschen Muslime). Am 31.08.2010 erreichte die befragte Gruppe mit 35 Prozent aller in der zweiten Welle durchzuführenden Telefoninterviews eine akzeptable Verteilung in den drei Teilstichproben, so dass dieser Tag als Stichtag genutzt wurde, um einen Vergleich zwischen Befragten „vor Sarrazin" (35 Prozent aller Befragten der zweiten Erhebungswelle) und „nach Sarrazin" (65 Prozent aller Befragten) vorzunehmen. „Vor Sarrazin" umfasst somit diejenigen, die bis zum 31.08.2010 interviewt wurden und „nach Sarrazin" bezieht sich auf die Personen, mit denen die Telefoninterviews ab dem 01.09.2010 (nach Erscheinen des Buches) durchgeführt wurden.

Eindeutige kausale Wirkungen der Buchveröffentlichung auf die Einstellungen sind allerdings nicht nachweisbar, da es sich bei den „vor" und „nach Sarrazin" Befragten nicht um identische Personen, sondern um unabhängige Stichproben handelt. Auch muss mit Schlüssen, die sich auf den Medienhype als Einflussfaktor für mögliche Einstellungsänderungen beziehen, vorsichtig umgegangen werden.

Tabelle 1 zeigt die mittels des Stichtages erzeugten, gewichteten Vergleichsgruppen[11] der drei Teilstichproben.

---

nach Deutschland, Alter etc. ermittelt. Mit dieser Methode ließen sich sowohl ausreichend Migranten muslimischer Religionszugehörigkeit wie auch Muslime mit deutscher Staatsangehörigkeit erreichen (vgl. Häder/Gabler 1998).

11 Die Gewichtung wurde vorgenommen, um vergleichbare Stichprobengrößen in den einzelnen Zellen zu erreichen. Als Gewichtungsfaktoren wurden die Verhältnisse zwischen erwarteten und beobachteten Stichprobengrößen genutzt.

Tabelle 1: Stichprobenbesetzung „vor" und „nach Sarrazin"

Erhebungszeitraum	deutsche Nichtmuslime	deutsche Muslime	nichtdeutsche Muslime	Gesamt
vor Sarrazin – bis 31.8.2010	36	32	89	157
nach Sarrazin – ab 01.9.2010	62	57	161	280
Gesamt	**98**	**89**	**250**	**437**

Hinsichtlich relevanter soziodemografischer Variablen (Alter, Geschlecht, Bildung, Herkunftsregion) unterscheiden sich die jeweils zu vergleichenden Subgruppen („vor" bzw. „nach Sarrazin") nicht auffällig, so dass mögliche Unterschiede in den abgefragten Einstellungen kaum auf etwaige Unterschiede in diesen Strukturvariablen zurückgeführt werden können.

Der Fragebogen, der in den Telefoninterviews eingesetzt wurde, um relevante Einstellungen zu ermitteln, setzte sich aus verschiedenen Subskalen und Einzelitems zusammen, mit denen die oben (siehe Abschnitt 2.2) genannten, wechselseitigen Einstellungen der Nichtmuslime und Muslime operationalisiert wurden. Die Items konnten auf einer fünfstufigen Likertskala[12] beantwortet werden. Die Subskalen und Einzelitems sind in *Tabelle 2*, getrennt für deutsche Nichtmuslime, deutsche und nichtdeutsche Muslime (entsprechend der in *Tabelle 1* dargestellten Stichproben), wiedergegeben. Außerdem enthält die Tabelle die Interkorrelationen der Items (dargestellt durch den Korrelationskoeffizienten r) bzw. die Reliabilität nach Cronbachs Alpha[13].

---

12 Eine Likert-Skala wird eingesetzt, um die Einstellung einer befragten Person zu einem Thema zu erfassen. Zu diesem Zweck werden der befragten Person mehrere Aussagen (Items) vorgelegt, denen sie auf einer Skala mit fünf, sieben oder mehr Antwortmöglichkeiten zustimmen oder die sie ablehnen kann. Im vorliegenden Fall wurde eine fünfstufige Antwortskala vorgelegt (mit 1 = stimme überhaupt nicht zu; 5 = stimme voll und ganz zu).

13 Cronbachs Alpha ist eine Maßzahl für die interne Konsistenz einer Skala und bezeichnet das Ausmaß, in dem die Aussagen bzw. Items einer Skala miteinander in Beziehung stehen, sich also auf den gleichen Inhalt beziehen.

Tabelle 2: Subskalen und Einzelitems

Variablen	Items fünfstufige Likertskala	Itemkorrelationen (r) bzw. Reliabilität (Cronbachs Alpha)		
		Deutsche Nichtmuslime	Deutsche Muslime	Nichtdeutsche Muslime
Vorurteile von Muslimen und Nichtmuslimen gegenüber dem Westen	„Solange die westliche Welt andere Völker ausbeutet oder unterdrückt, wird es keinen Frieden auf der Welt geben."	$r = .40^{**}$	$r = .52^{**}$	$r = .45^{**}$
	„Mit ihren Militäraktionen versuchen die westlichen Staaten nur, die islamische Welt zu spalten und zu schwächen."			
Einstellungen von Muslimen gegenüber Deutschen	„Die Deutschen haben keine engen Freundschaften und sind nicht loyal."		Alpha = .72	Alpha = .70
	„Für die Deutschen steht Arbeit an erster Stelle, sie können das Leben nicht genießen."			
	„Die Deutschen sind verschlossen und wenig gesellig."			
Religiös-fundamentalistische Einstellungen von Muslimen (nach Brettfeld/ Wetzels 2007)	„Menschen, die den Islam modernisieren, zerstören die wahre Lehre."		Alpha = .77	Alpha = .67
	„Ungläubige kommen in die Hölle."			
	„Der Islam ist die einzig wahre Religion."			
	„Auf lange Sicht wird sich der Islam in der ganzen Welt durchsetzen."			
Akkulturationseinstellungen von Muslimen	„Wir Menschen aus … sollten in Deutschland die Kultur unseres Herkunftslandes bewahren."		Einzelitem	
	„Wir Menschen aus … sollten die deutsche Kultur übernehmen."		Einzelitem	
	„Die Deutschen wollen, dass wir Menschen aus … die Kultur unseres Herkunftslandes bewahren."		Einzelitem	
	„Die Deutschen wollen, dass wir Menschen aus … die deutsche Kultur übernehmen."		Einzelitem	
Kontakt von Muslimen mit Nichtmuslimen	„Wie viel privaten Kontakt haben Sie mit Deutschen?"		Einzelitem	
Kontakt von Nichtmuslimen mit Muslimen	„Wie viel privaten Kontakt haben Sie mit Muslimen?"		Einzelitem	
Vorurteile von Nichtmuslimen gegenüber Ausländern	„Es leben zu viele Ausländer in Deutschland."	$r = .69^{**}$		
	„Die in Deutschland lebenden Ausländer sollte man wieder in ihre Heimat zurückschicken, wenn Arbeitsplätze knapp werden!" und „Aussiedler sollten besser gestellt werden als Ausländer, da sie deutscher Abstammung sind."			

Variablen	Items fünfstufige Likertskala	Itemkorrelationen (r) bzw. Reliabilität (Cronbachs Alpha)		
		Deutsche Nichtmuslime	Deutsche Muslime	Nichtdeutsche Muslime
Vorurteile von Nichtmuslimen gegenüber Muslimen	„Muslimen sollte die Zuwanderung nach Deutschland untersagt werden."	Alpha = .75		
	„Durch die vielen Muslime hier fühle ich mich manchmal wie ein Fremder im eigenen Land."			
	„Um unsere westliche Zivilisation zu bewahren, sollte die Zahl muslimischer Zuwanderer stärker begrenzt werden."			
Mediennutzung – Einzelitems (erhoben in der erste Erhebungswelle im Jahre 2009)	„Wo informieren Sie sich meistens über die aktuelle politische Situation?" (Antwortmöglichkeiten: Fernsehen, Zeitungen, Internet, Radio, Bücher, Freunde und Bekannte, religiöse Autoritäten, Familie, gar nicht, weiß nicht, keine Angabe)	Nominalskala		
	„In welchem Ausmaß nutzen Sie die folgenden deutschen, türkischen und/oder arabischen Fernsehsender, um sich über aktuelle Ereignisse zu informieren (z. B. durch Nachrichten oder Magazine)?" (Antwortmöglichkeiten: ARD, ZDF, RTL, Sat.1, Al Jazeera, Al Arabiya, TRT Türk, Kanal D/Euro D).	Einzelitems		

4.2 Ergebnisse: Einstellungen von deutschen Nichtmuslimen vor und nach der Veröffentlichung des Sarrazin-Buches

4.2.1 Wo informieren sich die Befragten über politische Geschehnisse?

Bevor geprüft wird, ob sich die Befragten „vor Sarrazin" in den drei Teilstichproben in den operationalisierten Einstellungen von Befragten „nach Sarrazin" unterscheiden, stellt sich die Frage, inwieweit sie sich überhaupt politisch informieren und so die Möglichkeit hatten, von der Debatte und dem damit verbundenen Medienhype Kenntnis zu nehmen. Fragen nach den Quellen für politische Informationen wurden im Rahmen des Gesamtpanels nur in der ersten Erhebungswelle (im Jahr 2009) gestellt. Zum einen wurde gefragt: „Wo informieren Sie sich meistens über die aktuelle politische Situation?" (Antwortmöglichkeiten: Fernsehen, Zeitungen, Internet, Radio, Bücher, Freunde und Bekannte, religiöse Autoritäten, Familie, gar nicht, weiß nicht, keine Angabe) und zum anderen sollten die Befragten angeben, in welchem Ausmaß sie die deutschen Fernsehsender ARD, ZDF, RTL, Sat.1, die türkischen Sender TRT Türk, Kanal D/Euro D und die arabischen Fernsehsender Al Jazeera und Al Arabiya nutzen, um sich über aktuelle Ereignisse zu informieren.

Tabelle 3: Häufigste Informationsquelle über die aktuelle politische Situation (gültige N = 435, Angaben in Prozent)

		deutsche Nichtmuslime	deutsche Muslime	nichtdeutsche Muslime
Fernsehen		39,6	32,6	52,0
Internet		28,1	40,4	24,8
Zeitungen		13,5	11,2	10,0
Radio		9,4	2,2	0,4
Büchern		0	0	0,8
Freunde und Bekannte		3,1	3,4	2,8
Religiöse Autoritäten		0	0	1,2
Familie		4,2	7,9	5,2
Informiere mich gar nicht über Aktuelles		2,1	2,2	2,8
Gesamt	***Gültige N***	***96***	***89***	***250***

Die Dominanz des Fernsehens als häufigste Informationsquelle ist deutlich erkennbar und bleibt auch erhalten, wenn man – unabhängig von der Zugehörigkeit zu einer der drei Teilstichproben – die Altersgruppen und Herkunft der Befragten miteinander vergleicht. Wir gehen somit davon aus, dass, ob der letztendlich ungebrochen großen Bedeutung des Fernsehens, die von uns im Jahr 2010 Befragten ebenfalls vor allem das Fernsehen nutzen, um sich politisch zu informieren.

Tabelle 4: Häufige bzw. sehr häufige Nutzung von Fernsehsendern, um sich über aktuelle Ereignisse zu informieren (gültige N = 435), nach Altersgruppen und deutscher Staatsangehörigkeit, Angaben in Prozent

		ARD	ZDF	RTL	Sat.1	Al Jazeera	Al Arabiya	Kanal D/ Euro D	TRT Türk
Staatsangehörigkeit	Deutsche Nichtmuslime	26,8	20,4	28,2	18,7	0,0	0,0	0,0	0,0
	Deutsche Muslime	23,6	27,0	51,7	31,4	5,7	0,0	9,1	4,6
	Nichtdeutsche Muslime	22,8	21,2	38,4	24,4	5,1	2,4	24,8	10,6

In der Studie von Brettfeld und Wetzels (2007: 5) „Muslime in Deutschland" zeigte sich, dass knapp ein Drittel der befragten Muslime angeben, überwiegend bzw. ausschließlich das Fernsehen in einer anderen als der deutschen Sprache zu nutzen. Ähnliche Befunde lieferte auch die ARD/ZDF-Studie „Migranten und Medien 2007" (vgl. Walter/Schlinker/Fischer 2007). In unserer Stichprobe bestätigen sich diese Befunde nicht. Die überwiegende Mehrheit der muslimischen Befragten greift, wenn sie sich im Fernsehen über das politische Geschehen informieren, auf deutsche Sender (vor allem die Privatsender) zurück.

Wir betrachten das als Hinweis, dass die „vor" und „nach Sarrazin" von uns befragten Muslime und Nichtmuslime auch über das Fernsehen von der Sarrazin-Debatte und dem damit verbundenen Medienhype erfahren haben.

4.2.2 Unterscheiden sich die Einstellungen der deutschen Nichtmuslime vor und nach der Veröffentlichung des Sarrazin-Buches?

In diesem Schritt prüfen wir anhand der Teilstichprobe der deutschen Nichtmuslime, ob sich die Einstellungen der „vor Sarrazin"-Befragten von denen der „nach Sarrazin"-Befragten unterscheiden. Geprüft werden also die Unterschiede a) in den Vorurteilen gegenüber dem Westen, b) dem Kontakt mit Muslimen, c) den Vorurteilen gegenüber Ausländern und d) den Vorurteilen gegenüber Muslimen. Die Prüfung erfolgt durch *multivariate Varianzanalysen*[14], um mögliche Unterschiede zwischen den zwei Befragungsgruppen zu testen.

Der multivariate Haupteffekt der Gruppenzugehörigkeit („vor Sarrazin" und „nach Sarrazin") erweist sich allerdings als nicht signifikant [$F(4, 95) = 287.17$, $p > .05$, $\eta^2 = .92$].

Abbildung 4 zeigt die Mittelwertsausprägungen der geprüften Variablen in den zwei Befragungsgruppen.

Man könnte vorsichtigerweise vermuten, dass sich die von uns befragten *deutschen Nichtmuslime* durch die Veröffentlichung des Sarrazin-Buches und der entsprechenden Debatten in ihren Einstellungen nicht sonderlich beeinflussen ließen. Vorsicht ist bei einer solchen Vermutung allerdings angebracht, weil die miteinander verglichenen Stichproben („vor" und „nach Sarrazin") unabhängig voneinander sind, es sich also nicht um identische Personen handelt, die im Sinne eines Prä-Post-Vergleichs analysiert wurden.

---

14 Als *multivariate Varianzanalyse* (nach der englischen Bezeichnung *multivariate analysis of variance* auch MANOVA genannt) bezeichnet man ein datenanalytisches und strukturprüfendes statistisches Verfahren. In diesem Verfahren werden Varianzen und Prüfgrößen berechnet, um Aufschlüsse über den Daten zugrunde liegende Gesetzmäßigkeiten zu erlangen. Die Varianz von Zielvariablen wird dabei durch den Einfluss einer oder mehrerer Einflussvariablen (Faktoren) erklärt.

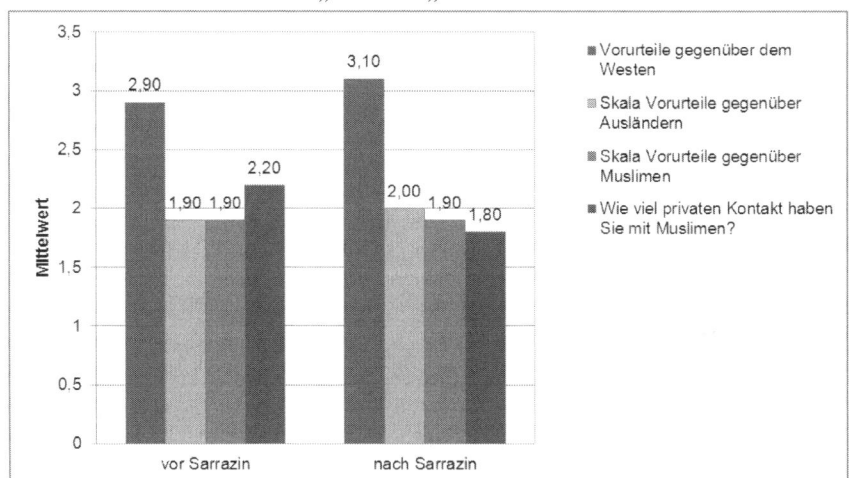

Abbildung 4: Nichtsignifikante Unterschiede in den Vorurteilen der befragten Nichtmuslime „vor" und „nach Sarrazin"

Balkendiagramm mit Mittelwerten vor Sarrazin (2,90; 1,90; 1,90; 2,20) und nach Sarrazin (3,10; 2,00; 1,90; 1,80) für die Variablen: Vorurteile gegenüber dem Westen, Skala Vorurteile gegenüber Ausländern, Skala Vorurteile gegenüber Muslimen, Wie viel privaten Kontakt haben Sie mit Muslimen?

4.2.3 Unterscheiden sich die Einstellungen der deutschen Muslime vor und nach der Veröffentlichung des Sarrazin-Buches?

Im nächsten Schritt vergleichen wir in analoger Weise die Einstellungen und Vorurteile der *deutschen Muslime*, die „vor Sarrazin" befragt wurden mit denen, die „nach Sarrazin" an den Telefoninterviews teilnahmen. Verglichen wird die Ausprägung folgender Variablen: a) Vorurteile gegenüber dem Westen, b) Einstellungen von Muslimen gegenüber Deutschen, religiös-fundamentalistische Einstellungen, c) Akkulturationseinstellungen und d) Kontakt mit Nichtmuslimen. Die Prüfung erfolgte wiederum mittels multivariater Varianzanalyse.

Der multivariate Haupteffekt der Gruppenzugehörigkeit („vor Sarrazin" und „nach Sarrazin") erweist sich als signifikant [$F(8, 75) = 625.03, p < .001, \eta^2 = .99$]. In der nachfolgenden Betrachtung der univariaten Haupteffekte zeigen sich signifikante Einflüsse der Gruppenzugehörigkeit sowohl bei den „Vorurteilen gegenüber dem Westen" [$F(1, 82) = 3.70, p < .05, \eta^2 = .04$], der Akkulturationsvariable „Die Deutschen wollen, dass wir Menschen aus ... die Kultur unseres Herkunftslandes bewahren" [$F(1, 82) = 5.00, p < .05, \eta^2 = .06$] als auch bei der Variable „Wie viel privaten Kontakt haben Sie mit Deutschen?" [$F(1, 82) = 5.17, p < .05, \eta^2 = .06$].

Abbildung 5 zeigt die Variablen, in denen sich die zwei Befragungsgruppen der deutschen Muslime signifikant unterscheiden.

Abbildung 5: Signifikante Unterschiede in den Vorurteilen der befragten deutschen Muslime „vor" und „nach Sarrazin"

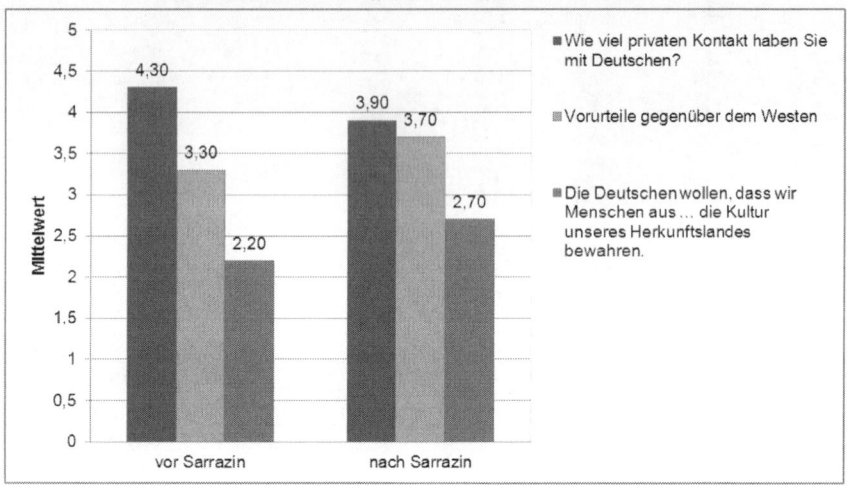

[Balkendiagramm: Mittelwert vor Sarrazin / nach Sarrazin
- Wie viel privaten Kontakt haben Sie mit Deutschen?: 4,30 / 3,90
- Vorurteile gegenüber dem Westen: 3,30 / 3,70
- Die Deutschen wollen, dass wir Menschen aus... die Kultur unseres Herkunftslandes bewahren.: 2,20 / 2,70]

Deutlich wird, dass die deutschen Muslime, die „nach Sarrazin" befragt wurden, signifikant weniger Kontakt mit Deutschen haben als jene deutschen Muslime, die „vor Sarrazin" interviewt wurden. Auch neigen die deutschen Muslime „nach Sarrazin" zu stärkeren Vorurteilen gegenüber dem Westen. Überdies stimmen sie signifikant stärker der Aussage zu, die Deutschen wollten, dass sie (also die Muslime) die Kultur ihres Heimatlandes bewahren. Dieser letzte – etwas überraschende – Befund scheint schwer interpretierbar zu sein. Er könnte eventuell darauf hinweisen, dass die befragten Muslime „nach Sarrazin" der Meinung sind, die Deutschen seien gar nicht an einer Integration der Muslime interessiert, sondern würden eher eine Abtrennung der Muslime von der deutschen Mehrheitsgesellschaft befürworten. Eine eindeutige Erklärung dieses Befundes erlauben unsere Ergebnisse indes nicht.

4.2.4 Unterscheiden sich die Einstellungen der nichtdeutschen Muslime vor und nach der Veröffentlichung des Sarrazin-Buches?

Der Vergleich der nichtdeutschen Muslime, die vor und nach der Veröffentlichung des Buches interviewt wurden, liefert ein noch deutlicheres Bild.

Zunächst zeigt sich wiederum ein signifikanter multivariater Haupteffekt der Gruppenzugehörigkeit („vor Sarrazin" und „nach Sarrazin") $[F(8, 236) = 689.04, p < .001, \eta^2 = .96]$. Die anschließende Betrachtung der univariaten Haupteffekte zeigt den signifikanten Einfluss der Gruppenzugehörigkeit bei folgenden Variablen: „Vorurteile gegenüber dem Westen" $[F(1, 243) = 4.55, p < .05, \eta^2 = .02]$, den Einstellungen gegenüber den Deutschen $[F(1, 243) = 17.71, p < .001, \eta^2 = .07]$, den religiös-fundamentalistischen Einstellungen $[F(1, 243) = 4.22, p < .05, \eta^2 = .02]$, der Akkulturationsvariable „Wir Menschen aus ... sollten in Deutschland die Kultur unseres Herkunftslandes bewahren" $[F(1, 243) = 7.99, p < .01, \eta^2 = .03]$ sowie bei der Variable „Wie viel privaten Kontakt haben Sie mit Deutschen?" $[F(1, 243) = 18.62, p < .001, \eta^2 = .07]$.

Auch hier illustrieren wir diese signifikanten Unterschiede in diesen Variablen zwischen den zwei Befragungsgruppen mit folgender *Abbildung*.

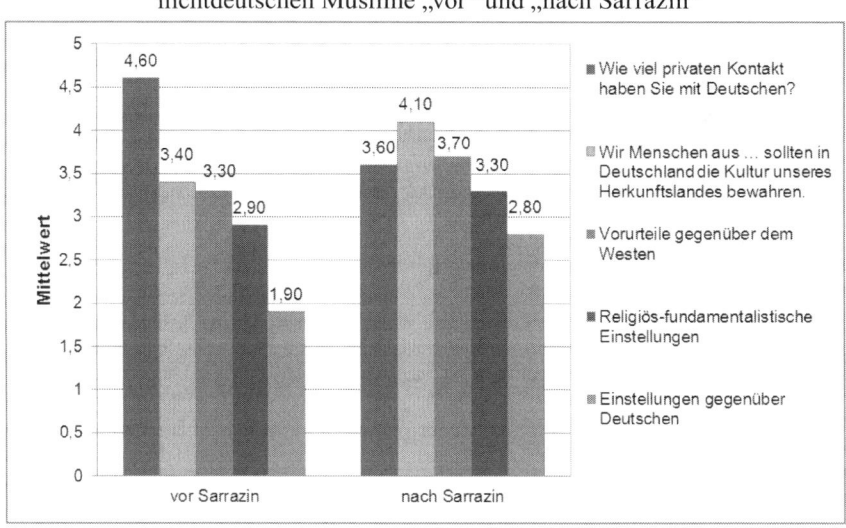

Abbildung 6: Signifikante Unterschiede in den Vorurteilen der befragten nichtdeutschen Muslime „vor" und „nach Sarrazin"

Die nichtdeutschen Muslime, die nach der Veröffentlichung des Sarrazin-Buches interviewt wurden (nach dem 01.09.2010), äußern im Vergleich mit jenen Muslimen, die vor der Veröffentlichung interviewt wurden, signifikant seltener, Kontakt mit Deutschen zu haben; sie meinen eher als die Vergleichsgruppe („vor Sarrazin"), ihre Herkunftskultur auch in Deutschland bewahren zu wollen; sie geben stärker ausgeprägte Vorurteile gegenüber dem Westen an; sie stimmen eher religiös-fundamentalistischen Aussagen zu und sie haben offenbar negativer gefärbte Einstellungen gegenüber den Deutschen.

5. Fazit

Die von uns durchgeführten Inhaltsanalysen legen die Vermutung nahe, dass die Debatte um das Buch „Deutschland schafft sich ab" zumindest auf der Ebene des Fernsehens einen medialen Hype auslöste. Dieser stieß – verbunden mit einer niedriger werdenden Nachrichtenschwelle – eine Integrationsdebatte an. Da die von uns befragten Personen Fernsehnachrichten als die meistgenutzte Quelle von politischen Informationen angaben, kann aufgrund verschiedener Untersuchungen zum Verhältnis von Fernsehnutzung und Einstellungen (z. B. Frindte/Haußecker 2010, Frindte et al. 2012a) angenommen werden, dass auch dieser Medienhype um Sarrazin das Verhältnis von Muslimen und Nichtmuslimen zueinander beeinflusst hat.

Wir haben mehrfach betont, dass die hier berichteten Vergleiche zwischen den Personen, die vor dem 31.08.2010 im Rahmen der zweiten Erhebungswelle interviewt wurden und denen, die nach diesem Zeitpunkt am Telefoninterview teilnahmen, keine kausalen Schlüsse erlauben, auch nicht in Bezug auf die Wirkung des Medienhypes. Aber Vermutungen lassen sich anstellen: So fällt auf, dass vor allem zwischen den nichtdeutschen Muslimen „vor" und „nach Sarrazin" bedeutsame statistische Unterschiede hinsichtlich der abgefragten Vorurteile und Einstellungen bestehen. Bedenkt man, dass es in den Debatten um die Unterschiede zwischen muslimischer Kultur und Lebenswelt einerseits und christlich-jüdischen Traditionen und kulturellen Werten andererseits ging, so legen unsere Befunde zumindest den Verdacht nahe, dass die kontrovers geführten Debatten (an denen die Muslime in Deutschland nur teilweise beteiligt waren) auch einen konträren Effekt gehabt haben könnten: Mit der Veröffentlichung des Buches und der anschließenden Debatte haben sich möglicherweise die nichtdeutschen Muslime noch weiter aus der Mehrheitsgesellschaft ausgeschlossen gefühlt und deshalb mit noch stärker ausgeprägten Vorurteilen und mit einer noch stärkeren Abgrenzung zur Kultur der deutschen Mehrheitsgesellschaft reagiert. Die Debatten hätten dann nicht, wie – trotz der Kritik an einigen umstrittenen Thesen von Thilo Sarrazin – in manchen deutschen Medien behauptet wurde (vgl. z. B. Die Zeit 09.09.2010: 12; „Streitfall Integration – Sarrazin und die Folgen"; die Integrationsbeauftragte der Bundesrepublik, Maria Böhmer, in der Bild-Zeitung am 01.04.2011), die Diskussion um die Integration der Muslime in Deutschland weiter angeregt, sondern ihr empfindlich geschadet. Das stellte auch der damalige Bundesinnenminister Thomas de Maiziere fest: „Meine Hauptkritik ist, dass er (Sarrazin) mit seiner für ihn finanziell einträglichen Provokation eine Debatte zerstören will." (http://www.stuttgarter-zeitung.de; aufgerufen am 05.09.2010) Kaum war der mediale Hype um Sarrazin verebbt, verlor auch das wichtige Thema *Integration* wieder an Aufmerksamkeit. Dass im März 2012 mit der Veröffentlichung der Studie „Lebenswelten junger Muslime in Deutschland" (siehe Frindte et al. 2012a) durch das Bundesministerium des Innern ein neuer medialer Hype ausgelöst wurde, ist indessen eine andere Geschichte.

Literatur

Brettfeld, Katrin, und *Peter Wetzels*, 2007: Muslime in Deutschland: Integration, Integrationsbarrieren, Religion und Einstellungen zu Demokratie, Rechtsstaat und politisch-religiös motivierter Gewalt; Ergebnisse von Befragungen im Rahmen einer multizentrischen Studie in städtischen Lebensräumen. Texte zur Inneren Sicherheit. Hamburg/Berlin: BMI.
Brewer, Marilynn B., und *Rupert Brown*, 1998: Intergroup relations. S. 554-594 in: *Daniel T. Gilbert, Susan T. Fiske* und *Kindzey Gardner* (Hg.), The handbook of social psychology. Vol 2. Boston, MA: Mcgraw.
Consumer Fieldwork, 2010: Meinungsumfrage zur Buchveröffentlichung von Thilo Sarrazin: Hohe Zustimmungswerte für Sarrazin in der Bevölkerung. Abrufbar unter: http://www.consumerfieldwork.de/pressemitteilung-sarrazin-umfrage.htm Letzter Aufruf am 06.09.2010.
Der Spiegel, 2010: „Volksheld Sarrazin." Ausgabe 36.
European Monitoring Centre on Racism and Xenophobia (EUMC), 2006: Racism, Xenophobia and the Media. Towards respect and understanding of all religions and cultures. An EU seminar in the framework of the Euro-Mediterranean Partnership, 22-23 May 2006. Conference Report and Documentation. Wien: EUMC.
Focus Online, 2007: „Zu viele junge kriminelle Ausländer", Focus Online. Abrufbar unter: http://www.focus.de/politik/deutschland/jugendgewalt/roland-koch_aid_230838.html (28.12.2007).
Frindte, Wolfgang, und *Nicole Haußecker,* 2011: Inszenierter Terrorismus. Mediale Konstruktionen und individuelle Interpretationen. Wiesbaden: VS.

Frindte, Wolfgang, Klaus Boehnke, Henry Kreikenbom und *Wolfgang Wagner*, 2012a: Lebenswelten junger Muslime in Deutschland. Ein sozial- und medienwissenschaftliches System zur Analyse, Bewertung und Prävention islamistischer Radikalisierungsprozesse junger Menschen in Deutschland. Berlin: Bundesministerium des Innern.

Frindte, Wolfgang, Daniel Geschke, Katharina Schurz, und *Dajana Schmidt*, 2012b: Integration und Fernsehnutzung junger Muslime in Deutschland. Politische Psychologie – Journal of Political Psychology 2 (1): 93-124.

Früh, Werner, 2007: Inhaltsanalyse: Theorie und Praxis. Konstanz: UTB.

Gallup-Institute, 2009: Canada show more interfaith cohesion than Europe. Gallup Coexist Index 2009. http://www.gallup.com/poll/118273/Canada-Show-Interfaith-Cohesion-Europe.aspx Letzter Aufruf am 25.08.2009.

Häder, Sabine, und *Siegfried Gabler*, 1998: Ein neues Stichprobendesign für telefonische Umfragen in Deutschland. S. 69-88 in: *Siegfried* Gabler, Sabine Häder und *Jürgen H.P. Hoffmeyer-Zlotnik* (Hg.): Telefonstichproben in Deutschland. Opladen: Westdeutscher Verlag.

Haug, Sonja, Stephanie Müssig und *Anja Stichs*, 2009: Muslimisches Leben in Deutschland – im Auftrag der Deutschen Islam Konferenz. Forschungsbericht 6. Nürnberg: Bundesamt für Migration und Flüchtlinge

Hofmann, Gunter, 2012: Das Soziale und der Zeitgeist. Eine Einlassung auf das letzte Jahrzehnt. S. 42-60 in: *Wilhelm Heitmeyer* (Hg.): Deutsche Zustände – Folge 10. Frankfurt am Main: Suhrkamp.

Jäckel, Michael, 2008: Medienwirkungen: ein Studienbuch zur Einführung. Wiesbaden: VS.

Jäger, Siegfried, und *Jürgen Link* (Hg.), 1993: Die vierte Gewalt. Rassismus und die Medien. Duisburg: DISS Verlag.

Kepplinger, Hans Mathias, und *Rouwen Bastian*, 2000: Der prognostische Gehalt der Nachrichtenwert-Theorie, Publizistik, 45 (4): 462–475.

Klingler, Walter, und *Albrecht Kutteroff*, 2009: Stellenwert und Nutzung der Medien in Migrantenmilieus, Media Perspektiven 7: 297-308.

Leitner, Wolfgang, 2000: Berichterstattung über die S-Bahn in der Münchner Tagespresse: Eine inhaltsanalytische Untersuchung zur Theorie der Schlüsselereignisse am Beispiel eines lokalpolitischen Themas. Diplomarbeiten Agentur diplom.de.

Leibold, Jürgen, Stefan Thörner, Stefanie Gosen und *Peter Schmidt*, 2012: Mehr oder weniger erwünscht? Entwicklung und Akzeptanz von Vorurteilen gegenüber Muslimen und Juden. S. 177-198 in: *Wilhelm Heitmeyer* (Hg.): Deutsche Zustände – Folge 10. Frankfurt am Main: Suhrkamp.

Mack-Phillip, Andrea, 2007: Abbau oder Verstärkung von Vorurteilen? Das Thema Integration und Migranten in den Medien. S. 2-4 in: Bundesamt für Migration und Flüchtlinge (Hg.), Blickpunkt Integration. Ausgabe 02/2007.

Piontkowski, Ursula, Anette Rohmann und *Arnd Florack*, 2002: Concordance of acculturation attitudes and perceived threat. Group Processes& Intergroup Relations 5 (3): 221–232.

Rauchenzauner, Elisabeth, 2008: Schlüsselereignisse in der Medienberichterstattung. Wiesbaden: VS.

Sachverständigenrat deutscher Stiftungen für Integration und Migration, 2011: Umfrage: Sarrazin-Debatte trübt Zuversicht bei Zuwanderern in Deutschland. http://www.svr-migration.de/content/?p=2633#more-2633 Letzter Aufruf am 27.08.2012.

Salzborn, Samuel, und *Marc Schwietring*, 2003: Antizivilisatorische Affektmobilisierung. Zur Normalisierung des sekundären Antisemitismus. S. 43-76 in: *Michael Klundt, Samuel Salzborn, Marc Schwietring* und *Gerd Wiegel*: Erinnern, verdrängen, vergessen. Geschichtspolitische Wege ins 21. Jahrhundert. Giessen: Netzwerk für politische Bildung, Kultur und Kommunikation e.V.

Sauer, Martina, 2010: Mediennutzungsmotive türkeistämmiger Migranten in Deutschland. Publizistik 55 (1): 55-76.
Schurz, Katharina, Nico Dietrich, Jens Jirschitzka, Claudia Schott, Katharina Wolf und *Wolfgang Frindte,* 2012: Die Darstellung von Muslimen und Nichtmuslimen in der Nachrichtenberichterstattung des deutschen, türkischen und arabischen Fernsehens. S. 518-573 in: *Wolfgang Frindte, Klaus Boehnke, Henry Kreikenbom, Wolfgang Wagner, Daniel Geschke, Katharina Schurz, Nico Dietrich, Dajana Schmidt, Jens Jirschitzka, Katharina Wolf, Anna Möllering, David Schiefer, Peter Holtz* und *Selina Recke*: Lebenswelten junger Muslime in Deutschland: Ein sozial- und medienwissenschaftliches System zur Analyse, Bewertung und Prävention islamistischer Radikalisierungsprozesse junger Menschen in Deutschland. Berlin: Bundesministerium des Inneren.
Simon, Erk, und *Gerhard Kloppenburg,* 2006: Das Fernsehpublikum türkischer Herkunft. Fernsehnutzung, Einstellungen und Programmerwartungen. Zwischen den Kulturen. Fernsehen, Einstellungen und Integration junger Erwachsener mit türkischer Herkunft in Nordrhein-Westfalen. Ergebnisse der Mediaforschung August/September 2006, Media Perspektiven 3: 142-152.
Van Eimeren, Birgit, und *Christa-Maria Ridder,* 2011: Trends in der Nutzung und Bewertung der Medien 1970 bis 2020. Ergebnisse der ARD/ZDF-Langzeitstudie Massenkommunikation. Media Perspektiven 1: 2-15.
Vasterman, Peter. L. M., 2005: Media-Hype, European Journal of Communication 20 (4): 508-530.
Walter, Mignon, Ute Schlinker und *Christiane Fischer, 2007:* Fernsehnutzung von Migranten, Media Perspektiven 9: 436-445.
Welt Online, 2011: „Umfrage: Sarrazin-Debatte stimmt Migranten pessimistisch." Abrufbar unter: http://www.welt.de/politik/deutschland/article12069748/Sarrazin-Debatte-stimmt-Migrantenpessimistisch.html (18.03.2011).
Wien, Charlotte, und *Christian Elmelund-Præstekær,* 2009: An anatomy of media hypes: Developing a model for the dynamics and structure of intense media coverage of single issues, European Journal Of Communication 24 (2): 183-201.
Zagefka, Hanna, und *Rupert Brown,* 2002: The relationship between acculturation strategies, relative fit and intergroup relations: Immigrant-majority relations in Germany, European Journal of Social Psychology 32: 171–188.
Zagefka, Hanna, Rupert Brown, Murielle Broquard und *Sibel L. Martin,* 2007: Predictors and consequences of negative attitudes toward immigrants in Belgium and Turkey: Acculturation preferences, acculturation preference "fit", and economic competition, British Journal of Social Psychology 46: 153-169.
Zick, Andreas, und *Beate Küpper,* 2009: Meinungen zum Islam und Muslimen in Deutschland und Europa. Universität Bielefeld. Abrufbar unter: www.uni-bielefeld.de/ikg/zick (02.04.2010).
Zick, Andreas, Beate Küpper und *Andreas Hövermann,* 2011: Die Abwertung der anderen: eine europäische Zustandsbeschreibung zu Intoleranz, Vorurteilen und Diskriminierung. Berlin: Friedrich-Ebert-Stiftung.
Zubayr, Camille, und *Heinz Gerhard,* 2011: Tendenzen im Zuschauerverhalten. Fernsehgewohnheiten und Fernsehreichweiten im Jahr 2010, Media Perspektiven 3: 126-138.

Moschee-Konflikte und deutsche Gesellschaft

Thomas Schmitt

Die öffentliche Wahrnehmung des Islam in Deutschland wird wesentlich durch Moscheen in ihrer Doppelbedeutung als Bauwerke und als soziale Institutionen geprägt. Der vorliegende Beitrag skizziert die Geschichte der Etablierung von Moscheen im öffentlichen Raum in Deutschland und analysiert auf der Grundlage qualitativer Forschungen Moschee-Konflikte. Er beginnt mit einer Übersicht zur sozialen Funktion von Moscheevereinen; dieser schließt sich ein kurzer historischer Abriss zum Bau von Moscheen in Deutschland an. Die eigentliche Analyse von Moschee-Konflikten wird zunächst anhand von länger zurückliegenden Fällen aus den 1990er Jahren entwickelt; anschließend werden neuere Tendenzen bezüglich der Austragung von Moschee-Konflikten diskutiert.[1]

1. Die Moschee als soziale Institution

In den letzten Jahren haben sich differente, im öffentlichen Diskurs oftmals unverbundene gesellschaftliche und sozialwissenschaftliche Wahrnehmungen von Moscheen in Deutschland, oder generalisiert: in Einwanderungsgesellschaften, herausgebildet. Zum einen erscheinen sie als (1) ethnische Enklave und religiöses Refugium (Vöcking 1984), nicht nur, aber insbesondere für Angehörige der ersten Migrantengeneration. Zum anderen werden sie gedeutet als (2) Brückenpfeiler und integrierende Bindeglieder zwischen Muslimen und Nichtmuslimen in einer urbanen (bzw. lokalen oder, im ländlichen Raum, regionalen) Netzwerk-Zivilgesellschaft (vgl. Schmitt 2003: 33). Neben ihrer unmittelbaren lokalgesellschaftlichen Funktion emergiert aus solchen Moscheen, so zumindest das Narrativ, ein liberaler, „europäisch" gefärbter Islam, der ein Gegengewicht zum islamischen Extremismus zu bilden vermag. Als Beispiele für eine solche Moschee könnten die DITIB-Moscheen in Gladbeck-Butendorf (Schmitt 2003), Duisburg-Marxloh

---

[1] In den vorliegenden Beitrag fließen die Ergebnisse aus Schmitt 2003 sowie adaptierte und aktualisierte Texte aus weiteren früheren Veröffentlichungen des Autors ein, einschließlich der eigenen Teile aus Kraft/Schmitt 2008.

oder die *Islamische Gemeinde* in der oberbayerischen Kleinstadt Penzberg gelten. Ungeachtet dessen werden Moscheen in der öffentlichen Sphäre auch als (3) Ausdruck und materiell-institutionelle Basis muslimischer Parallelgesellschaften[2] dargestellt, oder als (4) Horte des islamischen Extremismus, in welchen autoritäre bis totalitäre Scharia-Interpretationen gelehrt werden und die Biographien islamischer Terroristen ihre entscheidenden Wendepunkte erfahren.

Diese differenten Konzeptionen von Moscheen als soziale Orte scheinen auf den ersten Blick als inkompatibel, decken aber möglicherweise ein Spektrum unterschiedlicher Moscheevereine ab. Verlässt man eine rein medien- bzw. diskursanalytische Betrachtungsweise und sucht nach idealtypischen Verdichtungen, um die gesellschaftliche Wirklichkeit von Moscheevereinen in Deutschland und Mitteleuropa erfassen zu können, so können diese differenten Deutungsmuster insgesamt als adäquate *tools* für eine sozialwissenschaftliche Annäherung an die Moschee im gegenwärtigen Deutschland als Institution und sozialer Ort begriffen werden – die vierte Deutung lässt sich dabei nur für eine kleine Minderheit von Moscheen heranziehen, aber gerade diese entfalten durch die öffentliche Rezeption eine „überproportionale" gesellschaftliche Wirkung. Die mediale Berichterstattung konzentriert sich auf den dritten und vierten Typus, wobei Qualitätsmedien häufiger auch „Gegenbeispiele", etwa in Form von Reportagen zu den „liberalen Netzwerkmoscheen", präsentieren.

Das deutsche Wort Moschee leitet sich ab vom arabischen *masdjid* – dem *Ort, an dem man sich zum Gebet niederwirft*. Zentral für die Moschee als Gebäude ist damit der Gebetsraum, welcher klassischerweise über eine Gebetsnische (arab. *mihrāb*) verfügt, ferner über eine (oder, im osmanisch geprägten Islam: zwei) Predigtkanzeln; eine Moschee benötigt zudem Waschräume zur Durchführung der rituellen Waschungen. In der Moschee können die fünf täglichen Pflichtgebete ausgeübt werden; in der Regel ist die Moschee in Einwanderungsgesellschaften vor allem aber auch der Ort des gemeinschaftlichen Freitagsgebets. Die klassische Unterscheidung zwischen einer *masdjid* (einer meist eher einfach gehaltenen Moschee für die täglichen Pflichtgebete) und der großen *djāmi'* (der häufig repräsentativen Freitagsmoschee, in welcher das Freitagsgebet mit Predigt gehalten wird) fällt in den Einwanderungsgesellschaften zumeist in der sozialen Praxis weg. Das Gebet am frühen Freitagnachmittag ist im Wochenrhythmus üblicher-

---

2   Der Begriff der „Parallelgesellschaft" wird im akademischen Diskurs vielfach zurückgewiesen. Hier wird er nicht als adäquate Vokabel zur Beschreibung des sozialen Lebens von Migranten insgesamt verstanden, sondern als idealtypische Denkfigur, die unter Umständen bestimmte Aspekte des sozialen Lebens *einiger* Migrantencommunities einfangen könnte. Es wäre dann die Aufgabe empirischer Exploration zu überprüfen, wo er ggfs. fallbezogen adäquat verwendet werden könnte.

weise das mit weitem Abstand am besten besuchte Gebet, während zu anderen Gebetszeiten die Besucherzahlen in der Moschee zumeist deutlich zurückgehen; viele Moscheen bleiben zu den Gebeten am frühen Morgen oder späten Abend gar nicht geöffnet. In soziologischer Hinsicht besteht ein grundlegender Unterschied zwischen der Organisation des Islam bzw. des Moscheebetriebs, wie sie in den Herkunftsländern muslimischer Migration anzutreffen ist, und der äquivalenten Organisation in den Zielländern der Migration. Sowohl in der sich als laizistisch verstehenden Türkei als auch in arabischen Ländern war und ist es Aufgabe des Staates, „die organisatorisch-technische und personelle Infrastruktur für die Religionsausübung zu gewährleisten" (Priesmeier 1988: 59). Der Staat sorgt in den Herkunftsländern – zumindest prinzipiell, es gibt durchaus Ausnahmen von dieser Regel – für den Bau und den Unterhalt der Moscheen und für die Ausbildung und Alimentierung der hauptamtlichen Imame. In Deutschland sowie in den anderen europäischen Einwanderungsländern stellte sich die Situation als eine völlig andere dar: „Selbstorganisation und Selbstverwaltung" durch die Migranten waren „das Gebot der Stunde" (Priesmeier 1988: 59). Als erste Gebetsorte der Arbeitsmigranten dienten zum Beispiel Keller in Arbeiterwohnheimen; um 1970 wurden in verschiedenen deutschen Städten als Ausdruck einer vorläufigen Etablierung die ersten Moscheen von Arbeitsmigranten in angemieteten, umfunktionierten Räumlichkeiten eingerichtet. Entsprechend dem angenommenen provisorischen Charakter waren diese frühen Laden- oder Hinterhofmoscheen tendenziell durch eine einfache Einrichtung und Möblierung gekennzeichnet; sukzessive wurden diese in den Folgejahrzehnten vielfach ausgebaut, kleinere Zentren durch größere ersetzt und die Inneneinrichtung wurde verbessert. Auch die Laden- und Hinterhofmoscheen verfügen jedoch nicht nur über Gebetsräume und Waschgelegenheiten, sondern übernehmen, neben der religiös-liturgischen Funktion, die des sozialen Treffpunkts und der Freizeitgestaltung. Je nach Platzangebot und Schwerpunktsetzung des Moscheevereins finden sich im Moschee-Komplex über die Gebetsräume hinaus eine Teestube – auf diese verzichtet kaum eine Moscheegemeinde –, möglicherweise ein Lebensmittelverkauf (welcher offiziell in der Regel nur Vereinsmitgliedern offen steht), häufig spezielle Räume für Frauen oder Jugendliche, Unterrichtsräume, ein Büro, manchmal eine Bibliothek oder wenigstens eine kleine Buchecke, ein Buchverkauf, eventuell ein Friseur. In der Regel verfügen Frauen über eigene – kleinere – Gebetsräume. Bei Moscheeneubauten fällt ihnen üblicherweise die Empore zu. Die differenten Soziologien von Kirchen- und Moscheegemeinden in Deutschland werden in den Geschlechterrelationen offenkundig: Während etwa die Besucher katholischer Werktagsmessen in vielen Gemeinden Deutschlands überwiegend Frauen sind, erscheinen der zentrale Gebetsraum der Moscheen und auch die Teestube eindeutig männlich dominiert. Außerhalb besonderer Anlässe halten sich Frauen dort kaum auf; sie sind in ihren geschlechtsspezifischen Räumen anzutreffen, welche zumeist deutlich kleiner als diejenigen der Männer sind und eher abseits der Haupteingänge der Moscheekomplexe liegen.[3]

Die Form des eingetragenen Vereins bildet in der Regel den rechtlichen und organisatorischen Rahmen für die Bildung von Moscheegemeinden. Ein Großteil dieser lokalen Moscheevereine gehört Dachverbänden an, welche sich in der Bundesrepublik seit den 1970er und vor allem seit den frühen 1980er Jahren konstituierten.

Seit den 1990er Jahren lösten jüngere Migranten der zweiten Generation ihre Eltern in den Vorständen der Moscheevereine ab. Die Arbeit der ehrenamtlichen Vereinsvorstände konnte durch die meist besser ausgebildeten Angehörigen der zweiten Generation „professioneller" erfolgen; zudem öffnete sich ein Teil der Moscheegemeinden verstärkt gegenüber der Gesamtgesellschaft. Dachverbände und Akademien boten den Moscheevorständen seit den 1990er Jahren interne Fortbildungen, auch in Bezug auf die Öffentlichkeitsarbeit; Moscheen entwickelten sich zunehmend zu den räumlichen Brennpunkten oder *locales* des christlich-islamischen Dialogs. Auch in Folge der nach wie vor mangelnden Deutschkenntnisse vieler Imame, und damit der theologisch ausgebildeten Repräsentanten der Moscheevereine, ist dieser christlich-islamische Dialog in lokalen Kontexten bisher weitgehend durch Asymmetrien gekennzeichnet. Zumindest bei einigen Moscheegemeinden wird deren Außendarstellung wesentlich von Frauen geprägt. Dies gilt exemplarisch für die DITIB-Moschee in Duisburg-Marxloh; die Moschee bekam gerade durch die Leiterin des Begegnungszentrums in der Moschee, Zehra Yılmaz, ein öffentliches Gesicht.[4] In der Öffentlichkeitsarbeit und im Austausch mit kommunalen oder christlichen Institutionen erhalten Frauen mitunter eine Bühne, die ihnen im Innenleben des Moscheevereins nicht immer gewährt wird.

Bis heute lässt sich eine weitgehende Differenzierung von Moscheegemeinden nach sprachlich-ethnischen und auch religiös-politischen Merkmalen feststellen. Im Alltag und auch in wissenschaftlichen Publikationen werden Moscheen wie selbstverständlich zum Beispiel weiterhin als „türkische", „kurdische",

---

3   Selbstverständlich treffen solche generalisierenden Aussagen nicht auf alle Moscheen in gleichem Maße zu; den eigenen (in diesem Punkt nicht systematischen und zugegeben sporadischen) Beobachtungen zufolge scheinen jüngere Muslima sich mittlerweile selbstverständlicher auch außerhalb der eigenen geschlechtsspezifisch definierten Räume zu bewegen als noch in den 1990er Jahren. Zu Aspekten des sozialen Lebens von Moscheevereinen einschließlich der Rolle von Frauen vgl. u. a. die Beiträge in Jonker/Kapphan 1999.

4   Allerdings kam es 2010/11 zu Auseinandersetzungen zwischen dem Vorstand der Moschee und dem Bildungszentrum.

"bosnische", "arabische" oder "marokkanische" bezeichnet. Das Bedürfnis von Migrantencommunities nach ethnisch definierten sozialen Treffpunkten strukturiert bislang in stärkerem Maße die Institutionalisierung des Islams in Mitteleuropa als der universale (und damit ethnische Grenzziehungen transzendierende) theologische Anspruch dieser Weltreligion.[5] Des Weiteren folgt die Differenzierung der Moscheedachverbände neben den ethnisch-sprachlichen auch religiösen und politischen Trennlinien. Größter Moscheedachverband in Deutschland ist die DITIB (*Diyanet İşleri Türk İslam Birliği* – Türkisch-Islamische Union des [türkischen] Präsidiums für religiöse Angelegenheiten), welche Anfang der 1980er Jahre auf Betreiben der türkischen Regierung gegründet wurde. Die türkische Regierung verfolgte mit dieser Maßnahme das Ziel, ein Gegengewicht zu damaligen islamistischen Organisationen in der Bundesrepublik zu bilden, die unter anderem die Einführung des islamischen Rechts in der Türkei propagierten. Mit der Gründung von "Konkurrenzmoscheen" wollte die DITIB die in Deutschland lebenden Türken von den politisch agitierenden Vereinen abziehen und ihnen Moscheen anbieten, die den konkreten religiösen Bedürfnissen der in Deutschland lebenden Migranten entsprachen (vgl. u. a. Heine 1997). Tezcan (2005) schrieb der DITIB metaphorisch eine Art volkskirchlichen Charakter zu. Die Islamische Gemeinschaft Milli Görüş steht der türkischen Regierungspartei AKP nahe; der zentralistisch geführte Verband Islamischer Kulturzentren (VIKZ) gilt als Kind des Nakshibendiye-Ordens und vertritt eine spezifische Richtung des sufischen Islam.

Die Aleviten verorten sich teilweise als religiöse Gruppierung innerhalb, teilweise außerhalb des Islam. Sie beten normalerweise nicht in Moscheen, sondern haben eigene religiöse und kulturelle Zentren, *Cem*-Häuser, eingerichtet, in denen neben Kulturveranstaltungen und sozialen Aktivitäten auch Gottesdienste stattfinden. Analog zu Moscheen verfügen ihre Zentren häufig über ein vielfältiges Raumangebot einschließlich z. B. Büros und Jugendräume. Eine vergleichsweise rigide Geschlechtertrennung, wie sie in den meisten Moscheen bis heute zu beobachten ist, fand in den alevitischen Kulturzentren nie statt.

2. Moscheebauten in Deutschland

Die meisten Moscheen in Deutschland sind bislang in angemieteten oder erworbenen, umfunktionierten Räumlichkeiten untergebracht; nur eine (nichtsdesto-

---

[5] Es ist plausibel anzunehmen, dass in den kommenden Jahrzehnten das Bedürfnis nach einer ethnischen Differenzierung von Moscheegemeinden zurückgehen wird – was auch die ethnische Ausrichtung vieler Dachverbände in eine Legitimationskrise führen dürfte.

weniger wachsende) Minderheit von islamischen Gemeinden verfügt über eigens errichtete Gebäude. Manche Moscheeneubauten sind auf den ersten Blick keineswegs als solche erkennbar, sondern als unauffällige Zweckbauten ausgeführt; in diese Rubrik fällt z. B. die Verbandszentrale des VIKZ in Köln-Ehrenfeld. Man kann davon ausgehen, dass die Bauherren in solchen Fällen bewusst etwaige Konflikte um die Genehmigung und Errichtung der Gebäude vermeiden wollten.[6] In der Regel ist der Neubau jedoch nicht nur funktional, in seinem Raumangebot, besser auf die Bedürfnisse der Moscheegemeinden zugeschnitten als die umfunktionierten Laden- und Hinterhofgebäude, sondern repräsentiert durch bauliche Symbole zugleich die Präsenz des Islam im Stadtbild.

Die älteste bis heute in Deutschland erhaltene repräsentative Moschee wurde bereits in den 1920er Jahren von einem Zweig der Ahmadiyya-Bewegung in Berlin-Wilmersdorf errichtet. Entsprechend der Herkunft der Bewegung vom indischen Subkontinent (konkret: dem heute in Pakistan liegenden Lahore) ließ sich der Architekt K. A. Herrmann in der Außengestaltung des Gebäudes von der Bauikone *Tadj Mahal* inspirieren. Im Nachkriegsdeutschland eröffnete wiederum die Ahmadiyya-Bewegung bereits 1959 eine kleine Kuppelmoschee im Frankfurter Stadtteil Sachsenhausen; in Hamburg projektierten persische Kaufleute 1961 das schiitisch geprägte Islamische Zentrum Hamburg. An den beiden Hochschulstandorten Aachen und München mit einem relativ hohen Zulauf von arabischen Studenten wurden in den 1960er Jahren zwei weitere Moscheeneubauten unter dem Namen „Islamisches Zentrum" auf den Weg gebracht – beide Bauten zeigen sich in damals zum Teil irritierend moderner, jedoch nicht unbedingt ästhetisch ansprechender Architektur.

Die Arbeitsmigration von Muslimen nach Deutschland führte erst Ende der 1980er Jahre, also mit einer Zeitverzögerung von mehr als zwei Jahrzehnten, zu repräsentativen Moscheebauten. Im Hinblick auf die Minarettform und die Gestalt des zentralen Baukörpers orientieren sich diese bislang, entsprechend dem meist türkischen Hintergrund der Moscheevereine, am Typus der osmanischen Kuppelmoschee. Von Seiten der Architekturkritik wurde bemängelt, dass diese Moscheebauten – anders als etwa die Synagogenneubauten der letzten Jahrzehnte – selten eine zeitgemäße Architektursprache aufweisen (ausführlich Kraft 2002; ferner Kraft/Schmitt 2008). Trotz der prinzipiellen Orientierung an traditionellen Elementen islamischer Architektur wie dem Kuppelbau und dem Minarett gelangen bei einer Reihe von Moscheeneubauten durchaus überzeugende Verbindungen mit modernen und postmodernen Architekturkonzepten, so

---

6 In diesem Sinne äußerte sich auch der damalige Generalsekretär des VIKZ, Ibrahim Çavdar, im Interview (1999).

etwa bei der 1995 eröffneten DITIB-Moschee im Mannheimer Stadtteil Jungbusch. Die von einem holländisch-türkisch-deutschen Architektenteam konzipierte Moschee greift in ihrer Außengestaltung postmoderne Elemente auf und gliedert sich, ohne ihre Identität als Sakralbau zu leugnen, mittels ihrer Baukubatur gut in die bestehende Bebauung ein (vgl. Klusak 1999; Schenk 1999: 65; Kraft 2002: 131-163).

Der expressive Entwurf der DITIB-Moschee in Köln-Ehrenfeld durch den Architekten Paul Böhm wurde in den vergangenen Jahren überregional kontrovers diskutiert (siehe die Ausführungen unten). Repräsentative Moscheebauten in Deutschland wurden bisher vor allem in den industriellen Ballungszentren in Nordrhein-Westfalen (Rhein-Ruhr-Region), in Baden-Württemberg und – allerdings in deutlich geringerer Anzahl – in Hessen und Bayern sowie in den Stadtstaaten errichtet. In Ostdeutschland mit Ausnahme Berlins existiert bislang keine repräsentative Moschee (Schmitt 2011).

3. Moschee-Konflikte in Deutschland

Bereits die Moschee-Konflikte der 1990er Jahre wurden in den bundesweiten Medien, in den großen Tageszeitungen, in der *Zeit*, in Boulevardmedien wie *Bild*, im *Spiegel* oder den *Tagesthemen* aufgegriffen. Über den heftigen Duisburger Streit um die beantragte Einführung des lautsprecherverstärkten Gebetsrufes durch zwei Moscheen berichtete 1997 gar das US-amerikanische Magazin *Time* (Bofante 1997). Schon vor rund zehn Jahren ließ sich als sozialwissenschaftliche Regel formulieren: Kein Moscheeneubau wird in Deutschland (und ähnlich auch in anderen Ländern Mitteleuropas, oder z. B. in Australien) ohne manifesten lokalgesellschaftlichen Konflikt errichtet (Schmitt 2004). Entsprechend der Komplexität des Gesellschaftlichen werden sozialwissenschaftliche Regeln normalerweise nicht absolut verstanden, und so lassen sich auch von dieser Regel Ausnahmen formulieren, in denen ein Moscheebau relativ konfliktarm (nicht jedoch völlig konfliktfrei) über die lokalgesellschaftliche Bühne ging. In der schwäbischen Kleinstadt Lauingen an der Donau gelang es in den 1990er Jahren dem damaligen CSU-Bürgermeister Georg Barfuß, dass sich die Stadtgesellschaft hinter dem Moscheebauprojekt der örtlichen DITIB-Gemeinde versammelte. Nur von wenigen Einzelpersonen, aber von keiner organisierten Gruppe wurde öffentlicher Einspruch gegen die Moschee formuliert. Der Bürgermeister hatte die Muslime zu einem repräsentativen Bau mit Kuppel und Minarett, statt eines unauffälligen Zweckbaus mit einem gewöhnlichen Satteldach, sogar gedrängt: „Entweder baut ihr was g'scheits, oder gar nix!", gab er ihnen, im retrospektiven Interview stilisiert formuliert, mit auf den Weg.[7] Die obige Regel lässt sich weiter präzisieren: Es sind oft die repräsentativen Moscheebauten mit erkennbarer islamischer Architektur (und nicht die eher unauffälligen Neubauten), welche für Konfliktstoff sorgen. Die möglichen Gründe hierfür werden weiter unten erörtert.

Der Autor untersuchte in Schmitt (2003) retrospektiv vergleichend fünf Moschee-Konflikte im Deutschland der 1990er Jahre. Hierzu griff er auf ein qualitatives Methodenrepertoire zurück, wesentlich gestützt auf Interviews und Gespräche mit Schlüsselakteuren und Beobachtern, ferner auf die Auswertung von Presseartikeln und weiteren öffentlichen oder semi-öffentlichen Quellen (wie z. B. Stadtratsprotokolle, Gerichtsurteile) und teilweise von internen Unterlagen von Behörden. Über die Rekonstruktion von Konfliktbiographien versuchte die Studie, die Faktoren, die zur unterschiedlichen Eskalation entsprechender Konflikte führten, zu identifizieren.

In allen Konflikten zeigte sich, dass sich sinnvollerweise drei verschiedene Thematiken oder Aspekte analytisch unterscheiden ließen, deren Interferenz zur spezifischen Eskalation der Konflikte beitrug. Diese lassen sich als raumbezogen-städtebauliche, ethnisch-kulturelle und religionsbezogene Konfliktaspekte bezeichnen. Sie sind zum einen beobachtbar auf der Ebene der involvierten Akteure. Neben den Moscheevereinen, Bürgermeistern und politischen Parteien zählten dazu z. B. die Stadtplanungsämter (welche zunächst mit den raumbezogen-städtebaulichen Aspekten konfrontiert sind), ferner kommunale Ausländer- bzw. Integrationsbeauftragte und Ausländerbeiräte (sofern in den jeweiligen Kommunen vorhanden; sie sind Akteure und/oder Moderatoren des ethnisch-kulturellen Bereichs) sowie die Repräsentanten und teilweise die Gremien der christlichen Kirchen vor Ort (mit der ihnen zugeschriebenen religiösen Kompetenz). Daneben können Bürgerinitiativen als Akteursgruppe, in der Regel als Antagonisten der Moscheevereine, auftreten. Die Liste der möglichen Akteure ist damit keinesfalls abgeschlossen: Die Dachverbände der Moscheevereine, eventuell Synagogengemeinden, Gerichte und selbstverständlich lokale, regionale und überregionale Medien sind potenziell relevant. Die oben genannten thematischen Konfliktdimensionen strukturieren das Akteursfeld und die institutionellen Austragungsmechanismen; ferner bieten sie sich für eine erste Klassifikation der öffentlich artikulierten Motive und Argumentationen, der diskursiven Ebene, an. Insbesondere auf dieser diskursiven Ebene macht sich die vielfältige Überlappung der oben genannten raumbezogenen, ethnisch-kulturellen und religionsbezogenen Konfliktaspekte bemerkbar. Der Konfliktverlauf ist, ähnlich wie bei anderen umstrittenen Bauprojekten, vor allem durch das

---

7   Vgl. die ausführliche Darstellung in Schmitt 2003.

baurechtliche Procedere strukturiert. Im Folgenden werden die genannten Konfliktaspekte näher erläutert.

3.1 Raumbezogen-städtebauliche Konfliktaspekte

Zugeparkte Stellplätze im Ramadan, Lärmbelästigung durch Veranstaltungen in der Moschee, durch den zuführenden Verkehr oder den vermeintlich erfolgenden öffentlichen Muezzin-Ruf sind zentrale Stichworte mit Blick auf die raumbezogenstädtebaulichen Einwände von Anwohnern gegen Moscheebauten. Hierbei artikulieren Nachbarn und Anwohner aus der näheren Umgebung der Moschee ihre raumbezogenen, partikularen Eigeninteressen im Wunsch nach einem möglichst ungestörten Wohnen ohne große Belästigungen. Vergleichbare Argumentationen sind auch aus anderen raumbezogenen Konflikten um soziale Infrastruktureinrichtungen oder Betriebsansiedlungen vertraut. Aufgrund der Verfahrensstruktur, der Protestformen der Moscheegegner (z. B. Unterschriftensammlungen, Demonstrationen), aber auch aufgrund der z. B. in Bürgerversammlungen expressiv formulierten unmittelbaren Betroffenheit, lassen sich Parallelen zwischen Moscheekonflikten und lokalen Ökologie-Konflikten ziehen. Gemäß einer geläufigen Argumentationsfigur wird behauptet, die Moschee füge sich nicht, wie vom Baugesetzbuch gefordert, in die nähere Umgebung ein, oder passe mit ihrer „fremden" Architektur nicht in das örtliche (oder, weiter ausholend: abendländische) Stadtbild – was die häufig enge Verzahnung von raumbezogenen und ethnischkulturellen Konfliktaspekten unterstreicht.

Ein Lokalpolitiker im nordrhein-westfälischen Lünen formulierte demgemäß im Interview zu einem Moscheebauprojekt:

> So, wenn Sie sich jetzt mal dieses Gebäude [im Entwurf] ansehen, was jetzt also dementsprechend errichtet wird, können wir alleine von der Architektur sehen, dass dies natürlich [...] in einen solchen Bereich, in dem Sie Einfamilienhäuser ringsum haben, hier hineinpasst wie 'ne Faust aufs Auge. Das kann man wirklich so sehen. Und vor allen Dingen dann 'ne Architektur, [ich] sag' mal, die war vielleicht mal modern, 900 Jahre vor Christus. (Interview Lünen, 1999)

In der bayerisch-schwäbischen Kleinstadt Bobingen hatte die Stadtverwaltung Anfang der 1990er Jahre ihre ablehnende Haltung gegenüber einem geplanten Minarett immer wieder mit städtebaulichen und baurechtlichen Argumenten begründet. Der damalige Bürgermeister äußerte sich in einem Fernsehinterview für eine Sendung der ARD zum geplanten Minarett der örtlichen Moscheegemeinde. Hierbei verband er nun in eigentümlicher, vielleicht nur vorbewusster Weise den Baurechtsdiskurs – wo es um das erforderliche „Einfügen" des Minaretts in die nähere Umgebung gemäß § 34 Baugesetzbuch ging – mit dem kulturbezogenen Diskurs:

> wo es nur einen Kirchturm gibt, [gibt es, T.S.] in Zukunft vielleicht zwei Minarette; Frage: Fügt sich das dann hier noch ein, oder wird hier eine vorhandene Kultur überdeckt, von einer neuen Kultur – überdeckt die Minderheit dann die Mehrheit?[8]

Die *Befürworter* von Moscheen äußern sich teilweise ebenfalls unter Rückgriff auf städtebauliche und baurechtliche bzw. juristische Argumente: Repräsentative Moscheen seien demnach nicht nur, zumindest prinzipiell, baurechtlich zulässig,[9] sondern man könne sie als städtebauliche Bereicherungen auffassen, die das Stadtbild oder den Stadtteil aufwerten. Sie beziehen sich dabei auch auf das Verfassungsrecht auf Religionsfreiheit, welches sich auch auf die Auslegung baurechtlicher Bestimmungen auszuwirken habe.

3.2 Ethnisch-kulturelle Konfliktaspekte

In die Austragung von Moscheekonflikten fließen mitunter lokale ethnisch-kulturelle Konfigurationen ein, die in keinem näheren Zusammenhang zur religionsbezogenen Thematik stehen. So wurde von Akteuren in Bobingen (zumindest retrospektiv in einem Interview) das geplante Minarett der türkisch-muslimischen Gemeinde in einen Zusammenhang mit der Gründung eines eigenen ethnischen Sportvereins, des *Türk SV Bobingen*, gebracht, und beide Phänomene wurden als Separierung gedeutet, letztlich als Absage der türkischen Community an eine Integration in die Gesamtgesellschaft. Moschee-Auseinandersetzungen verweisen darauf, dass ethnisch-kulturelle Kategorien sozialräumlich übersetzt werden und Moscheegegner häufig eine drohende „Orientalisierung" (zum Begriff u. a. Heitmeyer/Anhut 2000) oder „Türkisierung" des eigenen Stadtviertels, der eigenen Lebenswelt und teilweise darüber hinausgehend der deutschen Gesellschaft insgesamt abwehren wollen. Ein Mitglied der Duisburger Bürgerinitiative gegen den Muezzin-Ruf formulierte 1999 im Interview:

> Sehen Sie, wenn ich Islam schön will, dann fahr' ich in islamische Länder, und geh' auf 'nen Basar, und kann das Getümmel da wunderbar finden, und dann nehm' ich auch den Muezzin in Kauf, weil dat da ja eben so is'. Und dann darf ich das auch exotisch wunderbar finden.

---

8   Zitiert nach: „Kirchturm, Rathaus, Minarett" (Autor: Ulrich Schauen, Reihe „Gott und die Welt", ARD 1993; Transkription T.S.).
9   Relevant für eine entsprechende baurechtliche Beurteilung sind insbesondere die Festsetzungen der Baunutzungsverordnung, welche für unterschiedliche Baugebiete die Zulässigkeit von kulturellen oder „kirchlichen" Einrichtungen differenziert regeln. Dabei sind zur Beurteilung der baurechtlichen Zulässigkeit weitere Einzelaspekte zu prüfen, etwa der Nachweis einer ausreichenden Zahl von Pkw-Stellplätzen.

> Aber deswegen muss ich [...] das doch nicht hier schön finden, zumal im Hinblick auf meine Nachkommen. Wir haben ja auch Kinder, und wir haben Enkelkinder, die möglicherweise noch erleben, wenn das mal umkippt, und wenn das anders wird. Denn das ganze Geschwafel von Globalisierung und Multi-Kulti, das ist doch im Grunde genommen doofes Zeug. Das funktioniert doch überhaupt nicht. Das funktioniert auch nicht in Amerika. Und wer wider besseren Wissens noch propagiert, Multi-Kulti wär' schön, und der Islam wär' 'ne Bereicherung, dat is' schon kriminell. (Interview Duisburg, 1999)

Losgelöst von den Verlustängsten infolge der Veränderung einer vertrauten Umgebung muss man jene *kulturräumlichen Argumentationen* sehen, die im Zusammenhang mit moscheebezogenen Auseinandersetzungen genannt wurden. Ein Auszug aus einem Leserbrief zum Duisburger Muezzin-Ruf-Streit von 1997:

> Erforderlich ist auch der kritische Dialog mit den wahren Absichten des Islam, der eine totalitäre Religion darstellt, in der andere Religionen keinen Platz haben [...] Wer sich als Befürworter der Entlassung von Pfarrer Reuter [einem zentralen Antagonisten der Duisburger Moscheevereine, T.S.] in der Wahl der Religion und der Geographie geirrt hat – Deutschland befindet sich in Westeuropa und zählt zum christlichen Abendland – hat die Wahl, zum Islam zu konvertieren und Deutschland mit vielen Vorzügen der Demokratie und der Menschenrechte zu verlassen. Hat die protestantische Kirche das Abendland bereits aufgegeben und startet sie nun den Versuch, sich dem Islam anzubiedern? (Neue Ruhr Zeitung, 5.3.1997, Leserbrief „Biedert sich die evangelische Kirche dem Islam an?")

Solche kulturräumliche Argumentationen sehen in Deutschland als Teil des christlich geprägten Abendlandes nur Kirchturm und Glockengeläut,[10] nicht jedoch Minarett und Muezzin-Ruf erlaubt; letztere gehörten in den islamischen Orient. Hier werden normative Territorialisierungen vorgenommen, in denen geographischen Konstrukten wie „Orient" und „Abendland" unhinterfragt eine normative Bedeutung zugeschrieben wird (vgl. Werlen 1997).

Die Sprecher *muslimischer Gruppen* betonen beispielsweise, dass für sie die Frage der Genehmigung repräsentativer Moscheebauten ein überfälliges Zeichen für die Anerkennung der muslimischen Minderheit durch die Mehrheitsgesellschaft ist. Insofern ist es auch gerechtfertigt, entsprechende Konflikte um Moscheen als *Anerkennungskonflikte* einzuordnen, in denen sich der Kampf um die gesellschaftliche Akzeptanz einer bislang marginalisierten Bevölkerungsgruppe symptomatisch ausdrückt. Zugleich wird der Wunsch nach repräsentativen Moscheen, die die alten Laden- und Hinterhofmoscheen ersetzen sollen, teilweise völlig unspektakulär mit einem *Heimatgefühl*, welches die Moschee mit Minarett bediene, erklärt oder als ganz selbstverständlicher Vorgang aufgrund der zunehmenden Etablierung von Migranten in Deutschland gedeutet. Ein jünge-

---

10 Säkulare Kräfte stellen, soviel sei angemerkt, seit Jahren aber auch das christliche Glockenläuten in Frage.

res Vorstandsmitglied der DITIB-Moschee in Bobingen formulierte den Bauwunsch seines Vereins:

> Wenn [der] Körper wächst, dann braucht man andere Schuhe, andere Kleidung. Und wo wir jetzt eine Moschee gehabt haben, [sagten wir]: „O. k., was fehlt? – ein Minarett! Bauen wir das auch hin!" – ohne [...] etwas dabei zu denken. [Ein] Minarett gehört halt dazu, aber ist kein „Muss" (Interview Bobingen, 1999).

3.3 Religionsbezogene Konfliktaspekte

Auf den ersten Blick ließen sich die religiösen Konfliktaspekte von Moscheedebatten unter die ethnisch-kulturellen subsumieren. Allerdings verlaufen zahlreiche Konfliktlinien um religiös-theologische Fragen, etwa die Bewertung des Islams aus christlicher Sicht, *innerhalb* der christlichen Kirchen bzw. der Mehrheitsgesellschaft, so dass auf diese Konfliktlinien die Bezeichnung „ethnisch-kulturell" im üblichen Verständnis kaum anwendbar ist. Auf der anderen Seite haben sich in der bundesweiten Diskussion in den letzten Jahren säkular orientierte Migranten, die biographisch einen muslimischen Hintergrund haben, ebenfalls gegen Moscheeneubauten ausgesprochen.

Zwei religionsbezogene Relationen sind in Moschee-Debatten von Bedeutung: Erstens das Verhältnis zwischen der muslimischen Religion bzw. islamischen Organisationen und einem als *säkular* verstandenen Staat bzw. einer säkularen Gesellschaft,[11] zweitens die Relationen zwischen den jeweiligen Religionen in einer nun *multikonfessionellen* Gesellschaft. Konfliktgegner der Moscheevereine behaupteten beispielsweise, der Islam sei eine antidemokratische, totalitäre (Relation 1) und zudem eine antichristliche Religion (Relation 2). Der frühere evangelische Pastor Dietrich Reuter aus Duisburg-Laar formulierte 1996 für sein Presbyterium in einer großformatigen Zeitungsanzeige in der *Westdeutschen Allgemeinen Zeitung*:

> Im Islam ist das Gebet eine – möglichst öffentliche – Demonstration der Unterwerfung unter „Gottes" Willen, wie ihn die Muslime verstehen. [...] Als öffentlicher Aufruf bekundet er [der Gebetsruf, T.S.] den Machtanspruch auf Durchsetzung des Willens Allahs in der Gesellschaft. [....] Inhaltlich trägt der Gebetsaufruf einen antichristlichen Charakter und stellt einen Affront gegen glaubende Christen dar.[12]

---

11 Zu den Tücken des Säkularitätsbegriffs und unterschiedlichen Verständnissen von Säkularität vgl. Bielefeldt 1999; zur Stellung des Islam im säkularen Rechtsstaat auch Rohe 2012.
12 Stellungnahme des Presbyteriums der evangelischen Kirchengemeinde Laar vom 28.10.1996, abgedruckt in: WAZ Duisburg, Anzeige, 15.11.1996.

Diese Zeitungsanzeige hatte in den Duisburger Auseinandersetzungen von 1996/97 eine erkennbar eskalierende Wirkung. Befürworter von Moscheebauten verweisen hingegen unter anderem auf das Grundrecht auf Religionsfreiheit, welches die öffentliche Verwendung religiöser Symbole mit einbezieht (Relation 1); christliche und jüdische Unterstützer nehmen zudem die „Geschwisterschaft der abrahamitischen Religionen" Judentum, Christentum und Islam in Anspruch (Relation 2); die Konstruktion dieser Geschwisterschaft wird seit einigen Jahren insbesondere von christlichen Theologen populär gemacht (siehe v. a. Kuschel 2001, orig. 1994).

3.4 Funktionen und Symbolgeschichte des Minaretts

In religionsbezogenen Konflikten wird regelmäßig über die „richtige" Interpretation religiöser Symbole wie des Kopftuches oder des Minaretts gestritten.[13] Oft wird dabei von den gegnerischen Parteien versucht, eine einzige Bedeutung eines solchen Symbols als die allein richtige festzuschreiben. Das Kopftuch erscheint so als Zeichen selbstbestimmter Religiosität (eine muslimische Position), als Zeichen der Unterdrückung von Frauen oder als Ausdruck eines Bekenntnisses zu einem extremistischen Islam (der klassische Vorwurf von Seiten vieler Nichtmuslime). Schnell wird übersehen, dass Symbole im Laufe ihrer Geschichte viele, zum Teil recht verschiedene und völlig gegensätzliche Bedeutungen annehmen können. Dies wird auch in der Symbolgeschichte des Minaretts deutlich, auf welche wegen ihrer Relevanz für das Verständnis von Moschee-Konflikten im Folgenden näher eingegangen wird:

Das deutsche Wort Minarett leitet sich ab vom arabischen *menara*, welches ursprünglich Leuchttürme bezeichnete. Ein Minarett kann (wie praktisch jedes Gebäude oder Gebäudeteil) mehrere Funktionen haben und Bedeutungen annehmen; funktionaler und symbolischer Bereich eines Bauwerks sind nicht scharf zu trennen. Mit dem Kirchturm teilt das Minarett seine *akustische Funktion*. Seit dem 7. Jahrhundert ruft der Muezzin von der erhöhten Plattform des Minaretts die Gläubigen zum Gebet, wie es zuvor bereits die Glocken der christlichen Kirchtürme taten. Auch die Form des Minaretts wurde vom christlichen Kirchturm, ferner von anderen, profanen Turmbauten wie eben Leuchttürmen angeregt (Hillenbrand 1991). Das Minarett hat eine *deiktische Funktion*, wenn es auf den Ort des Gebets und als *pars pro toto* auf die *Moschee* als Ganzes und schließlich sogar auf den *Islam* insgesamt verweist. In den Zeiten der Expansion hat das Mi-

---
13 Neben den Fallstudien in Schmitt (2003) vgl. auch z.B. Hüttermann (2006) oder Wäckerlig (2011).

narett in den eroberten Gebieten auch als eine Art *Siegesturm* die Kraft der neuen Bewegung markiert (Schimmel 1990) – vergleichbare Interpretationen lassen sich auch für christliche Kirchtürme anstellen. Im osmanischen Raum lässt die Anzahl der Minarette einer Moschee Rückschlüsse auf den Rang ihres Stifters zu. Diese partiellen politischen Bedeutungen des Bauteils erscheinen jedoch seinem spirituellen Symbolgehalt nachgeordnet: Das Minarett bringt die *Macht des Glaubens* zum Ausdruck (von Brück 1993). Minarette wurden in ihrer äußeren Form im Laufe der Ausbreitung des Islam nach geographischen Regionen vielfach variiert. Im Maghreb und dem andalusischen Spanien dominiert der Turm mit quadratischem Grundriss, während bekanntlich in den osmanischen Gebieten schmale und runde, spitz zulaufende Minarette charakteristisch wurden. Neben diesen geläufigen Grundformen existieren zahlreiche regionale Variationen, in denen verschiedene Architektur- und Kunstauffassungen zum Ausdruck kommen.

Die Bedeutung eines religiösen Symbols variiert je nach gesellschaftlichem Kontext und je nachdem, ob die Bedeutung aus einer Innen- oder einer Außensicht definiert wird. In der barocken und nachbarocken europäischen Rezeption orientalischer Kultur symbolisiert auch das Minarett die anziehende, *elegante, exotische Welt des Islam*. Hingegen muss es heute auf den Titelseiten westlicher Magazine regelmäßig als Symbol für eine *fundamentalistische Bedrohung* oder aber auch eine *ethnisch-kulturelle Veränderung* des Westens infolge muslimischer Migration herhalten.

Gelegentlich haben Muslime in Moschee-Debatten betont, dass für sie das Minarett so etwas wie *Heimat* symbolisieren könne: Das Minarett sei eine vertraute Form, welche sie an ihre Herkunftsländer, an die Orte ihrer Kindheit erinnere. Repräsentanten von Moscheevereinen beschreiben die Möglichkeit, Moscheen mit Minarett errichten zu können, als Ausdruck von *gesellschaftlicher Anerkennung* und prinzipieller Gleichberechtigung mit anderen Bevölkerungsgruppen. Teilweise wird von Moscheegegnern die Errichtung von Minaretten als Streben nach *Dominanz* interpretiert – das Minarett drücke etwa einen territorialen Machtanspruch von Muslimen aus.

Kulturelle Symbole wie Minarette werden also nicht selten aus einer einseitigen Wahrnehmung heraus interpretiert, ohne dass erkannt wird, dass solche Symbole komplexe, teilweise auch widersprüchliche Bedeutungszuschreibungen erfahren können. Entsprechende Mechanismen können zur Eskalation interkultureller Konflikte beitragen.

3.5 Vorläufiges Fazit: Moschee-Konflikte als Symptomkonflikte

Wie bereits oben festgestellt wurde, manifestieren sich die heftigen Konflikte um den Bau repräsentativer Moscheen mit sichtbaren Zeichen islamischer Architektur oder um den (seltenen) Fall der Einführung des lautsprecherverstärkten Gebetsruf (wie in Duisburg 1996/98). Es scheint, dass die Kombination aus lebensweltlicher Betroffenheit (bei Befürwortern wie Gegnern) und symbolischem Stellvertretercharakter des lokalen Konflikts für die starke Eskalation verantwortlich zeichnet. Laden- und Hinterhofmoscheen können zwar ebenfalls Konflikte induzieren, doch erreichen diese nicht die Heftigkeit wie bei Neubauprojekten. Es handelt sich hierbei um begrenzte Auseinandersetzungen, bei denen zum Beispiel Lärmbelästigungen von Anwohnern durch den laufenden Moscheebetrieb thematisiert werden. Selbstverständlich ist davon auszugehen, dass auch hierbei ethnisch-kulturelle und religionsbezogene Aspekte in die Auseinandersetzungen hineinspielen. Die heftigsten Konflikte ereignen sich jedoch eben um sichtbare, als islamisch identifizierbare Architektur (oder den hörbaren Muezzin-Ruf). Diese sind immer auch Symbolkonflikte, die einen „Mehrwert" gegenüber dem begrenzten Anlass der Auseinandersetzung haben. Sie sind Symbol- und Symptomkonflikte um die Integration von Migranten und die Stellung des Islams in Deutschland. Durch die lokale Verdichtung unterscheiden sich Moschee-Konflikte von anderen gesellschaftlichen Konfliktfeldern mit einem Bezug zum Islam, etwa der Frage nach der Einführung des islamischen Religionsunterrichts an deutschen Schulen.

4. Neuere Entwicklungen

4.1 Die Internationalisierung lokaler Moschee-Konflikte

Konflikte um Moscheeneubauten lassen sich seit mehr als zwei Jahrzehnten in einer Reihe von westlich geprägten Ländern, in Europa, den USA, aber auch in Australien beobachten. Vergleicht man die Argumentationsfiguren der von mir näher untersuchten Konfliktfälle aus deutschen Städten, welche teilweise bis zum Beginn der 1990er Jahre zurückreichen, mit den jüngeren Debatten in Deutschland oder der Schweiz, so lässt sich auf der Ebene der Argumentationen ein hohes Maß an Kontinuität feststellen. In gewisser Weise wurden in den Moscheekonflikten der 1990er Jahre im lokalen Rahmen die Debatten um die Stellung des Islams in der westlichen Gesellschaft vorweggenommen, wie sie nach 9/11 in der breiten Öffentlichkeit behandelt wurden. Lediglich einige Nuancen in den Argumentationen werden ausgetauscht. Bezogen sich Moschee-Gegner beispielsweise in den 1990er Jahren vor allem auf den Iran, wenn sie auf die menschenverachtende Seite des Islam verweisen wollten, boten ihnen später das Taliban-Regime in Afghanistan oder Scharia-Praktiken in muslimischen Staaten Afrikas Argumentationsmaterial. Der von Wäckerlig (2011) untersuchte Minarett-Konflikt im schweizerischen Wangen weist zahlreiche Parallelen zu länger zurückliegenden Konflikten in Deutschland auf. Nichtsdestoweniger zeigen sich bei jüngeren Moschee-Konflikten in Deutschland auch eine Reihe von Phänomenen, durch die sie sich von den älteren Konflikten der 1990er Jahre unterscheiden.

Ich hatte seit Ende der 1990er Jahre Moschee-Konflikte wissenschaftlich beobachtet. Mitte der 2000er Jahre ging ich davon aus, dass die Welle von eskalierten Moschee-Konflikten in deutschen Städten allmählich abebben dürfte. Diese Vermutung gründete sich vor allem auf den Umstand, dass mittlerweile in allen größeren politischen Parteien (wenn auch nicht von allen lokalen Repräsentanten dieser Parteien) und auch den christlichen Kirchen die prinzipielle Legitimität von Moscheebauten anerkannt worden war. Gerichte hatten mehrfach zugunsten muslimischer Bauwünsche entschieden. Es war also nur eine Frage der Zeit, so die Prognose, bis entsprechende, bundesweit kollektiv von zentralen gesellschaftlichen Instanzen geteilte Meinungen lokale aufkeimende Konfliktfälle hegemonial überformen würden. In der Tat wirkten die etablierten politischen Parteien und auch die christlichen Kirchen seit einigen Jahren weitgehend moderierend in lokalen Konflikten. Für die CDU/CSU, soviel sei angemerkt, gilt diese Einschätzung nur mit Einschränkungen; hier verliefen die Konfliktlinien weiterhin nicht selten quer durch die Partei. In Köln beispielsweise unterstützte der CDU-Oberbürgermeister Schramma den Neubau der Moschee am Standort der Bundeszentrale des Dachverbands DITIB, während die CDU-Fraktion 2008 im Stadtrat gegen den Bebauungsplan stimmte, welcher die Moschee ermöglichen sollte (vgl. u. a. Topçu 2009).

Entgegen meinen oben geäußerten Vermutungen zeigte sich jedoch, dass die Eskalation von neueren Moschee-Auseinandersetzungen, gerade in Metropolen wie Köln oder auch München, deutlich über das Maß der Konflikte der 1990er Jahre hinausging. Anfang der 1990er Jahre sah sich die bayerische Kleinstadt Bobingen, deren Stadtrat gegen ein geplantes Minarett der örtlichen muslimischen Gemeinde votierte, in den überregionalen Medien mit dem Image eines hinterwäldlerischen bayerischen Dorfes konfrontiert,[14] dem es an urbaner Gelassenheit im Umgang mit dem Fremden fehlte. Kaum jemand dürfte damals geahnt haben, dass fünfzehn Jahre später in den kulturellen und ökonomischen Metropolen der Bundesrepublik sich sehr viel heftigere Debatten um Moscheeneubauten entzün-

---

14 So die Wahrnehmung der überregionalen Berichterstattung durch die Lokalpresse; vgl. Schwäbische Allgemeine Zeitung, 22.1.1993: „Jetzt liegt Bobingen sogar unter dem Meeresspiegel".

den sollten. Für die anhaltende „Konjunktur" von Moscheekonflikten erscheint ein Bündel von Faktoren verantwortlich, wobei die *Institutionalisierung, nationale Vernetzung* und partielle *Internationalisierung* von Moschee-Gegnern eine zentrale Bedeutung haben dürften. Die Auseinandersetzungen wurden dabei im Falle des Konflikts um die DITIB-Zentralmoschee in Köln-Ehrenfeld insbesondere durch die Wählervereinigung *Pro Köln* und die aus ihr hervorgegangene Regionalpartei *Pro NRW* angeheizt, welche mit einer dezidiert antiislamischen Programmatik Wahlkampf betreibt. Auf ihren prominent sichtbaren Wahlplakaten in den Straßen Kölns und in NRW wurde bei Kommunalwahlen eine durchgestrichene Moschee verwendet. Pro Köln und Pro NRW zeigen in Programmatik und teilweise auch im Auftreten Gemeinsamkeiten mit anderen rechtspopulistischen Parteien mit antiislamischer Ausrichtung in europäischen Nachbarländern, insbesondere in den Niederlanden, Österreich, der Schweiz, aber auch in Frankreich. Spätestens die von der Schweizerischen Volkspartei SVP angestrebte (und aus ihrer Perspektive erfolgreiche) Volksabstimmung gegen den Neubau von Minaretten im Jahr 2009 gab den Moschee-Gegnern europaweit nicht nur eine neue Ikonographie (mit schwarzen, raketenförmigen Minaretten auf dem eigenen Propagandamaterial), sondern bettete lokale Moschee-Konflikte in einen neuen, nun „europäischen" Kontext ein. Hier zeichnet sich eine neue rechtspopulistische europäische oder gar westliche „Internationale" ab, welche gegen eine Islamisierung Europas bzw. der westlichen Welt zu Felde ziehen möchte. Global wurde in den Medien 2010 der geplante Neubau eines islamischen Zentrums in Manhattan diskutiert. Die Konstruktion räumlicher Nähe erwies sich auch im Falle dieses Projekts als ein konfliktverschärfender Faktor: Regelmäßig wurde in Medienberichten herausgestellt, dass sich die geplante Moschee in unmittelbarer Nähe zu *Ground Zero* befinde, jenes symbolisch hochaufgeladenen Ortes, welcher wie kein anderer wichtige Aspekte der Globalgeschichte des vergangenen Jahrzehnts zu repräsentieren vermag. Die ursprünglich lokalen Diskurse um den Bau von spezifischen Moscheen können nun eine internationale Resonanz erfahren (ähnlich wie dies auch für das Zeigen von Mohammed-Karikaturen gilt), wie umgekehrt lokale Debatten in globale Diskurse um das Verhältnis von Islam und Christentum bzw. Islam und einer säkular-westlichen Gesellschaft eingebettet sind. In Bonn mündete im Mai 2012 eine Demonstration von Pro-NRW-Anhängern vor der König-Fahd-Akademie und eine Gegendemonstration von Salafisten in gewalttätigen Auseinandersetzungen zwischen Salafisten und der Polizei. Die Gleichzeitigkeit von gewalttätigem islamischem Extremismus in unterschiedlichsten Teilen der Welt (wie Mali, Nigeria, Afghanistan) und die zunehmende Sichtbarwerdung von islamischen Extremisten im öffentlichen Raum in deutschen Städten dürften ebenfalls dazu beitragen, dass Moscheen in Deutschland weiterhin umstrittene Einrichtungen bleiben.

4.2 Duisburg-Marxloh und Köln-Ehrenfeld: ein vorläufiger Vergleich

Zwischen 2006 und 2012 ließ sich beobachten, wie in zwei Großstädten Nordrhein-Westfalens Moscheebauprozesse völlig unterschiedlich verlaufen können. Im Oktober 2008 wurde in Duisburg-Marxloh die bis dato größte Moschee Deutschlands im Beisein des nordrhein-westfälischen Ministerpräsidenten und zahlreicher Repräsentanten des öffentlichen Lebens eröffnet. Zu diesem Zeitpunkt waren in Köln die heftigen Auseinandersetzungen, einschließlich Demonstrationen von Gegnern und Befürwortern, um den Moscheebau im Stadtteil Ehrenfeld voll entbrannt. Ähnlich wie in den 1990er Jahren die völlig unterschiedlich verlaufenden Moscheekonflikte in den bayerisch-schwäbischen Kleinstädten Lauingen und Bobingen dazu anregten, nach den Faktoren zu fragen, welche die differenten Konfliktverläufe zu erklären vermochten (vgl. Schmitt 2003: 226), so drängt sich dem sozialwissenschaftlichen Beobachter die Frage nach den möglichen Ursachen für die unterschiedlichen Konflikte in den beiden Rheinmetropolen auf (zu ersten Einschätzungen siehe Schmitt 2007).[15] Bezüglich des Vergleichspaars Lauingen und Bobingen wurde argumentiert, dass vor allem die Konstellation und Einstellungen (mit entsprechenden unterschiedlichen biographischen Hintergründen) der Schlüsselakteure für die unterschiedlichen Konfliktverläufe entscheidend sein dürften (Schmitt 2003: 226). Vergleicht man den Kölner und den Duisburger Moscheebauprozess, so zeigt sich, dass diese sich in einer Reihe von Faktoren diametral unterschieden: Dies betrifft bereits (1) die städtebauliche Einbettung: Der Bauplatz der Kölner Moschee liegt vergleichsweise exponiert an einer vielbefahrenen Ringstraße, die zahlreiche Bewohner und Besucher Kölns alltäglich nutzen. Die Duisburger Moschee befindet sich hingegen in einer zurückgezogenen Lage am Rande eines Wohngebietes an einer Seitenstraße. Ein Bewohner Duisburgs, der die Moschee nicht bewusst aufsucht oder unmittelbarer Anwohner ist, wird die Moschee in seinem Alltag in der Regel nicht wahrnehmen. Die größere alltägliche Sichtbarkeit des Kölner Moscheebaus dürfte, so lässt sich begründet vermuten, dieses Bauprojekt für viele Bewohner der Stadt als sehr viel sensibler erscheinen lassen. Auch die (2) architektonischen Entwürfe beider Moscheen unterschieden sich grundlegend. Der Duisburger Bau repro-

---

15   Dieser Abschnitt beruht neben der Auswertung von Literaturquellen auf Ortsbesichtigungen sowie mehreren Gesprächen, die der Autor im Rahmen von Lehrveranstaltungen in Duisburg und Köln oder als Referent von Tagungen der Katholischen Akademie Bensberg geführt hat. Die Duisburger Merkez-Gemeinde besuchte er erstmals 1999.

duziert in prinzipiell bekannter, fast schon braver Weise, wenn auch mit einem
größeren Bauvolumen als bei den bisherigen Moscheebauprojekten in Deutschland, den bekannten Typus der europäischen Adaption der osmanischen Kuppelmoschee. Er entspricht offensichtlich nicht nur architektonischen Erwartungshaltungen der örtlichen muslimischen Gemeinde, sondern möglicherweise auch
vieler Nichtmuslime in Bezug auf einen Moscheebau. Dem Kölner Moscheebau
ging hingegen ein Architekturwettbewerb voraus. Der DITIB-Bundesverband
kam damit häufig geäußerten Kritiken entgegen, die den bisherigen Moscheebauten ihre Biederkeit und Unoriginalität, ihr Verharren in klassischen Schemata vorwerfen. Der Architekt Paul Böhm gewann den Wettbewerb mit einem
expressiven, kühnen und aus Sicht des Autors in hohem Maße ästhetisch ansprechenden Entwurf. Gerade die Nonkonformität und der künstlerische Anspruch
des Baus, dessen Entwurfszeichnungen in der lokalen wie der nationalen Presse
immer wieder abgedruckt wurden, scheinen jedoch von Teilen der Öffentlichkeit
nicht als eine Bereicherung der Vielfalt des Stadtbildes, sondern als Provokation
wahrgenommen worden zu sein: Die Moschee ordnet sich baulich-ästhetisch nicht
einfach in das Stadtbild ein, sondern setzt einen markanten Akzent. (3) Höchst
different waren auch die lokalgesellschaftlichen Einbettungen der Moscheeprojekte: In Marxloh wurde die Moschee in einem Stadtteil mit einem hohen Anteil türkischer bzw. muslimischer Bevölkerung errichtet. Die Idee für den Bau,
so formulierte es einmal sinngemäß ein katholischer Ordensangehöriger in einer
Art Werbefilm zum (Bau-)„Wunder von Marxloh", sei unter Tage geboren worden, wo gebürtige Deutsche und Türken gemeinsam Kohle gefördert hatten. Der
Stadtteil Marxloh gilt als türkisch geprägt. In der Ehrenfelder Lokalgesellschaft
ist die Bundeszentrale der DITIB jedoch nicht besonders verankert; im *Veedel*
(Stadtviertel) wurde eher Widerspruch statt Unterstützung formuliert. Die Duisburger Stadtverwaltung einschließlich der städtischen Entwicklungsgesellschaft
EG DU und offensichtlich auch der Moscheeverein hatten aus dem unversöhnlichen Muezzin-Streit der 1990er Jahre ihre Erfahrungen gesammelt. Städtische
Institutionen und die beiden großen christlichen Kirchen unterstützten den Bau;
der Moscheeverein gründete frühzeitig einen Beirat mit Vertretern des öffentlichen Lebens, welcher den Bau begleitete. Der Beirat hatte eine erkennbar aktive
Funktion und agierte keineswegs als unkritisches „Feigenblatt" des Projekts. (4)
Die Kölner Auseinandersetzungen erfuhren durch die Aktionen der 1996 gegründeten rechtspopulistischen Wählergruppe Pro Köln eine wesentliche Eskalation.
Die liberale Zivilgesellschaft reagierte umgekehrt 2008 mit einer Großdemonstration mit rund 40.000 Teilnehmern gegen einen von Pro Köln geplanten „Anti-

Islamisierungskongress", was zeigt, dass die rechtspopulistische *Pro Köln* keineswegs die unumschränkte Deutungshoheit in der Stadt artikulierte. Die Konstrastierung zweier komplexer (Konflikt-)Fälle, welche sich durch eine Vielzahl von Faktoren unterscheiden, erlaubt im Allgemeinen nicht, eindeutig jene Faktoren zu identifizieren, die für unterschiedliche Ergebnisse verantwortlich sind. Als zu erklärende Variable wird hier das unterschiedliche Eskalationsniveau beider Konflikte gesehen; in materieller Hinsicht führten beide lokalgesellschaftlichen Prozesse zum Bau der jeweiligen Moscheen. In der hier skizzierten Fallkontrastierung erscheint keine monokausale Erklärung für die differenten Eskalationsniveaus möglich; vielmehr dürfte die Kombination der im Vergleich benannten Unterschiede in den stadt- und sozialräumlichen Ausgangsbedingungen, den Akteurskonstellationen und ihren Handlungsstrategien für die unterschiedliche Eskalation verantwortlich zeichnen. Eine besondere Relevanz hat hierbei ohne Zweifel die medienwirksame Mobilisierung durch die rechtspopulistische Wählervereinigung *Pro Köln*.

5. Schlussbemerkung

Muslime und Nichtmuslime begegnen sich in der Einwanderungsgesellschaft in vielfältigen Kontexten, sei es im öffentlichen Raum, in der Nachbarschaft, der Schule, am Arbeitsplatz oder auch in Vereinen. Die Besonderheit der Moschee als sozialer Ort ist, dass dort Muslime bewusst in ihrer Eigenschaft *als Muslime* miteinander in Interaktion treten und ferner sich in Moscheen, etwa im Rahmen von christlich-islamischen Dialogveranstaltungen, Muslime und Nichtmuslime *als solche* begegnen. Die Moschee als Gebäude wie als soziale Institution ist damit für die alltägliche Wahrnehmung des Islam (und möglicherweise auch dessen Wahrnehmung durch Muslime selbst) jenseits medienvermittelter Bilder von elementarer Bedeutung. Abstrakte Debatten um die „Stellung des Islam in der deutschen Gesellschaft" oder die „Toleranz im Islam" können hier konkret geführt werden. Wenn etwa Frau Yılmaz von der Duisburger Begegnungsstätte mehrmals in der Woche Besuchergruppen über muslimische Glaubenspraxis informiert, so dürfte ihr Publikum ihren Einschätzungen ein besonderes Gewicht zumessen – gerade weil das Gespräch an einem „authentischen" Ort stattfindet und ihr die Rolle als Repräsentantin des Bildungszentrums einer großen Moschee eine erhöhte Legitimität verleiht. Auch das Medienbild vom Islam in Deutschland greift gern auf die Ikonographie der Moschee zurück.

Somit lassen sich mindestens drei zentrale Funktionen erkennen, welche Moscheen in der Konstitution des Islams in der Einwanderungsgesellschaft zufallen:

Sie sind erstens der Ort, an dem sich auf lokaler Ebene der Islam institutionalisiert und muslimische Glaubenspraxis konkretisiert. Sie ermöglichen zweitens eine direkte, „unvermittelte" Begegnung zwischen Muslimen und Nichtmuslimen. Und schließlich rekurriert drittens das mediale Bild vom Islam vielfach auf die Moschee als Gebäude wie als soziale Institution.

Literatur

Bielefeldt, Heiner, 1999: Muslime im säkularen Rechtsstaat. Vom Recht der Muslime zur Mitgestaltung der Gesellschaft. Bremen: Die Ausländerbeauftragte des Landes Bremen (Hg.).

von Brück, Michael, 1993: Gutachten über die theologische Bedeutung eines Minaretts für den muslimischen Glauben. München (unveröffentlichtes Manuskript).

Hillenbrand, Rainer, 1991: Manara, Manar. S. 361–368 in: *Peri J. Bearman, Thierry Bianquis, Clifford Edmund Bosworth, Emri J. van Donzel und Wolfhart P. Heinrichs* (Hg.): The Encyclopedia of Islam, Band. 6. Leiden: Brill.

Heitmeyer, Wilhelm, und *Reimund Anhut* (Hg.), 2000: Bedrohte Stadtgesellschaft. Soziale Desintegrationsprozesse und ethnisch-kulturelle Konfliktkonstellationen. Weinheim: Juventa.

Heine, Peter, 1997: Halbmond über deutschen Dächern. Muslimisches Leben in unserem Land. München: List.

Hüttermann, Jörg, 2006: Das Minarett. Zur politischen Kultur des Konflikts um islamische Symbole. Weinheim: Juventa.

Jonker, Gerdien, und *Andreas Kapphan* (Hg.), 1999: Moscheen und islamisches Leben in Berlin. Berlin: Ausländerbeauftragte des Senats.

Klusak, Sebastian, 1995: Untergang des Abendlandes? Zum Streit um islamische Gotteshäuser: Mannheims Moschee wird eröffnet. In: Frankfurter Allgemeine Zeitung 52: 38.

Kraft, Sabine, 2002: Islamische Sakralarchitektur in Deutschland. Eine Untersuchung ausgewählter Moschee-Neubauten (zgl. Diss., Marburg 2000). Münster: Lit.

Kraft, Sabine, und *Thomas Schmitt*, 2008: Islamische Sakralbauten und Moscheekonflikte in Deutschland, Die alte Stadt 3: 264–280.

Kuschel, Karl-Josef, 2001 (1994): Streit um Abraham. Was Juden, Christen und Muslime trennt – und was sie eint. Düsseldorf: Patmos.

Priesmeier, Bernhard, 1988: Die Entstehung islamischer Gemeinden in der Bundesrepublik Deutschland infolge der Anwerbung von Arbeitskräften. S. 53-71 in: *Herbert Even* und *Lutz Hoffmann* (Hg.): Moscheen bei uns. Probleme von Organisation und Praxis des Islam in der Bundesrepublik Deutschland (Referat einer Tagung in Bielefeld am 21.11.1987; = Islam heute Bd. 6). Altenberge: Verlag für Christlich-Islamisches Schrifttum.

Rohe, Matthias, 2012: Der Islam im demokratischen Rechtsstaat (Erlanger Universitätsreden Nr. 80/2012, 3. Folge). Erlangen.

Schenk, Andreas, 1999: Architekturführer Mannheim. Berlin: Dietrich Reimer Verlag.

Schimmel, Annemarie, 1990: Künstlerische Ausdrucksformen des Islams. S. 267-296 in: *Ahmed Munir* (Hg.): Der Islam III: Islamische Kultur, zeitgenössische. Strömungen, Volksfrömmigkeit. Stuttgart: Kohlhammer.

Schmitt, Thomas, 2003: Moscheen in Deutschland. Konflikte um ihre Errichtung und Nutzung. Flensburg: Deutsche Akademie für Landeskunde.

Schmitt, Thomas, 2004: Religion, Raum und Konflikt – Lokale Konflikte um Moscheen in Deutschland: das Beispiel Duisburg, Berichte zur deutschen Landeskunde 2: 193-212.

Schmitt, Thomas, 2007: „Der pensionierte Studienrat wird aktiv" (Interview; Interviewerin: Sabine am Orde), Die Tageszeitung, 17.8.2007.

Schmitt, Thomas, 2011: Städtebaulich markante Moscheen, Nationalatlas online. Leipzig: Leibniz-Institut für Länderkunde (http://aktuell.nationalatlas.de/Moscheen.4_04-2011.0.html).

Tezcan, Levent, 2005: DITIB – eine Institution zwischen allen Stühlen. Zit. n.: http://www.migration-boell.de.

Topçu, Canan 2009: Moscheebauten in Köln-Ehrenfeld und Duisburg-Marxloh. http://www.deutsche-islam-konferenz.de.

Vöcking, Hans, 1984: Die Moschee. Ethnische Enklave – religiöses Refugium. Cibedo-Texte Nr. 30. Frankfurt am Main: Cibedo.

Wäckerlig, Oliver, 2011: Das Fanal von Wangen. Der Schweizer Minarettdiskurs – Ursachen und Folgen. Zürich (unveröffentlichte Masterarbeit zur Erlangung des akademischen Grades Master of Arts in Sozialwissenschaften der Philosophischen Fakultät der Universität Zürich).

III
Diskussion –
Muslimische Religionszugehörigkeit
als Gegenstand der Forschung zur Sozialintegration

Vom Migranten zum Muslim und wieder zurück – Die Vermengung von Integrations- und Islamthemen in Medien, Politik und Forschung

Riem Spielhaus

> *In a very short space of time "Muslim" has become a key political minority identity acknowledged by right-wing and left-wing bigots and the open-minded media and government.*
>
> Tariq Modood 2002: 121

Der Beginn muslimischen Lebens in Deutschland wird in der aktuellen Forschungsliteratur zumeist als Folge der Anwerbung von „Gastarbeitern" dargestellt. Diese Sichtweise vernachlässigt jedoch die weitaus frühere muslimische Präsenz, die allerdings einen Bruch durch den Nationalsozialismus erfuhr. Über die 1960er Jahre zurückgehende Forschungen sind zwar bisher rar, die vorhandenen Studien über muslimische Gemeinden in der Zwischenkriegszeit verweisen aber auf ein florierendes islamisches Leben zur Zeit der Weimarer Republik. In dieser Periode entstand die erste, bis heute genutzte Moschee Deutschlands in Berlin-Wilmersdorf (1925). Während des Dritten Reichs kam das plurale religiöse Leben, das sich in einigen deutschen Großstädten entwickelt hatte, zum Erliegen, islamische Vereine wurden aufgelöst, Publikationen wie die *Moslemische Revue* eingestellt, aktive deutsche Mitglieder zogen sich aus dem Gemeindeleben zurück und ausländische Mitglieder verließen Deutschland (Bauknecht 2010; Höpp 2004; Heimbach 2001; Abdullah 1981). Nach Ende des Zweiten Weltkrieges gründeten Muslime, zumeist ehemalige Zwangsarbeiter, Kriegsgefangene, andere *displaced persons* und Flüchtlinge, darunter Bosniaken, Albaner und muslimische Minderheiten aus der Sowjetunion, die ersten islamischen Organisationen in deutschen Flüchtlingslagern (Bauknecht 2010: 80). Die Grundsteinlegungen der Hamburger Fazle-Omar Moschee (1957) der Ahmadiyya Gemeinde und der Imam-Ali-Pasha-Moschee (1961) durch eine überwiegend schiitische Gemeinde von Händlern und Studierenden aus Pakistan, Afghanistan und Persien in einer wohlhabenden Gegend Hamburgs sind architektonische Manifestationen der Neugründung von wenigstens zwei muslimischen Gemeinschaften im Übergang zu den 1960er Jahren.[1]

In Bezug auf die einleitend angemerkte verengte Wahrnehmung muslimischer Präsenz als Resultat von Arbeitsmigration ist Deutschland kein Sonderfall in Westeuropa. Wie Göran Larsson und Egdunas Račius feststellen, sehen die meisten Einführungen zum gegenwärtigen Islam in Europa dessen Anfangspunkt in der in den 1960er Jahren beginnenden Arbeitsmigration und in späteren Fluchtbewegungen. Damit werden jedoch Kontinuitäten muslimischer Präsenz beispielsweise auf dem Balkan und im Baltikum ausgeblendet und Europa gleichzeitig als Westeuropa konstruiert (Larsson/Račius 2010). Im bundesdeutschen Zusammenhang wird die Anwesenheit von Musliminnen und Muslimen vor allem mit der Anwerbung und Einwanderung von „Gastarbeiterinnen" und „Gastarbeitern" aus der Türkei, Jugoslawien und Marokko im Zuge des Wiederaufbaus und des Wirtschaftsbooms nach dem Zweiten Weltkrieg und der Schließung des Ostblocks im Zuge des Kalten Krieges verbunden. Allerdings reicht das Interesse an Muslimen in Deutschland wenig mehr als zehn Jahre zurück.

Obwohl seit Anfang der 1970er Jahre Menschen muslimischen Glaubens aus verschiedenen Herkunftsländern in größerer Anzahl in Deutschland leben, ist deren Andersartigkeit in religiöser Hinsicht erst seit den späten 1990er Jahren ins Bewusstsein der deutschen Wissenschaft, Politik und Öffentlichkeit gerückt. Bis dahin befassten sich vor allem Migrationssoziologen mit in Deutschland lebenden „Gastarbeitern" und Flüchtlingen. Hierbei standen in erster Linie Fragen der Lebenssituation, der Schulbildung oder der Erinnerung an Heimat und Migration im Vordergrund der Forschungen – religiöse Zugehörigkeiten dagegen kaum. „Gastarbeiter" gründeten bereits in den 1980er Jahren in größerem Umfang Moscheevereine und traten mit Glaubensangelegenheiten an Kommunen und Landesregierungen heran. Dennoch dauerte es noch fast 20 Jahre, bis Muslime in Deutschland im politischen Diskurs bewusst als solche wahrgenommen und in diesen einbezogen wurden. Der Diskurs über diese Menschen konzentrierte sich bis dahin vor allem darauf, dass es sich bei ihnen um Ausländer handelte, deren Anwesenheit in Deutschland möglichst zeitlich begrenzt sein sollte.

Nach einem Blick auf Konstruktionen des Muslims in den Medien widmet sich dieser Beitrag den Verschränkungen der bundesdeutschen Integrations- und Islampolitik, bevor er sich den analytischen Unschärfen in der Wissensproduktion zu Muslimen im akademischen Feld zuwendet. Mit Medien, Politik und Forschung greift er in kursorischer Weise drei verschiedene an der Konzeptualisie-

---

1 Teile der ersten beiden Abschnitte dieses Kapitels basieren auf bereits veröffentlichten Texten der Verfasserin (Spielhaus 2006 und 2011).

rung von Muslimen als Migranten beteiligte und in Wechselwirkung stehende gesellschaftliche Handlungsfelder auf und zielt darauf ab, eingehendere Analysen der Konstruktionsprozesse in den Debatten über Islam, Migration und Integration anzuregen. Er ist ein Plädoyer dafür, die Überschneidungen und Inkongruenzen der Kategorien „Muslim" und „Migrant" in Deskription und Analyse bewusst wahrzunehmen und methodisch zu operationalisieren, sie vor allem aber nicht als *natürlich* gegeben oder selbstverständlich anzunehmen.

1. Der neue Fokus auf den Islam

Während gesellschaftliche und soziale Konflikte lange unter der Kategorie „Ausländer" bzw. „Türke" behandelt wurden, werden seit etwas mehr als einer Dekade die Ursachen zunehmend im Islam gesucht. Die Betonung der (vermeintlichen) religiösen Zugehörigkeit von Menschen aus mehrheitlich muslimischen Ländern in Deutschland geht mit der Konstruktion einer muslimischen Gemeinschaft einher. Problematisch ist, dass derartige Zuschreibungen die ethnischen, religiösen und kulturellen Unterschiede unter Muslimen sowie die zwischen muslimischen und nichtmuslimischen Personen bestehenden Gemeinsamkeiten vernachlässigen. In Deutschland hatte diese Entwicklung bereits vor dem Inkrafttreten des neuen Staatsangehörigkeitsgesetzes begonnen (Schiffauer 2007). Ihre Vehemenz ist allerdings nur im Zusammenhang mit dem nach den Anschlägen vom 11. September 2001 an Bedeutung gewinnenden Sicherheitsdiskurs zu verstehen. In Frankreich und Großbritannien setzte die Thematisierung des Islams als innenpolitisches Thema erheblich früher ein als in Deutschland (Tiesler 2007: 27). Britische und französische Debatten um Muslime, die wegen des Arbeitskräftemangels nach Schließung der Grenzen des Ostblocks in die westeuropäischen Länder gerufen wurden, setzten interessanter Weise gerade 1989 ein, in jenem Jahr, in dem in Deutschland mit dem Fall der Mauer der Integrationsprozess der beiden deutschen Nachkriegsstaaten und damit die Überwindung der Folgen des Kalten Krieges in Gang gesetzt wurde. Innenpolitische Debatten um die Präsenz von Muslimen entwickelten sich mittlerweile in allen westeuropäischen Ländern, wenn auch zu unterschiedlichen Zeitpunkten und um verschiedene Themen. In Deutschland war es gerade die Staatsangehörigkeitsdebatte, die den Beginn einer Neubestimmung des nationalen Selbstverständnisses in Abgrenzung zur religiösen Minderheit der Muslime markierte.

Insgesamt überschritt die Zahl der deutschen Staatsangehörigen mit Wurzeln in mehrheitlich muslimischen Ländern 2005 die Millionengrenze (Deutscher Bundestag 2007: 6). „Fremde" Türken wurden zu deutschen Bürgern und bekamen nun in öffentlichen Debatten weniger als „Deutsche" denn als „Muslime" einen Platz, wobei ihre (mutmaßliche) religiöse Affiliation zuungunsten der ethnischen oder nationalen Zugehörigkeit betont wurde. Gleichwohl ist für die Markierung als muslimisch die Herkunft[2] und weniger die individuelle Gläubigkeit bzw. Religionspraxis entscheidend (Roy 2004: 124f.). Wir können zudem beobachten, dass soziale Unterschiede und Ungleichheiten in der Terminologie kultureller, ethnischer und nun auch religiöser Differenzen thematisiert und diskutiert und immer wieder auch zur Legitimation der Zuordnung eines untergeordneten sozialen Status bemüht werden. Gleichzeitig sind Minderheiten auf die ihnen von dominanten Gruppen zugewiesenen Handlungsspielräume angewiesen (vgl. Niedermüller 1998: 291-293). Wurden Zugewanderte in den 1990er Jahren noch vor allem bei Betonung ihrer ethnischen Herkunft wahrgenommen, kommt heute hingegen eher in öffentlichen Debatten zu Wort, wer einen Religionsbezug – ob positiv oder negativ – geltend macht. In der Aushandlung migrations- und integrationsbezogener Themen setzte sich eine religiöse gegen die vormals ethnische Terminologie durch.

Mit Blick auf die Anfänge der „muslimischen" Einwanderung lässt sich demnach festhalten, dass zunächst eben nicht Muslime, sondern „Gastarbeiter" nach Deutschland kamen. Selbst wenn Einwandernde einen muslimischen, christlichen oder jezidischen Glauben praktizierten, wurden sie nicht über diesen für die Person und die Familie in vielen Fällen bedeutsamen Aspekt durch Politik, Medien oder Forschung wahrgenommen. Die Geschichte von muslimischen Eingewanderten nach Deutschland ist so vom Wechsel der Bezeichnungen charakterisiert, die jeweils für unterschiedliche politische Konfigurationen standen: vom Gastarbeiter, Südländer und Ausländer zum Migranten. Mit der Öffnung des Staatsangehörigkeitsgesetzes für dauerhaft in Deutschland lebende Ausländerinnen und Ausländer setzt sich zunehmend die Markierung als Muslim durch oder, wie Levent Tezcan es formuliert, erfährt „die Reise des Gastarbeiters [...] im Rückblick eine Teleologisierung, die aus ihm seinen muslimischen Kern herausschält" (Tezcan 2011: 361).

Im vergangenen Jahrzehnt ließ sich also ein in politischen und Mediendebatten wie auch im akademischen Feld wirksamer thematischer Schwenk beobachten, indem die Ausländerthematik in eine neue Terminologie gefasst und die Integrationsdebatte in einen engen Zusammenhang mit einer bestimmten Religionszugehörigkeit gestellt wird: der Zugehörigkeit zum Islam. Migranten aus

---

2   Gerade im Alltag erfolgt die Markierung und Wahrnehmung als muslimisch zudem anhand des Phänotyps, der Kleidung sowie über Namen. So werden Sikhs aufgrund ihrer Turbane häufig als Muslime wahrgenommen (siehe Nijhawan 2006: 98-100).

mehrheitlich muslimischen Ländern werden dabei als hinsichtlich ihrer Religion besondere „Problemgruppen" markiert und unter der Kategorie „Muslime" gefasst (Allievi 2005; Modood 2002; Spielhaus 2006; Ramm 2010; Tezcan 2011). Diese Form der Islamisierung von Debatten und Individuen durch Zuschreibung zieht sich bis in die akademische Befassung hinein, beispielsweise wenn ohne kritische Reflexion der Historizität von Begrifflichkeiten die Rede vom muslimischen Kollektiv mit der Autorität der vermeintlich objektiven Wissenschaft fortgeschrieben wird (Tiesler 2006).

In der Bebilderung von Zeitungsartikeln und TV-Beiträgen wie auch von Fachliteratur zum Themenfeld Integration hat sich eine Ikonographie etabliert, die Kopftuchträgerinnen pauschal im Migrationsbereich verortet und als integrationsbedürftig darstellt. Nicht selten werden auch in der Forschung (angenommene) ethnische Zugehörigkeiten, insbesondere türkische und arabische, mit Migrationsstatus und Religionszugehörigkeit gleichgesetzt und in der Analyse als Synonyme verwendet.[3]

Im Zusammenhang mit der neuen Aufmerksamkeit für Muslime in Deutschland mehrten sich wissenschaftliche Forschungen, die „muslimische" Migranten und deren Nachkommen thematisieren, dabei jedoch nicht die Religionszugehörigkeit bzw. -praxis analysieren und zudem die Diversität der Untersuchten im Hinblick auf ihren Migrationsstatus[4] kaum reflektieren. Im internationalen Kontext wird jedoch zunehmend eine kritische Perspektive auf europäische Forschungen zu Muslimen deutlich. Unter der Kapitelüberschrift „'Kruzitürk'? Zur Skandalisierung des Islams in der Wissenschaft" veröffentlichten Wolf-Dietrich Bukow und Markus Ottersbach im Jahr 1999 fünf Aufsätze, die die Forschungsansätze und -ergebnisse der zeitgenössischen Forschung zu allochthonen Jugendlichen im Hinblick auf den Zusammenhang von Vorannahmen und dominanten öffentlichen

---

3 In einem Nebensatz erinnert Steven Vertovec daran, dass nationale Zugehörigkeit bzw. nationaler Hintergrund häufig in verwirrender Weise gleichgesetzt wird mit ethnischer Zugehörigkeit (Vertovec 2007: 1025). Dies ist eine Ungenauigkeit, die beispielsweise in der Forschung zu „türkischen" Migrantinnen und Migranten weit verbreitet ist. Wenige Forschende – eine Ausnahme bildet das Zentrum für Türkeistudien und Integrationsforschung (ZfTI) – bemühen sich um die Unterscheidung zwischen türkischer und beispielsweise kurdischer Ethnizität und (ehemaliger) türkischer Nationalität. Ähnliche Ungenauigkeiten treten auch in der derzeit zunehmenden Forschung zu Zugewanderten aus dem arabischen Sprachraum auf, wo sprachräumliche, nationale und ethnische Zugehörigkeiten eine teilweise undurchsichtige Gemengelage bilden.

4 Nicht nur in der Forschung zu „muslimischen Migranten" verschmelzen häufig die Kategorien Migrationshintergrund und Migrationserfahrung in der Analyse und Darstellung, indem beide in der Kategorie „Migrant" zusammengefasst werden. In Form von Gegenüberstellungen von „Deutschen" und „Migranten" wird der Begriff zunehmend synonym zu „Ausländer" verwendet und negiert damit gerade den Fakt, dass mehr und mehr Migranten selbst und noch in höherem Maße deren Nachkommen über die deutsche Staatsbürgerschaft verfügen.

Debatten diskutieren (Bukow/Ottersbach 1999). Die mit dem Kategoriewechsel vom „Migranten" zum „Muslim" einhergehende zunehmende Befassung „säkularer" Disziplinen mit religiösen Bezugsrahmen charakterisiert und hinterfragt Stefano Allievi als soziologisches Dilemma (Allievi 2005). Während Thijl Sunier feststellt, dass sowohl in der Politik als auch in der Forschung die „Domestizierung des Islams" mit ihren drei Dimensionen Integration, Sicherheit und nationale Identität Wahrnehmung und Darstellung des Islams bestimmt und dabei die Befassung mit dem Islam in seiner Dimension als Religion in den Hintergrund rückt (Sunier 2009: 3-4). Einer reflektierten Forschung komme, so Levent Tezcan, die Aufgabe zu, die hier wirksamen Zuschreibungsprozesse, also die „Islamisierung" der Migranten in ihrer Effektivität als sozialen Tatbestand ernst zu nehmen, diese jedoch nicht unkritisch zu bedienen und fortzuführen (Tezcan 2011: 359).

Zusammenfassend lässt sich festhalten, dass die Figur des „muslimischen Migranten" zum „Migrationsanderen"(Mecheril 2009) schlechthin wurde. Ihm sind öffentliche Debatten, Integrationsmaßnahmen und Forschungen gewidmet. Dabei bestehen zweifelsohne sowohl Zusammenhänge zwischen Migration und Religionszugehörigkeit als auch Wechselwirkungen zwischen Religionspraxis und Integration (Baumann/Sunier 1995; Casanova 2007). Die Analyse von Interferenzen und Korrelationen zwischen Religion und Integration kann also durchaus sinnvoll sein. Bisher wurden die möglichen Effekte öffentlicher Debatten über „türkische Muslime" und „muslimische Migranten" auf nichtmuslimische Zugewanderte bemerkenswerter Weise kaum in wissenschaftlichen Untersuchungen thematisiert. Allerdings gibt es Hinweise darauf, dass diese Debatten bei nicht praktizierenden Muslimen und bei nichtmuslimischen Zugewanderten aus der Türkei und anderen mehrheitlich muslimischen Ländern (vgl. Spielhaus 2011) sowie bei Angehörigen anderer Religionen, die als Muslime wahrgenommen werden (Nijhawan 2006), eine Auseinandersetzung mit der religiösen Dimension ihrer Identität anregen und Positionierungen zur Folge haben.[5] Insgesamt werden die Auswirkungen der Islamdebatten wie auch der Verschärfung der Ausländer- und Staatsangehörigkeitsgesetzgebung im Zusammenhang mit Antiterrormaß-

---

5   Dies ist allerdings nicht als Aufruf zu verstehen, Zugewanderte und deren Nachkommen, die nicht als Muslime konstruiert werden, nun ebenfalls durch die Brille der Religion zu betrachten und als weitere ggf. besser oder schlechter integrierte Religionsandere zu etablieren. Genau dies scheint allerdings die Gefahr zu sein, wenn nichtmuslimische Gemeinschaften Zugewanderter komplementär zum aktuell dominanten Fokus auf Muslime untersucht werden. Vielmehr sind die Konstruktionsprozesse und deren Auswirkungen auf Selbstpositionen sich als mehr oder weniger oder gar nicht religiös verstehender Menschen wert, in den forschenden Blick genommen zu werden (siehe die Zusammenstellung konstruierender und reflektierender Beiträge in Allenbach et al. 2011).

nahmen bisher vor allem oder ausschließlich mit Blick auf muslimische Milieus bzw. auf die Gesamtgesellschaft betrachtet und diskutiert.⁶

2. Vom Türken zur Muslimin – Zuschreibungen in den Medien

In den vergangenen Jahren war in zahlreichen Mediendarstellungen die Verschiebung von der Kategorisierung von Personen, die vormals als Ausländer, später in einer ethnischen Terminologie und schließlich als Muslime medial gerahmt wurden, zu beobachten. War Cem Özdemir nach der Bundestagswahl 1994 in einem Spiegel-Artikel noch als „der erste gebürtige Türke im Deutschen Bundestag" bezeichnet worden⁷, so kann die Berichterstattung über die Berufung einer Sozialministerin im Land Niedersachsen im Frühjahr 2010, insbesondere im Vergleich zu vorangegangenen Rahmungen⁸, als Beispiel für die Betonung der Religionszugehörigkeit gelten. Als die Berufung der Hamburgerin Aygül Özkan als Ministerin für Soziales und Integration des Bundeslandes Niedersachsen bekannt wird, heben Medienberichte wie in der Zeitung DIE WELT zunächst hervor, dass es sich bei ihr um „Deutschlands erste türkischstämmige Ministerin" (DIE WELT, 19.04.2010) handelt. Der Spiegel verweist in der Überschrift seines ersten Beitrages zu der Kabinettsumbildung „Turbokarriere einer Deutsch-Türkin. Gestatten, Ministerin Özkan" auf die Bindestrich-Identität der Designierten. Erst im Artikel wird ihr muslimischer Glaube erwähnt (Der Spiegel, 19.04.2010). Die FAZ hebt bereits zu diesem frühen Zeitpunkt die Religionszugehörigkeit der designierten Ministerin als Besonderheit dieser Ernennung hervor: „Kabinettsumbildung in Niedersachsen: Muslimin wird Ministerin" (FAZ, 19.04.2010). In der knappen Woche zwischen Ernennung und Vereidigung wurde der Hinweis auf die Religionszugehörigkeit auch in den übrigen Zeitungen aus dem Artikel in die Überschriften geholt. „So wahr mir Gott helfe. Deutschlands erste muslimische Ministerin im Landtag von Niedersachsen vereidigt" titelt die Bild-Zeitung (27.04.2010), Die WELT überschreibt ihre Berichte im Vorfeld der Vereidigung mit: „Muslimische CDU-Frau: Aygül Özkan schwört auf Gott und wird Ministe-

---

6   Eine wichtige Ausnahme ist der Beitrag von Frindte et al. im vorliegenden Band.
7   Hierbei wurde im Übrigen Özdemirs allgemeines Politikinteresse beschrieben, dass nach Spiegel-Darstellung erst auf die migrationsspezifischen Fragen von Journalisten hin zum Thema für den seit 2009 als Parteivorsitzenden wirkenden Grünen wurde (Der Spiegel, 31.10.1994).
8   Die Ernennung Philipp Röslers zum Minister für Wirtschaft, Arbeit und Verkehr Niedersachsens etwa ein Jahr vor Özkan wurde medial lediglich auf Landesebene berichtet und religiöse oder ethnische Bezüge spielten in der Berichterstattung keine Rolle. Bei seiner Ernennung zum Bundesminister in der Kabinettsumbildung etwa ein halbes Jahr später wird neben dem niedrigen Altersdurchschnitt des Kabinetts auch der Migrationshintergrund des neuen Ministers thematisiert.

rin" (DIE WELT, 27.04.2010) und nicht ohne Ironie „Aygül Özkan: Hilfe, diese Muslima ist gar keine Christin!" (DIE WELT, 26.04.2010).

Dies sind nur wenige Beispiele für die mediale Wahrnehmungsverschiebung, die aus ethnisch Markierten Musliminnen und Muslime gemacht hat. Mit dieser Verschiebung einher geht die Verknüpfung der Religionszugehörigkeit mit Migration und einer daraus abgeleiteten konditionalen Zugehörigkeit bzw. Fremdheit. Diese Verknüpfung wird häufig subtil transportiert, bspw. indem die Themen im direkten Zusammenhang dargestellt werden, als hätten Muslime notwendigerweise einen Migrationhintergrund, oder in Sinn-Bild-Induktionen, indem Beiträge zu Integrationsthemen, in denen Religionszugehörigkeit keine Erwähnung findet, mit Fotos von Kopftuchträgerinnen bebildert werden. Die Frau mit Kopftuch wurde so in den vergangenen Jahren zum Prototyp der (vermeintlichen) Migrantin mit Integrationsdefizit, was scheinbar keiner näheren Erläuterung bedarf. Während Mitte der 2000er Jahre die Berichterstattung von ARD und ZDF über islambezogene Themen vorwiegend negativ und konfliktorientiert war (Hafez/ Richter 2007), werden nun neben Konflikten zunehmend das tägliche Leben und die Religionspraxis von Muslimen in Deutschland thematisiert. Wie im Zusammenhang mit Berichten über Moscheebauten kommt dem Islam dabei eine Doppelrolle als Aushängeschild und Problemstellung der neuen Pluralisierung von Religion im Land zu.[9]

3. Islampolitik: Integrations- oder Religionspolitik?

Während die Deutschen nur in bestimmten Zusammenhängen Christen sind, sind die Türken und Araber derzeit stets primär Muslime.

Levent Tezcan 2011: 359

Im Jahr 2006 unternimmt die deutsche Bundesregierung zwei große Initiativen zur Einbeziehung von Betroffenengruppen in politische Beratungsprozesse. Im Kanzleramt, in direkter Zusammenarbeit mit der Beauftragten der Bundesregierung für Migration, wird der Nationale Integrationsgipfel gestartet, während für die Deutsche Islamkonferenz (DIK) das Bundesinnenministerium (BMI) federführend ist. Dass gerade das Innenministerium die DIK von einer Abteilung im eigenen Haus sowie dem ihm unterstellten Bundesamt für Migration und Flüchtlinge (BAMF) durchführen lässt, ist im Hinblick auf seine Zuständigkeitsbereiche durchaus nachvollziehbar. Zum einen ist im Bundesinnenministerium die

---

9   Eine quantitative Analyse dieser jüngsten Entwicklungen in der Medienberichterstattung zum Islam in Deutschland steht allerdings aus.

Zuständigkeit für Kirchen, Religionsgemeinschaften und Religionsdialog ansässig. Und zum anderen wird der Islam auch in der DIK zumindest teilweise unter sicherheitspolitischen Gesichtspunkten diskutiert. Die erste Phase der Islamkonferenz von 2006-2009 war in der Abteilung G wie Grundsatz angesiedelt. Mit dem Ministerwechsel von Wolfgang Schäuble zu Thomas de Maizière, der im Mai 2010 die zweite Phase der Islamkonferenz einläutete, wurde die Herangehensweise geändert. Unter anderem wanderte die Islamkonferenz innerhalb des Bundesinnenministeriums aus der Grundsatzabteilung in die Abteilung M, stehend für Migration und Integration.[10]

Die parallele Einberufung von Nationalem Integrationsgipfel und Deutscher Islamkonferenz 2006 bildet die beabsichtigte Trennung von Migrations- und Integrationspolitik auf der einen und Islampolitik auf der anderen Seite ab. Der Initiator der DIK, der damalige Bundesinnenminister Wolfang Schäuble, nahm in seiner Regierungserklärung zum DIK-Beginn im Deutschen Bundestag am 28. September 2006 Stellung zu der aus seiner Sicht nur vermeintlichen Doppelung:

> Es ist viel darüber diskutiert worden, was der Unterschied zwischen der *Deutschen Islamkonferenz* und dem *Integrationsgipfel* sei und ob man sie nicht verbinden könne. Natürlich gibt es eine enge Verbindung zwischen der Integration der Muslime und dem Dialog mit den Muslimen; beides hat viel miteinander zu tun. Trotzdem stehen beim Integrationsgipfel und dem entsprechenden Prozess die Fragen aller in Deutschland lebenden Menschen, die aus vielerlei Gründen nach Deutschland gekommen sind, im Vordergrund, während wir uns in der Deutschen Islamkonferenz ausschließlich mit dem Islam und mit den Muslimen beschäftigen.
>
> Im Übrigen unterhält unser Staat geregelte Beziehungen zu den Kirchen. Viele Muslime erwarten zu Recht, dass so ähnlich, wie der Staat Beziehungen zu den christlichen Kirchen und zur jüdischen Gemeinschaft unterhält, er auch Beziehungen zu den Muslimen entwickelt - was insofern komplizierter ist, als die Muslime nicht so verfasst sind wie die christlichen Kirchen. Einen Anstoß zu geben, miteinander zu diskutieren, ist einer der wesentlichen Beweggründe für die Islamkonferenz und einer der Gründe, warum wir uns entschlossen haben, dafür einen eigenen Prozess ins Leben zu rufen. (Schäuble 2006; Hervorhebungen im Original)

Schäuble erklärt einerseits Muslime zur Untergruppe der Migranten und ordnet die Initiative parallel zum Nationalen Integrationsgipfel in das Politikfeld Integration ein. Andererseits kategorisiert er Muslime – und bemerkenswerter Weise nicht islamische Verbände – als den Kirchen und der jüdischen Gemeinde gleichzustellend und benennt so eine in Abgrenzung zum Integrationsgipfel stehende zweite politische Dimension der DIK im religionspolitischen Feld. Levent Tezcan bezeichnet diese duale Zielstellung übrigens als Zwitterrolle der DIK (Tez-

---

10 Die Abteilung mit dem Kürzel „M" steht für den vollen Titel: „Migration; Integration; Flüchtlinge; Europäische Harmonisierung". Die DIK ist seit 2010 strukturell in deren Unterabteilung „Integration; Deutsche Islamkonferenz; Aussiedlerpolitik; Nationale Minderheiten" angesiedelt.

can 2012: 41). Eine dritte Dimension wird von Schäuble in anderen Äußerungen benannt und scheint immer präsent: die Dimension der Sicherheitspolitik. Aufgrund von tagespolitischen Ereignissen erlangt sie im Verlauf des DIK-Prozesses zeitweise Dominanz und wirkt zudem permanent in die Politikfelder Integration und Religion hinein.

Bei genauerem Blick auf die Themen der beiden langfristig angelegten Beratungsprozesse fällt auf, dass diese Unterscheidung zwischen Integrationsgipfel und DIK auch auf inhaltlicher Ebene nicht immer durchgehalten wurde. So fand in einigen Arbeitsgruppen des Integrationsgipfels eine Auseinandersetzung mit Themen statt, die mit dem Islam assoziiert werden, bspw. mit Kopftuch, Zwangsheirat und Ehrenmorden in der Unterarbeitsgruppe „Lebensqualität von Frauen und Mädchen verbessern". In einigen Sitzungen und Arbeitsgruppen der Islamkonferenz wiederum werden Fragen der Integration von muslimischen Migranten behandelt (vgl. Tezcan 2012). Aus der Islampolitik wurde eben kein Unterthema der *Religion*spolitik, sondern ein Arbeitsbereich der Administration von Zugewanderten, was seinen Niederschlag neben der Verortung im Haus auch in der Ausrichtung der vom BMI und der DIK in Auftrag gegebenen Forschungen zu Musliminnen und Muslimen mit Migrationshintergrund fand (Haug et al. 2009; Frindte et al. 2011). Dies spiegelt die Wahrnehmung der Präsenz des Islams als Religionsgemeinschaft in Deutschland wie in anderen Staaten Westeuropas im Zusammenhang von Zuwanderung wider.

Mit der DIK begann die Bundesregierung, in der Lesart des Islamwissenschaftlers Frank Peter, ein neues, als Politik der Toleranz rationalisiertes Programm zur „Integration von Muslimen", zu dessen zentralem Bestandteil dieser auf lange Frist angelegte Aushandlungsprozess wird (Peter 2010).

> The political rationality of tolerance combines the state's recognition of Islam as part of Germany with its limited support for the incorporation of Islam within the project of normalizing Muslim immigrants. Tolerance asserts the fundamental difference of Muslims and, combined with the variously defined injunction to normalize, results in the natural placement of Muslims at the margins of the national community. (Peter 2010: 119f.)

Die Präsenz von Muslimen ohne Migrationshintergrund wie Axel Ayyub Köhler, ehemals Generalsekretär des Zentralrats der Muslime in Deutschland, schien in der ersten Phase der DIK Irritationen hervorgerufen zu haben.[11] Dies gilt übrigens auch für staatliche Vertreter muslimischen Glaubens, die sich zwar für die Verkörperung von Diversität im öffentlichen Dienst eignen, andererseits jedoch die vermeintlich klaren Grenzen im „Dialog mit den Muslimen" in Frage stellen.

---

11 In der zweiten Phase der DIK wurden lediglich Muslime mit Migrationshintergrund eingeladen.

Dieser Dialog produziert zunächst einmal Grenzen und Zugehörigkeiten, die er anschließend zu moderieren beabsichtigt. In diesem Kontext ist die Schilderung des Schriftstellers Feridun Zaimoğlu im April 2007 von seinem Erleben der ersten Sitzung der DIK zu verstehen:

> Bei der ersten Islam-Konferenz im September war es allerdings schon eine etwas absurde Situation: Auf der einen Seite der großen Tafel saßen die deutschen Politiker und auf der anderen Seite saßen „wir". Es ging zu wie beim Besuch einer ausländischen Delegation. (Zaimoğlu zitiert in Schlagenwerth 2007)

Die Innovation der Strategie der DIK liegt darin, dass sie eine Anerkennung des Islams als Teil Deutschlands behauptet. Dies tut sie allerdings, indem sie den Integrationsansatz auf Muslime anwendet, die hier als integrationsbedürftige Migranten angesprochen werden, oder, wie Frank Peter es formuliert, sich an Migranten richtend konstruiert die Bundesregierung diese nun explizit als Muslime (Peter 2010: 119). Dabei war von Anfang an strittig, wer als Teilnehmende und Repräsentanten von der Regierungsinitiative angesprochen und in die Beratungen einbezogen werden sollte. Zu Beginn der ersten Phase der DIK im Jahr 2006 wurde neben der Zielsetzung diskutiert, welche Zielgruppen die Initiative hatte:

> While the ministry regularly points out that it was not in a position to identify Muslim representatives due to Germany's lack of adequate Islamic organizational structures, the convening of the conference and the selection of Muslim members by the ministry itself constituted a major attempt to define both the boundaries of Germany's „Muslim community" and the qualifications of those authorized to speak for it. (Peter 2010: 120.)

Hinter der Vorgehensweise bei der Auswahl der DIK-Mitglieder konstatiert Peter einerseits ein ethnisches Verständnis von Islam und andererseits die Auffassung, dass Organisationen lediglich formell in ihnen organisierte Mitglieder in einem Aushandlungsprozess vertreten können (Peter 2010: 121). Ein weiterer mit dem Verständnis von Vertretungsbedarf verbundener Aspekt ist die zugrundeliegende Vorstellung, dass (alle) Musliminnen und Muslime überhaupt eine Vertretung als Religionsangehörige benötigten. Mit der DIK wurde Tezcan zufolge von vornherein die Entscheidung getroffen, die muslimischen Einwanderer primär als Muslime zum Gegenstand des neuen politischen Ansatzes zu machen. „Die Zuschreibung als muslimisches Kollektiv erscheint damit nicht bloß als eine nichtintendierte Folge flottierender Zuschreibungen" sondern müsse als strategisches Mittel einer integrationspolitischen (und man möchte hinzufügen machtpolitischen) Entscheidung betrachtet werden (Tezcan 2011: 365).

4. Zwei Paradigmen: Integration des Islams und Integration der Muslime

Abschließend lassen sich die politischen Reaktionen auf die dauerhafte Präsenz von Muslimen in Deutschland als zwei Paradigmen folgend charakterisieren: zum einen dem Paradigma der Integration des Islams und zum anderen dem Paradigma der Integration von Muslimen. Wissenschaftliche Betrachtungen lassen die derzeitige Gestaltung von Islampolitik als Integrationspolitik in Bezug auf Musliminnen und Muslime nicht selten unhinterfragt und übernehmen so den dominanten Ansatz derzeitiger Islampolitik als Integrationspolitik als den einzig möglichen. Dabei stehen Muslime ohne Migrationshintergrund und nichtmuslimische Zugewanderte gleichermaßen außerhalb der Zielgruppen dieses Politikansatzes. Levent Tezcan zeigt zudem auf, dass ein (derartig religiös verbrämter) Integrationsdiskurs nahezu zwangsläufig einen kulturalisierenden Effekt hat, in seiner Wirkung die Adressierten separiert und „die Gruppe der zu Integrierenden stets existent hält" (Tezcan 2011: 375). Eine Unterscheidung zwischen den drei in der Islampolitik wirksamen Konfigurationen Integrations-, Sicherheits- und Religionspolitik scheint daher notwendig, um die Implikationen der Ansprache von Angehörigen des Islams als Zugewanderte einerseits und Zugewanderter aus mehrheitlich muslimischen Ländern als Muslime andererseits zu erkennen.

Als *Integration des Islams* ließe sich die politische Befassung mit dem Islam als eine den etablierten Religionsgemeinschaften nicht gleichgestellte Religion bezeichnen, die den Islam damit in den Rahmen der Religionspolitik stellt. Im Mittelpunkt müsste hierbei die strukturelle Absicherung von Religionsfreiheit im Hinblick auf Religionsausübung und die Gleichstellung mit bereits etablierten Religionsgemeinschaften stehen. Von staatlicher Seite wurde die Anerkennung des Islams als Religionsgemeinschaft zum ersten Mal an prominenter Stelle in einem 2004 veröffentlichten Strategiepapier der damaligen Integrationsbeauftragten der Bundesregierung, Marieluise Beck, eingefordert. Eine derartige Anerkennung durch Politik und Verwaltung hatten Muslime, insbesondere die Vertreter islamischer Organisationen, seit den 1980er Jahren gefordert. Dies wurde zumeist mit konkreten Forderungen verbunden, bspw. nach der Einführung islamischen Religionsunterrichts und der Etablierung islamischer Lehrstühle an staatlichen Universitäten, der Unterstützung von Gemeinden beim Moscheebau oder der Einrichtung islamischer Bestattungsfelder.

Kritisch anzumerken bliebe hier, dass andere nicht etablierte Religionsgemeinschaften, darunter auch weitere Gemeinschaften Zugewanderter, bisher kaum in die politische Befassung mit der religiös-weltanschaulichen Pluralisierung Deutschlands auf der Bundesebene einbezogen werden.[12] Der Fokus auf den Islam stellt damit eine Sonderbehandlung in positiver wie negativer Hinsicht dar. In positiver Weise erhalten Vertreter islamischer Gemeinschaften im Gegensatz zu den meisten anderen Religionsgemeinschaften Zugewanderter so die Möglichkeit, ihre Bedarfe vorzutragen und – wenn auch in langwierigen Aushandlungen – Lösungen zu finden (z. B. Religionsunterricht, Einführung islamisch-theologischer Zentren an staatlichen Universitäten, Modifikation von Friedhofsverordnungen). Negativ wirkt sich die Sonderbehandlung aus, indem Muslime sich im politischen wie medialen Diskurs als gefährlich und fremd charakterisiert sehen und die Aushandlung um Anerkennung von Zuschreibungen und Abwehrprozessen begleitet ist.

Als *Integration der Muslime* ließe sich, neben der Kategorisierung von Muslimen als integrationsbedürftige Migranten, die politische Einbeziehung islamischer Verbände in Integrationsmaßnahmen in Form einer normalisierten Anerkennung und Einbeziehung als (potenzielle) Träger sozialer und kultureller Aufgaben im Integrationsprozess verstehen. Ein solcher Ansatz trägt dem Fakt Rechnung, dass Moscheen Orte sind, an denen auch Migranten anzutreffen sind. In diesem Kontext werden Imame als potenzielle Integrationslotsen wahrgenommen, was allerdings in der Tendenz mit einer Überfrachtung der Funktion des Imams mit positiven wie negativen Erwartungen an deren Gemeindeführung einhergeht (siehe Kamp 2008, Tezcan 2008, Bodenstein 2010). Dass muslimische Akteure, insbesondere islamische Organisationen, ähnlich den christlichen Großkirchen und der Jüdischen Gemeinde, im Rahmen des Nationalen Integrationsgipfels in integrationspolitische Beratungen einbezogen und zunächst als konstruktive Akteure anerkannt wurden, ist nach einem solchen Verständnis als religionspolitische Gleichstellung zu werten. Schließlich durchbrachen Integrationsgipfel und DIK eine Blockadehaltung, die staatliche Stellen auf Landes- wie Bundesebene jahrelang gegenüber Versuchen der Kontaktaufnahme von islamischer Verbandsseite zeigten (Spielhaus 2010).

Wenn auch inhaltlich und strukturell verwoben, stehen die Paradigmen der Integration des *Islams* und der Integration der *Muslime* dennoch im Gegensatz zueinander. Das pragmatische Vorhaben der Gleichstellung durch Einbeziehung

---

12   Inklusive Ansätze für eine pluralistische Religionspolitik lassen sich allerdings auf landespolitischer und kommunaler Ebene finden: Beispielsweise berät sich die Integrationsbeauftragte des Landes Bandenburg regelmäßig mit Vertreterinnen und Vertretern verschiedener Religionen Zugewanderter. Berlin zeigt seit 2010 neben dem von Senatsseite vom Integrationsbeauftragten initiierten Berliner Islamforum eine Initiative für einen Interreligiösen Rat. Als zivilgesellschaftliche Initiative gründete sich 2009 in Frankfurt am Main ein Rat der Religionen, der die dortige Kommunalpolitik kommentiert und die Unterstützung des interreligiösen Dialogs in Zusammenarbeit mit der Kommune beabsichtigt.

islamischer Institutionen in die Integrationsarbeit wird von der dem Begriff der *Integration der Muslime* inhärenten Vorstellung konterkariert, diese seien im Kontext ihrer Religion bzw. Religiosität zu integrierende Personen, und damit aufgrund bzw. in direktem Zusammenhang mit ihrer Religionszugehörigkeit mehr oder weniger desintegriert.[13] Dabei ist eben keine gewachsene Aufmerksamkeit für die *generelle* Rolle von Religion im Integrationsprozess zu beobachten. Vielmehr werden die Angehörigen einer bestimmten Religionsgemeinschaft bei gleichzeitiger Vernachlässigung der Angehörigen anderer Religionsgemeinschaften in Bezug auf Zusammenhänge zwischen Religion und Integration hervorgehoben und langfristig separiert (Tezcan 2011: 375). Muslime wurden so zu *den* relevanten oder problematischen Migranten, wenn es um das Zusammenspiel von Religion und Integration geht, und der Islam wurde zur festen Rubrik der Integrationsthematik.[14]

5. „Muslim" – eine neue Forschungskategorie

In den vergangenen zehn Jahren sahen sich Forschende verschiedener Disziplinen mit einem wachsenden Interesse in Medien, Politik, Verwaltung und Zivilgesellschaft an quantifiziertem Faktenwissen über muslimische Bevölkerungsteile konfrontiert; darüber, wie sie leben, was sie denken, welche Interessen und Probleme sie haben, und wie gut integriert sie sind. In der vergangenen Dekade entstand eine relevante Anzahl derartiger Erhebungen, basierend auf der Befragung von als Muslime kategorisierten Menschen. Sie decken eine Reihe unterschiedlicher Themen, von Religiosität und religiöser Praxis über Einstellungen

---

13 Interessanterweise übertiteln Rainer Dollase und Kai-Christian Koch die Vorabveröffentlichung einer Umfrage unter in ihrer Religionszugehörigkeit nicht spezifizierten Angehörigen von elf Berufsgruppen über ihre Sicht der Muslime in Deutschland „Die Integration der Muslime" (vgl. Dollase/Koch 2006).

14 Das ist durchaus wörtlich zu nehmen, wie man im Lagebericht über die Situation der Ausländer der Bundesintegrationsbeauftragten und ebenso in Diskussionspapieren der Opposition sehen kann. Allein der „Islam in Deutschland" erhält im Lagebericht unter dem Kapitel „Religion und Integration" einen separaten Eintrag im Inhaltsverzeichnis. Die anerkannten Religionsgemeinschaften wie christliche Kirchen und jüdische Gemeinde werden hingegen unter der Rubrik „Integrationsaktivitäten ausgewählter Religionsgemeinschaften" abgehandelt. Abgesehen von der christlichen Orthodoxie werden Religionen Zugewanderter nicht mit eingehenderen Ausführungen bedacht. Hier spiegelt der Lagebericht die Prioritätensetzung der Bundes(integrations)politik wider (Beauftragte der Bundesregierung für Migration, Flüchtlinge und Integration 2012). Der Bericht der Zukunftswerkstatt Integration der SPD reflektiert, dass in der Diskussion um zukünftige Positionen der Partei zu Fragen der Integration neben Bildung, Arbeit und sozialer Stadt lediglich mit dem „Themenbereich Islam" einer Religion Zugewanderter eine Arbeitsgruppe und folglich ein Kapitel im Bericht gewidmet wurde (Sozialdemokratische Partei Deutschlands 2011).

zu Demokratie, Integration, Geschlechtergleichheit oder Homosexualität, bis zu der Lebenssituation, dem Bildungsstand und den Diskriminierungserfahrungen von Muslimen, ab (siehe Johansen/Spielhaus 2012).

Ähnlich wie politische und mediale Debatten verknüpfen aktuelle Forschungen zu „Muslimen" nicht selten die Kategorien „Muslim", „Migrant" bzw. „Migrationshintergrund" mit der Frage nach der „Integration". Anders gesagt konstituiert die Verknüpfung von Islam, Migration und Integration in medialen und politischen Debatten den diskursiven Rahmen für die Forschung über Menschen muslimischen Hintergrunds und muslimischen Glaubens in Deutschland und Europa. Dieser diskursive Rahmen begünstigt bestimmte Forschungsperspektiven und Fragestellungen (Sunier 2012: 5-6, siehe auch Johansen/Spielhaus 2012). Politische Debatten über Muslime informieren Forschung, schreiben sich diskursiv in sie ein und nehmen schließlich über die Forschungsförderung oder die Beauftragung insbesondere von kostenintensiven quantitativen Umfragen direkten Einfluss auf die Produktion von Wissen über Islam und Muslime in Westeuropa.

Die zunehmende Verflechtung von Migrations- und Islamforschung ist noch in anderer Hinsicht von Bedeutung: Wenn Paul Mecheril die Migrationsforschung als politisierte Forschung bezeichnet (Mecheril 2007: 24), so trifft dies laut Thijl Sunier für die Forschung zum Islam in Europa mittlerweile ebenso zu (Sunier 2012: 5-6). Problematisch ist jedoch nicht nur die Politisierung von Wissenschaftsfeldern, mit der sich die Strategie der „Domestizierung des Islams" in den Politikfeldern Integration, Sicherheit und nationale Identität in die akademische Forschung einschreibt. Die Entwicklung bringt auch mit sich, dass sich Untersuchungen zu „Islam" und „Muslimen" immer weniger mit Religion befassen. Der Islam, so Sunier weiter, wurde zum Platzhalter für eine große Bandbreite von Phänomenen, Einstellungen und Entwicklungen in der Forschung, während Untersuchungen zur religiösen Praxis und Wissensproduktion unter Muslimen programmatisch vernachlässigt werden (Sunier 2012: 5).

Ebenso wie die Etablierung der Begriffe Migrant und Migrationshintergrund intendieren Erhebungen zu Muslimen keineswegs in erster Linie die Markierung von Gruppen als „Andere".[15] Vielmehr steht dahinter nicht selten das Anliegen, Diskriminierung aufgrund wirklicher oder vermeintlicher Gruppengrenzen zu dokumentieren und damit Grundlagen für Gegenstrategien zu schaffen. Ein derartiger Anerkennungsansatz, vertreten von gesellschaftspolitischen Aktivisten ebenso wie von Akademikern, führt dazu, dass im Rahmen der An-

---

15   Ausführlich zur Konstruktion von Muslimen als Zugewanderte in quantitativen Erhebungen vgl. Johansen/Spielhaus 2012.

sprache, der Wahrnehmung, der Einbeziehung und Anerkennung eine Festschreibung der Anderen in ihrer Andersheit erfolgt. Paul Mecheril charakterisiert dieses Dilemma wie folgt:

> Die Paradoxie, die hier anklingt, besteht darin, dass Handlungsfähigkeit an Anerkennungsverhältnisse geknüpft ist, Anerkennung aber den untergeordneten Status der Anderen nicht nur bestätigt, sondern auch hervorbringt. (Mecheril 2010: 187)

Als Teil einer solchen Anerkennungspolitik beschreibt Tariq Modood den Strategiewechsel von Südasiaten in Großbritannien, die sich zunächst in Gemeinschaft mit anderen phänotypisch erkennbaren britischen Minderheiten mit dem Begriff „black" identifizierten, über diesen mobilisierten und eine Stimme im politischen Diskurs erhielten, um ihre Interessen zu vertreten. In den 1990er Jahren, im Nachgang der Affäre um Salman Rushdies „Satanische Verse", wurde dieser Begriff durch den Begriff „Muslim" ergänzt, wobei die „Südasiaten" sich in Religionsgruppen spalteten. Als von religiösen, ethnischen oder politischen Gruppen gewählte Selbstbezeichnungen besitzen die genannten Begriffe Authentizität, sind jedoch in das Machtgefüge der die um Anerkennung ringenden Akteure umgebenden Diskurslandschaft eingebunden. So führt Tariq Modood die Zweischneidigkeit und das Dilemma von *affirmative action* vor Augen. Um das Vorhandensein von Diskriminierung mit dem Ziel, dieser entgegenzuwirken, nachweisen zu können, müssen Menschen (selbst)klassifiziert und unter dem *label* der Diskriminierung gezählt werden. Damit wirkt die Anerkennungsstrategie letztlich als Affirmation der ausgrenzenden bzw. hierarchisierenden Kategorisierung und ist in der exkludierenden Terminologie gefangen (Modood 2002: 114). Diese Praxis, so Modood, führte im britischen Kontext unausweichlich zur Diskussion der Frage nach der Authentizität der Gruppenbezeichnungen. Die Kollektivbezeichnungen „black" und „Muslim" sind ihm zufolge allerdings beide reaktiv und geformt durch Situationen, die Minderheiten nicht kontrollieren, „neither the oppressor nor the oppressed are totally free to set the terms of a reactive identity." (Modood 2002: 121)

In Deutschland lässt sich eine vergleichbare Entwicklung der Strukturen der Interessenvertretung zunächst als Arbeiter, dann als Türken und schließlich zu der als Muslime nachvollziehen. Mit dem Wechsel der Paradigmen der Anerkennung gerieten vormals bedeutsame Merkmale in den Hintergrund (Yurdakul 2009). Nicht zuletzt ist die Parallelität von in ähnlicher Weise als Beratungsprozesse konzipierter Islamkonferenz und Integrationsgipfel ein Anzeichen dafür. Dabei ging die Forderung nach Anerkennung islamischer Organisationen als Form der Interessenvertretung – wenn auch zunächst vergeblich – von sich organisierenden Muslimen aus. Mit der Anerkennung der muslimischen Identität als

Modus der Interessenvertretung scheint jedoch auch die „zunehmende Obsession" mit dem Islam einherzugehen, die andere Schwerpunkte des *Otherings* wie Ethnizität und Staatsangehörigkeit ablösten, wie Christoph Ramm in einer Analyse der Überlappungen in der Berichterstattung zu Islam, Migrations- und Integrationsthemen konstatiert:

> In this process the image of Turkish immigrants is increasingly ‚Islamized', thereby taking up and reshaping older discourses which focused on their ethnic and cultural ‚otherness' [...]. (Ramm 2010: 188)

Die Initiative für Anerkennung in selbst gewählten Identitäten wird damit durch Zuschreibungen von außen überformt, die eine Interessenvertretung unmöglich zu machen scheinen. Über Deutschland hinaus lässt sich in den vergangenen zwei Dekaden beobachten, wie länderübergreifend nationalspezifische Kategorien aus der Zuwanderungs- und Kolonialgeschichte („*race*" in Großbritannien, „Gastarbeiter" in Deutschland, „*maghrébins*" in Frankreich) ersetzt werden durch allgemeine Bezugnahme auf „Muslime" sowie Werte und Verhaltensweisen, die vermeintlich mit dem Islam verbunden sind. Zu diesem Schluss kommt eine britische Forschungsgruppe, die sich mit der wachsenden Aufmerksamkeit für Muslime und Islam als „Integrationsproblem" in Westeuropa befasst und hierbei Verschiebungen in der Rahmung konstatiert (Morey/Yaqin 2011).

Diesen Prozess benennt Yasemin Karakaşoğlu als „Muslimisierung" von Migrantinnen und Migranten. Türkisch-, kurdisch- oder arabischstämmige Menschen würden pauschal und undifferenziert dem „islamischen Kulturkreis" zugeordnet, der zur Interpretation von Verhalten oder Konfliktsituationen herangezogen werde. In unterschiedlichen Verwendungskontexten fallen die beiden Kategorien zunehmend ineinander (Karakaşoğlu 2009: 186). Nina Clara Tiesler konstatiert eine „neue islamische Präsenz", die die Aufmerksamkeit der Islamwissenschaft in den 1980er Jahren auf sich zog und schließlich in die „Islamisierung von Debatten und Gesellschaftsmitgliedern muslimischen Hintergrunds" mündete,[16] während Levent Tezcan im Kontext des interreligiösen und interkulturellen Dialogs die „Schaffung der Subjekte des Dialogs" beschreibt (Tezcan 2006). Wie bereits erwähnt, manifestiert sich diese Wahrnehmungsverschiebung von Ausländern zu ethnischen Gemeinschaften und schließlich zu „Muslimen" in Deutschland im Anschluss an die Änderung des Staatsangehörigkeitsgesetzes, mit dem langfristig in Deutschland lebende Ausländer und vor allem deren in Deutschland geborene Nachkommen das Recht auf Einbürgerung erhielten.

---

16 Sie zeigt in ihrer Analyse der Konstruktion muslimischer Minderheiten im europäischen Kontext, dass diese Entwicklung z. B. in Frankreich und Großbritannien sehr viel früher einsetzte als in Deutschland (vgl. Tiesler 2007: 27).

Ehemals als „Ausländer" Klassifizierte beanspruchten nun, als deutsche Staatsbürger wahrgenommen zu werden. Als die ehemaligen Ausländer nun nicht mehr der Staatsangehörigkeit nach als „anders" zu kategorisieren waren, gewannen Zuschreibungen aufgrund (vermeintlich) religiöser Zugehörigkeit an Bedeutung. Die Wahrnehmungsverschiebung vom „Ausländer" zum „Muslim" war demnach eine Reaktion auf die Bewusstwerdung der Permanenz islamischen Lebens in Europa (Spielhaus 2006; 2011).

Für die Forschung ergibt sich daraus eine äußerst diffizile Herausforderung. Schwierig, wenn auch unausweichlich sei es, bemerkt Frank Peter, adäquate Bezeichnungen für Studienobjekte zu finden, wenn dieselben Begriffe und Klassifikationen durch die „unmarkierte Mehrheit Deutschlands" genutzt werden, um die Nation zu teilen und eine Hierarchie auf sie anzuwenden (Peter 2010: 140). Zunächst ist es daher notwendig, die in den drei Feldern Medien, Politik und Forschung gleichermaßen dominanten Begriffe Muslim, Migrant und Migrationshintergrund sowie ihre Verschränkung in der Denkfigur des „muslimischen Migranten" eingehend zu betrachten.

6. Die Figur des „muslimischen Migranten"

> *The other, the different, the foreigner, the immigrant. And today the Muslim. A path that has unraveled in the course of the decades and which in particular has transformed one category into the other, through a semantic shift and a selective perception of not little importance, which corresponds only in part to real changes.*
>
> Stefano Allievi 2005: 3

Im deutschen Kontext wurde der Begriff „Migrant" insbesondere von Migrantenselbstorganisationen (bis dahin als „Ausländervereine" geführt) in den 1990er Jahren als weniger negativer Gegenbegriff zu „Gastarbeiter" oder „Ausländer" in gesellschaftliche Debatten eingebracht. María do Mar Castro Varela und Paul Mecheril betonen die Spannweite seiner Bedeutungen von Wanderungserfahrung, persönlicher oder familiärer Herkunft aus einem nicht deutschen Staat, kultureller oder ethnischer Differenz bis zu nicht-deutscher Staatsangehörigkeit (Castro Varela/Mecheril 2010: 38).

Der Mikrozensus operationalisiert den Begriff Migrant in differenzierter Form, in der die Wanderungserfahrung keineswegs ausschlaggebend sein muss. Über die verfeinerte Unterscheidung von Menschen mit Migrationshintergrund *mit* und *ohne* Migrations*erfahrung* erfasst er Zugewanderte deutscher und nicht-deutscher Staatsangehörigkeit sowie deren Nachkommen in jedem Fall bis in die zweite, in einigen Fällen bis in die dritte „Generation", d.h. „in Deutschland Geborene – Personen ohne eigene Migrationserfahrung".[17] Mindestens ab der vierten „Generation" wird der Migrationshintergrund also nicht mehr statistisch erfasst. Allerdings beginnt die Zählung der „Generationen", mit der die statistische Erfassung von „Migration" schließlich beendet werden kann, erst mit der erfolgten Einbürgerung. Personen ohne deutschen Pass werden generell als Migranten oder Personen mit Migrationshintergrund definiert. Für die Feststellung des Migrationshintergrunds ist demnach letztlich irrelevant, seit wie vielen Generationen diese „Nichtdeutschen" in Deutschland leben und an welcher Stelle der Ahnenfolge die Wanderung vollzogen wurde. Mit der neuen Kategorie werden im Gegensatz zum Begriff „Ausländer" auch eingewanderte „Deutsche", d.h. im Ausland geborene Menschen, die eine deutsche Ethnizität nachweisen können, und Eingebürgerte erfasst. Die Pendel-Migration von deutschen Staatsangehörigen ins Ausland und zurück ist für die Erfassung des Migrationsstatus im Mikrozensus irrelevant, da hier explizit das Merkmal Zuwanderung zugrunde gelegt wird (Statistisches Bundesamt 2010: 382-391).

In der Definition der Kategorie Migrationshintergrund mischen sich also Konzepte von grenzüberschreitender Wanderung, ethnischer Herkunft und Staatsbürgerschaft. Castro Varela und Mecheril kommen zu dem Schluss, dass die Bezeichnung Migrant(in) paradoxerweise „in erster Linie nicht die Wanderungserfahrung, sondern eher eine vermutete und zugeschriebene *Abweichung von Normalitätsvorstellungen im Hinblick auf Biografie, Identität und Habitus*" artikuliert (Castro Varela/Mecheril 2010: 38, Hervorhebung im Original). Diese Normalitätsvorstellung sei nicht allein beschreibend, sondern bestätige die Ordnung zwischen denen, die selbstverständlich dazugehören und denen, die nicht selbstverständlich dazugehören oder sogar selbstverständlich nicht dazugehören.

Bemerkenswert ist auch die Verwendung des Begriffes im allgemeinen Sprachgebrauch sowie in wissenschaftlichen Arbeiten. Die differenzierte Unterscheidung zwischen Personen mit und ohne eigene Migrationserfahrung wird – gerade in Äußerungen und Untersuchungen zu Muslimen – selten konsequent angewandt. Insbesondere wenn von „muslimischen Migranten" die Rede ist, wird aus dem Kontext deutlich, dass zumeist gleichermaßen persönlich Zugewanderte

---

17 Der Begriff Migrationshintergrund wurde von der Bildungsforscherin Ursula Boos-Nünning vorgeschlagen und setzte sich in Forschung und Verwaltung durch. Laut Statistischem Bundesamt wird die Kategorie Migrationshintergrund synthetisch, d.h. als abgeleitete Variable bestimmt und nicht direkt erfragt. Bei der Bestimmung werden die im Mikrozensus erhobenen Angaben zum Zuzugsjahr, zum Geburtsort, zur Staatsangehörigkeit (Destatis 2010) und zur Einbürgerung sowie zu Staatsangehörigkeit, Einbürgerung und Geburtsort der Eltern bzw. Großeltern verwendet (Bömermann et al. 2008).

und Personen mit Migrationshintergrund ohne eigene Migrationserfahrung gemeint sind. Im Kontext islamischer Religionszugehörigkeit wird die Einwanderung so zeitlich unbegrenzt zugeschrieben und Muslime werden gleichzeitig als Untergruppe der Migranten konzipiert.

Während Stefano Allievi fragte, wie der Ausländer vom Arbeiter, vom *homo oeconomicus,* zum Muslim wurde, lässt sich die Frage heute auch anders stellen: Wie wurden Muslime zu Migranten? Was bedeutet die Verknüpfung der beiden Begriffe für die empirische Forschung und die daraus entwickelten analytischen Konzepte? Angeregt durch die Arbeitsgruppe 2 „Deutsche Gesellschaftsordnung und Wertekonsens" der ersten Phase der DIK führte das Bundesamt für Migration und Flüchtlinge (BAMF) im Auftrag des Bundesinnenministeriums eine Studie durch, die zum ersten Mal die Gesamtheit der in Deutschland lebenden Musliminnen und Muslime quantitativ erfassen und ihre Diversität insbesondere hinsichtlich der nationalen Herkunft abbilden sollte. Wiederholt war bemängelt worden, dass die Grundlage der Diskussion um Repräsentation und Integration innerhalb der DIK lediglich auf die auf der Migrationsstatistik beruhenden Schätzungen über die Anzahl der in Deutschland lebenden Menschen muslimischen Glaubens zurückgreifen konnte. Darüber hinaus stellte sich die Erhebung von Teilgesamtheiten der muslimischen Bevölkerung als schwierig dar, solange über die Grundgesamtheit lediglich vage Schätzungen vorlagen. Eine repräsentative bundesweite Umfrage lag daher im Interesse vieler Beteiligter aus Politik und Verwaltung, islamischer Dachverbände und nicht zuletzt der Forschung.

In der im Frühjahr 2009 durchgeführten Erhebung wurden Zugewanderte und Nachkommen von Zugewanderten befragt. Über deutschstämmige, also nicht als Zugewanderte klassifizierte Muslime, kann die Studie aufgrund ihres Zuschnitts kaum Aussagen treffen (Haug et al. 2009: 40; siehe auch den Beitrag von Stichs/Müssig im vorliegenden Band). Die Verfasser begründen dies mit dem Ziel der Studie: die Ermittlung der Anzahl der Muslime mit Migrationshintergrund. Zu rechtfertigen sei dies, da der Anteil der „deutschstämmigen Konvertiten" im Verhältnis „zu den zugewanderten Muslimen gering ist, so dass die in der vorliegenden Arbeit untersuchten Aspekte im statistischen Sinne nicht beeinträchtigt werden." (Haug et.al. 2009: 58) Eine Einbeziehung Deutschstämmiger erfordere andere Erhebungsverfahren. Zur Ermittlung der Teilnehmenden wendeten die Verfasser ein namensbasiertes Verfahren an. Die Auswahl der Befragten basiert damit nicht auf Nationalität, aber dennoch indirekt auf Herkunft (Haug et al. 2009: 40).

Die relativ kleine Gruppe der Muslime ohne Migrationshintergrund verfügt, wie Esra Özyürek anmerkt, über eine qualitativ große Bedeutung, indem sie das nationale Narrativ der christlich-jüdischen Religionsprägung und Zugehörigkeit irritiert. In ihrer Untersuchung von Konversionen zum Christentum in der Türkei und zum Islam in Deutschland stellt sie heraus, dass die religiöse Mehrheit in beiden Gesellschaften gleichgesetzt wird mit der nationalen Mehrheit und damit religiöse Minderheiten außerhalb der nationalen Imagination gehalten werden, unabhängig davon, wie integriert oder assimiliert sie sind. Deutschstämmige Angehörige religiöser Minderheiten stören diese Vorstellung des Nationalen (Özyürek 2009). Für eine quantitative Untersuchung kann daher nicht nur die Anzahl, sondern sollte auch die Bedeutung einer bestimmten Herkunftsgruppe – hier die deutschstämmige – eine Rolle spielen. Aus wissenschaftlicher Perspektive ist bedauerlich, dass eine Aussage über die Grundgesamtheit der Muslime in Deutschland damit auch nach dieser kostenintensiven quantitativen Erhebung nicht vorliegt. Die Gleichsetzung von „Muslimsein" und Migrationshintergrund wurde hier erneut gefestigt.

Über die für Islam- und Integrationspolitik zentrale Quantifizierung hinaus liefert die Studie des BAMF allerdings wesentliche Erkenntnisse für kritische Überlegungen zum Verhältnis von Zugewanderten aus mehrheitlich muslimischen Ländern und muslimischer Selbstbezeichnung. So belegt die Erhebung, dass ein relevanter Anteil von Personen aus mehrheitlich muslimischen Ländern keine Muslime sind. Aufgrund unterschiedlicher Migrationsmuster könne daher aus „der religiösen Zusammensetzung der Bevölkerung des Herkunftslandes […] nicht automatisch auf die Religion der in Deutschland lebenden Migranten geschlossen werden" (Haug et al. 2009: 12). So bekennen sich weniger als die Hälfte der Befragten mit iranischem Migrationshintergrund zum Islam, keiner Religionsgemeinschaft gehören 38 % dieser Befragten an (Haug et al. 2009: 87; 302-320).

Muslime, Angehörige einer Religion, Migranten und (zu)gewanderte Menschen stellen also keineswegs Synonyme dar. Die Begriffe beziehen sich auf unterschiedliche Sachverhalte und die Personengruppen, die sie bezeichnen, sind nicht kongruent, wenn sie auch über Schnittmengen verfügen. Anders formuliert: Nicht alle Migranten sind Muslime, nicht alle Muslime Migranten oder Menschen mit Migrationshintergrund. Während ersteres angesichts Zugewanderter aus anderen „Kulturkreisen" schnell einleuchtet, belegen dies mittlerweile quantitative Studien auch im Hinblick auf Zugewanderte aus mehrheitlich muslimischen Ländern (Haug et al. 2009: 302-320). Der zweite Teil der Formel bezieht sich auf Menschen muslimischen Glaubens, die als Deutsche in Deutschland geboren wurden. Unter ihnen befinden sich Personen, die mit dem Islam einen neuen Glauben angenommen haben, aber auch Nachkommen von Konvertiten, die also ohne Migrationshintergrund in Familien muslimischen Glaubens geboren wurden.[18] Und schließlich ist davon auszugehen, dass auch Deutsche, deren Vorfahren vor vier oder mehr Generationen eingewandert sind, ihren Migrationshintergrund im derzeitigen statistischen Sinne „verlieren" werden. Angesichts der zusehends abnehmenden Nachverfolgbarkeit von Einwanderungsprozessen in Statistiken stellt sich also ohnehin die Frage, wie die hier im Mittelpunkt stehenden Kategorien zukünftig operationalisiert werden sollen.

7. Fazit: Überlegungen zur Forschung über Islam und Islampolitik in Deutschland

Ohne weitere Kontextualisierung ist die Bezeichnung „muslimische Migranten" in vielerlei Hinsicht problematisch. Zum einen gehen hier zwei in ihrer Bedeutung äußerst unscharfe Begriffe eine Verbindung ein. Beide Termini, „Migrant" und „Muslim", müssen also jeweils einzeln auf ihre deskriptive Präzision hinterfragt werden und bedürfen einer Definition im jeweiligen Forschungskontext. Zum anderen ist es angezeigt, die nicht selten in scheinbar selbstverständlichster Kombination verwandte neue Denkfigur im Hinblick auf ihre Funktion für symbolische Zugehörigkeitsdebatten zu beleuchten. Die Kombination aus zwei ungenauen Begriffen führt zu einem perfekten „Anderen", in dem „Migrationsandere" mit „Religionsanderen" verschmelzen und durch den sie dauerhaft von den Unmarkierten und damit von der so konstituierten „Mehrheit" der Gesellschaft getrennt werden. Derartige Konzeptualisierungen bleiben nicht ohne Auswirkungen auf Muslime in Deutschland, wie Naika Foroutan aufzeigt (Foroutan 2012: 332). Diese machtvolle Funktion der kombinierten Zuschreibungen Migrant und Muslim gilt es daher in Untersuchungen zu muslimischem Leben in Deutschland zu berücksichtigen.

Mit der Gleichsetzung von Muslim und Migrant verengt sich der Blick und droht nichtmigrantische Muslime und nichtmuslimische Migranten zunehmend aus gesellschaftsgestaltenden und wissenschaftlichen Fragestellungen zu verbannen. Muslime ohne Migrationshintergrund werden so aus Islamdarstellungen und Migranten ohne Islambezug aus der Migrations- und Integrationsdebatte genauso wie aus der Forschung ausgeblendet. Wie bereits angedeutet, kann der Fokus auf eine „Gruppe" und die damit einhergehende Vernachlässigung anderer Bevölke-

---

18 Auch eine Gleichsetzung von Muslimen ohne Migrationshintergrund mit Konvertiten (vgl. bspw. Müssig und Vardar 2011) scheint angesichts der in den 1970er Jahren in Westdeutschland einsetzenden Konversionsbewegung und den aus ihr hervorgegangenen Gemeinden nicht angebracht.

rungsteile im politischen Feld neue Konflikte hervorrufen. Andererseits bringt die Aufmerksamkeit der Regierung islamischen Organisationen neben Stereotypisierungen und *securitization* positive Effekte wie finanzielle Förderung, Gelegenheit, Problemlagen der „Gruppe" anzusprechen und Identitätspolitik zu betreiben. Im akademischen Feld ist dies nicht nur im Hinblick auf Ethik oder politische Korrektheit, sondern insbesondere in methodischer Hinsicht relevant, wird doch die Produktion von Wissen über das, was spezifisch „muslimisch" ist, durch diesen engen Blick, dominante Begriffsdefinitionen und akademische Moden gefärbt. Angesichts dessen gilt es, den fundamentalen Unterschieden zwischen den Kategorien Migrant, Migrationshintergrund, Ethnizität und Religionszugehörigkeit in der Forschung Rechnung zu tragen.

Im Interesse einer analytischen Klarheit ist es notwendig, die „Natürlichkeit" der Verbindung der Begriffe Muslim und Migrant zu hinterfragen. Dies soll nicht heißen, dass Beziehungen zwischen Religion, Migration und Integration nicht vorhanden wären, verschleiert werden sollten oder nicht forschungsrelevant sind. Im Gegenteil, mit der bewussten Ansprache und Analyse existierender Zusammenhänge im Gegensatz zur bloßen Andeutung oder Annahme derartiger Bezüge können die Fragen danach, welche Phänomene im Zusammenhang mit dem Islam und welche im Zusammenhang mit Migration stehen und wie sie dies tun, klarer bearbeitet werden. Schließlich erfordern die Vielfalt ethnischer, regionaler und nationaler Herkunft der muslimischen Bevölkerung in Deutschland sowie ihre sozialen und ökonomischen Unterschiede Berücksichtigung im Zuschnitt von Forschungsprojekten, die sich bisher mehrheitlich auf große muslimische Bevölkerungsteile wie Türkeistämmige und Arabischsprachige konzentrieren und damit innermuslimische Minderheiten und Pluralität vernachlässigen. Darüber hinaus stellt sich die Frage, wie zukünftig neben muslimischen Gemeinschaften die Präsenz weiterer Religionsgemeinschaften in Deutschland stärker in das Blickfeld von Religionspolitik und vergleichender Forschung rücken kann.

Für die Untersuchung politischer Ansätze im Bezug auf Islam, Muslime oder islambezogene Themen und Problemstellungen ist neben der Beschreibung einzelner politischer Strategien und ihrer Effekte auch die Einbettung in die Politikfelder Integrations-, Sicherheits- und Religionspolitik relevant. So wird zu beobachten sein, wie sich zukünftig die zwei konkurrieren Paradigmen *Integration des Islams* und *Integration der Muslime* und damit zusammenhängend das Verständnis von *Muslimsein* in politischen und medialen Debatten entwickeln.

Literatur

Abdullah, Muhammad Salim, 1981: Geschichte des Islams in Deutschland. Graz: Styria.
Allenbach, Birgit, Urmila Goel, Merle Hummrich und *Codula Weißköppel* (Hg.), 2011: Jugend, Migration und Religion. Interdisziplinäre Perspektiven. Baden-Baden: Nomos.
Allievi, Stefano, 2005: How the Immigrant has Become Muslim. Public Debates on Islam in Europe, Revue européenne des migrations internationales 21(2): 1-23.
Bauknecht, Bernd R., 2010: Zur Geschichte der Muslime in Deutschland vor der Arbeitsmigration. S. 61-82 in: *Bülent Ucar* (Hg.): Die Rolle der Religion im Integrationsprozess. Die deutsche Islamdebatte. Frankfurt am Main: Peter Lang.
Baumann, Gerd, und *Thijl Sunier* (Hg.), 1995: Post-migration ethnicity: de-essentializing cohesion, commitments and comparison. Amsterdam: Het Spinhuis Publishers.
Bodenstein, Mark Chalîl, 2010: Integration vorbeten – Aus- und Weiterbildung von Imamen als Integrationsförderung. Manuskript zum Vortrag gehalten auf dem Deutschen Orientalistentag 2010.
Bömermann, Hartmut, Klaus Rehkämper und *Ulrike Rockmann*, 2008: Neue Daten zur Bevölkerung mit Migrationshintergrund in Berlin zum Stand 31.12.2007, Zeitschrift für amtliche Statistik Berlin Brandenburg 3: 20-28.
Bukow, Wolf-Dietrich, und *Markus Ottersbach* (Hg.): 1999: Fundamentalismusverdacht. Opladen: Leske & Budrich.
Casanova, José, 2007: Immigration and the new religious pluralism: a European Union/United States Comparison. S. 59-83 in: *Thomas Banchoff* (Hg.): Democracy and the New Religious Pluralism. Oxford: Oxford University Press.
Castro Varela, María do Mar und *Paul Mecheril*, 2010: Grenze und Bewegung. Migrationswissenschaftliche Klärungen. S. 23-53 in: *Paul Mecheril* et. al. (Hg.): Migrationspädagogik. Weinheim und Basel: Beltz Verlag.
Deutscher Bundestag, 2007: Stand der rechtlichen Gleichstellung des Islam in Deutschland. Antwort der Bundesregierung auf eine Große Anfrage. Drucksache 16/5033, Berlin: Deutscher Bundestag.
Dollase, Rainer, und *Kai-Christian Koch*, 2006: Die Integration der Muslime, Aus Politik und Zeitgeschichte (APuZ) 40-41: 22-26.
Foroutan, Naika, 2012: Innerdeutsche Grenze Islam? Desintegrative Folgen der Integrationsdebatte. S. 321-335 in: *Kien Nghi Ha* (Hg.): Asiatische Deutsche. Vietnamesische Diaspora and Beyond. Berlin: Assoziation A.
Frindte, Wolfgang, Klaus Boehnke, Henry Kreikenbom und *Wolfgang Wagner*, 2012: Lebenswelten junger Muslime in Deutschland. Ein sozial- und medienwissenschaftliches System zur Analyse, Bewertung und Prävention islamistischer Radikalisierungsprozesse junger Menschen in Deutschland. Berlin: Bundesministerium des Innern.
Hafez, Kai, und *Carola Richter*, 2007: Das Islambild von ARD und ZDF, Aus Politik und Zeitgeschichte (APuZ) 26-27: 40-46.
Haug, Sonja, Stephanie Müssig und *Anja Stichs*, 2009: Muslimisches Leben in Deutschland. Nürnberg: Bundesamt für Migration und Flüchtlinge.
Heimbach, Marfa, 2001: Die Entwicklung der islamischen Gemeinschaft in Deutschland seit 1961. Berlin: Schwarz.
Höpp, Gerd, 2004: Arab Inmates in German Concentration Camps until the End of World War II. In: *Wolfgang G. Schwanitz* (Hg.): Germany and the Middle East, 1871-1945. Madrid: Iberoamericana.

Johansen, Birgitte Schepelern und *Riem Spielhaus*, 2012: Counting deviance. Revisiting a decade's production of surveys among Muslims in Western Europe, Journal of Muslims in Europe 1 (1): 81-112.

Kamp, Melanie, 2008: Prayer Leader, Counselor, Teacher, Social Worker, and Public Relations Officer – On the Roles and Functions of Imams in Germany. S. 133-160 in: *Ala Al-Hamarneh* und *Jörn Thielmann* (Hg.): Islam and Muslims in Germany. Leiden: Brill.

Karakaşoğlu, Yasemin, 2009: Beschwörung und Vernachlässigung der Interkulturellen Bildung im „Integrationsland Deutschland" – Ein Essay. S. 177-195 in: *Wolfgang Melzer* und *Rudolf Tippelt* (Hg.): Kulturen der Bildung. Beiträge zum 21. Kongress der Deutschen Gesellschaft für Erziehungswissenschaft. Schriftenreihe der Deutschen Gesellschaft für Erziehungswissenschaft (DGfE). Opladen: Barbara Budrich.

Larsson, Göran, und *Egdunas Račius*, 2010: A Different Approach to the History of Islam and Muslims in Europe: A North-Eastern Angle, or the Need to Reconsider the Research Field, Journal of Religion in Europe 3: 350–373.

Mecheril, Paul, 2007: Politische Verantwortung und Kritik. Das Beispiel Migrationsforschung. S.24-32 in: *Bartolomäus Figatowski* et al. (Hg.): The Making of Migration. Repräsentationen, Erfahrungen, Analysen. Münster: Westfälisches Dampfboot.

Mecheril, Paul, 2009: Politik der Unreinheit. Ein Essay über Hybridität. Wien: Passagen.

Mecheril, Paul, 2010: Anerkennung und Befragung von Zugehörigkeitsverhältnissen. Umriss einer migrationspädagogischen Orientierung. S. 179-191 in: *Paul Mecheril* et al. (Hg.): Migrationspädagogik. Weinheim und Basel: Beltz.

Modood, Tariq, 2002: The Place of Muslims in British Secular Multiculturalism. S. 113-130 in: *Nezar Alsayyad* und *Manuel Castells* (Hg.): Muslim Europe or Euro-Islam: Politics, Culture, and Citizenship in the Age of Globalization. New York: Lexington Books.

Morey, Peter, und *Amina Yaqin*, 2011: Framing Muslims. Stereotyping and Representation after 9/11. Cambridge: Harvard University Press.

Müssig, Stephanie, und *Nilden Vardar*, 2011: Zur Rolle von muslimischen Konvertierten im Gemeindeleben, Aus Politik und Zeitgeschichte (APuZ) 13-14: 28-34.

Nijhawan, Michael, 2006: Bin Laden in der U-Bahn und andere Verkennungen: Beobachtungen in der Sikh Diaspora. S. 98-122 in: *Christiane Brosius* und *Urmila Goel* (Hg.): Masala.de. Menschen aus Südasien in Deutschland. Heidelberg: Draupadi.

Özyürek, Esra, 2009: Convert Alert: German Muslims and Turkish Christians as Threats to Security in the New Europe, Comparative Studies in Society and History 51 (1): 91-116.

Peter, Frank, 2010: Welcoming Muslims into the nation. Tolerance, politics and integration in Germany. S. 119-144 in: *Jocelyne Cesari* (Hg.): Muslims in the West after 9/11. Religion, Politics and Law. New York.

Ramm, Christoph, 2010: The Muslim Makers: How Germany 'Islamizes' Turkish Immigrants, Interventions 12: 183-197.

Schäuble, Wolfgang, 2006: Deutsche Islam Konferenz – Perspektiven für eine gemeinsame Zukunft. Regierungserklärung, 54. Sitzung des Deutschen Bundestages, 28.09.2006. S. 12-20 in: *Deutsche Islam Konferenz* (Hg.): Drei Jahre Deutsche Islam Konferenz (DIK) 2006-2009: Muslime in Deutschland – deutsche Muslime. Berlin: Bundesministerium des Innern.

Schiffauer, Werner, 2007: Der unheimliche Muslim – Staatsbürgerschaft und zivilgesellschaftliche Ängste. S. 111-134 in: *Tezcan Levent* und *Monika Wohlrab-Sahr* (Hg.): Konfliktfeld Islam in Europa. Baden-Baden: Nomos Verlag.

Schlagenwerth, Michaela, 2007: Der Schriftsteller Feridun Zaimoglu kritisiert die Zusammensetzung der Islam-Konferenz. Wo sind die jungen Schamtuchträgerinnen? Berliner Zeitung, 25.4.2007.

Sozialdemokratische Partei Deutschlands, 2011: Auf dem Weg zu einer modernen Integrationspolitik: Anregungen zur programmatischen Positionsbestimmung auf der Zukunftswerkstatt Integration 2009-2011. Berlin: SPD.

Spielhaus, Riem, 2006: Religion und Identität. Vom deutschen Versuch, „Ausländer" zu „Muslimen" zu machen, Internationale Politik 61 (3): 28-36.

Spielhaus, Riem, 2010: Institutionalisierung des Islam in Deutschland: ein Ergebnis von Angebot und Verweigerung. S. 50-71 in: *Deutsche Botschaft Ankara* (Hg.): Islam und Europa: Als Thema der deutsch-türkischen Zusammenarbeit VIII. Ankara: AA.

Spielhaus, Riem, 2011: Wer ist hier Muslim? Die Entwicklung eines islamischen Bewusstseins in Deutschland zwischen Selbstidentifikation und Fremdzuschreibung. Würzburg: Ergon Verlag.

Statistisches Bundesamt, 2011: Bevölkerung und Erwerbstätigkeit: Bevölkerung mit Migrationshintergrund, Ergebnisse des Mikrozensus 2010, Fachserie 1, Reihe 2.2. Wiesbaden: Statistisches Bundesamt.

Sunier, Thijl, 2009: Beyond the Domestication of Islam: A Reflection on Reasearch on Islam in European Societies. Amsterdam: Vrije Universiteit.

Sunier, Thijl, 2012: Domesticating Islam: exploring academic knowledge production on Islam and Muslims in European societies, Ethnic and Racial Studies, DOI: 10.1080/01419870.2012.753151.

Tezcan, Levent, 2006: Interreligiöser Dialog und politische Religionen, Aus Politik und Zeitgeschichte 28-29: 26-32.

Tezcan, Levent, 2008: Governmentality: Pastoral care and integration. S. 119-132 in: *Ala Al-Hamarneh* und *Jörn Thielmann* (Hg.): Islam and Muslims in Germany. Leiden: BRILL.

Tezcan, Levent, 2011: Spielarten der Kulturalisierung, Zeitschrift für Kulturphilosophie 5 (2): 357-376.

Tezcan, Levent, 2012: Das muslimische Subjekt: Verfangen im Dialog der Deutschen Islam Konferenz. Konstanz: Konstanz University Press.

Tiesler, Nina-Clara, 2006: Muslime in Europa. Religion und Identitätspolitiken unter veränderten gesellschaftlichen Verhältnissen. Münster: Lit.

Tiesler, Nina Clara, 2007: Europäisierung des Islam und Islamisierung der Debatten: Zur Karriere eines Forschungsgegenstandes in sozialwissenschaftlichen Diskursen, Aus Politik und Zeitgeschichte (APuZ) 26-27: 24-32.

Vertovec, Steven, 2007: Super-diversity and its Implications, Ethnic and Racial Studies 30 (6): 1024-1054.

Yurdakul, Gökçe, 2009: From Guest Workers into Muslims: The Transformation of Turkish Immigrant Associations in Germany. Newcastle: Cambridge Scholars Press.

Identität und Loyalität von Muslimen in Deutschland

Martina Grabau

1. Einleitung

Im Februar 2012 wurde die Studie „Lebenswelten junger Muslime in Deutschland" (siehe Frindte et al. 2012; siehe auch den Beitrag von Frindte et al. im vorliegenden Band) auf der Homepage des Bundesinnenministeriums online gestellt. Die Bild-Zeitung betitelte diese als „Schock-Studie" (bild.de vom 29.02.2012). Auch in anderen Medien stieß sie Diskussionen um Integrationsbereitschaft, Radikalisierungstendenzen und die Ablehnung westlicher Werte bei jungen in Deutschland lebenden Muslimen an[1] (vgl. u. a. Süddeutsche Zeitung vom 01.03.2012). Wenngleich die Erregung, mit der diese Debatte geführt wurde, Gegenteiliges vermuten lassen könnte, markierten die Diskussionen inhaltlich doch keine fundamentale Neuerung im Diskurs um die Integration von Muslimen in die deutsche Gesellschaft. Vielmehr reproduzierten sie bereits bekannte und in Öffentlichkeit und Politik verbreitete Positionen: Während die eine Seite die Studie als Bestätigung dafür ansah, dass Muslime aufgrund der mit ihrer Religion und ihren jeweiligen Herkunftsländern verbundenen Werte und Traditionen nicht in westliche Gesellschaften „passten", weshalb sich ihre Integration so schwierig gestalte, warnten andere vor populistischen und vorschnellen Schlüssen (vgl. u. a. Süddeutsche Zeitung vom 02.03.2012a und 02.03.2012b; Frankfurter Allgemeine Zeitung vom 02.03.2012). Verknüpft ist diese Thematik stets mit Sicherheitsaspekten, konkret mit der Sorge, dass aus einer mangelnden Integration von Muslimen in die Aufnahmegesellschaft radikale Tendenzen und eine Gegnerschaft zum Aufnahmeland erwachsen. Auf abstrakterem Niveau spiegeln diese Bedenken um die Integration von Muslimen Zweifel an deren *Loyalität* wider: Sind Muslime gegenüber dem Aufnahmeland auf einer verfassungspolitischen Ebene wirklich loyal? Oder besteht die Gefahr, dass sie Werte und Bestimmungen des

---

[1] Die Autoren der Studie haben deren Darstellung in den Medien entschieden kritisiert, u. a. wegen der missverständlichen Präsentation einzelner Daten jenseits des Gesamtkontextes (vgl. Süddeutsche Zeitung vom 02.03.2012a).

Herkunftslandes oder des Islam dem Grundgesetz gegenüber priorisieren und als handlungsleitend erachten? Der Verdacht des Loyalitätskonfliktes impliziert von Seiten der Aufnahmegesellschaft zugleich Misstrauen hinsichtlich eines weiteren potenziellen Defizits von Muslimen. Sofern Zweifel an der Loyalität von Muslimen geäußert werden, bedeutet dies, dass ihre Zugehörigkeit zur Aufnahmegesellschaft in Frage gestellt wird, wobei beides eng zusammenhängt: Die Loyalität von in Deutschland aufgewachsenen Menschen ohne Migrationshintergrund wird in der Regel als gegeben vorausgesetzt. Verdachtsmomente bezüglich der mangelnden Loyalität von Muslimen gegenüber Deutschland können somit deshalb aufkommen, weil die Annahme besteht, dass Muslime sich möglicherweise nicht als Bestandteil der Aufnahmegesellschaft fühlen. Diese Folgerungen erklären ein von Politik und Gesellschaft regelmäßig geäußertes Anliegen bezüglich der Identität von in Deutschland lebenden Muslimen: Sie sollen sich als Bestandteil der deutschen Gesellschaft begreifen, sich also mit dem Aufnahmeland *identifizieren* und – so Wolfgang Schäubles Aufforderung zu Beginn der Deutschen Islam Konferenz – „deutsche Muslime" (Frankfurter Allgemeine Zeitung vom 27.09.2006) werden. Die Forderung nach Loyalität gegenüber dem Aufnahmeland beschränkt sich daher nicht auf formale Gesetzestreue, sondern bezieht sich darüber hinaus auf emotionaler Ebene auf ein Zugehörigkeitsgefühl zur Aufnahmegesellschaft, das als Voraussetzung für Loyalität gewertet werden kann.

Im Zuge der Integrationsdebatte werden häufig Indizien für eine mangelnde Identifikation von Muslimen mit der deutschen Aufnahmegesellschaft angeführt. Als solche gelten u. a. grenzüberschreitende Kontakte von Muslimen mit ihren jeweiligen Herkunftsländern. Solche Kontakte provozieren in Politik und Öffentlichkeit Misstrauen und werfen die Frage auf, ob sich Muslime tatsächlich als Teil der Aufnahmegesellschaft fühlen oder eine verbleibende Bindung an die Herkunftsländer die Integration in die Aufnahmegesellschaft erschwert. Derlei Problematisierungen zum Verhältnis von Ankunfts- und Herkunftslandidentität kulminieren in Äußerungen (im folgenden Fall diejenige Volker Kauders), die eine gleichzeitige Identifikation mit dem Ankunfts- sowie dem Herkunftsland als unmöglich erachten: „Wer sich einem Land zugehörig fühlt, kann nicht auch noch einem anderen verpflichtet sein – und dann für dieses, dann für das andere eintreten. Wer dieser Schicksalsgemeinschaft angehört, gehört ihr vom Prinzip her ausschließlich an." (Süddeutsche Zeitung vom 21.07.2006)

Diese Problematisierung von Ankunfts- und Herkunftslandidentität sowie von grenzüberschreitenden Kontakten von Migranten ist aber keineswegs nur auf der praxispolitischen Ebene zu finden. Auch in der Wissenschaft wird die These, dass Herkunftslandkontakte zur Förderung und Bewahrung von Herkunftslandidentitäten beitragen und daher ein Integrationshemmnis darstellen, umfassend diskutiert. Eine differenzierte Perspektive nehmen in dieser Debatte die seit den 1990er Jahren zunehmend aufkommenden transnationalen Ansätze der Migrationsforschung ein. Sie verweisen in Folge verbesserter länderübergreifender Verkehrs- und Informationsstrukturen auf sich ausweitende und intensivierende kulturelle, soziale, ökonomische und politische transnationale Aktivitäten von Migranten und Migrantenorganisationen. In diesem Zusammenhang argumentieren sie gegen die Vorstellung, grenzüberschreitende Kontakte ins Herkunftsland konstituierten ein Hindernis für die Integration und repräsentierten eine mangelnde Identifikation der Migranten mit der Aufnahmegesellschaft (vgl. Stahl 2010: 100; Pries 2010a: 43; Sezgin 2010; Fauser 2010).

Vor dem Hintergrund dieser Debatte fragt der vorliegende Beitrag danach, inwiefern eine weiterhin bestehende Herkunftslandidentität die Integration von Muslimen in die deutsche Aufnahmegesellschaft im Sinne einer *Identifikation* mit ebendieser behindert: Wie steht es um die Identität von Muslimen, die sich eher in transnationalen als in nationalstaatlichen Bezügen verorten? Welche Folgerungen lassen sich aus diesen Ergebnissen hinsichtlich der Loyalität der Muslime ziehen? Zur Beantwortung der Fragestellung werden zunächst die vorherrschende Debatte um die mangelnde Identifikation von Muslimen mit Deutschland sowie potenzielle Loyalitätskonflikte hinsichtlich Herkunfts- und Aufnahmeland skizziert (Kapitel 2). Als Eröffnung einer neuen Perspektive auf Migration werden gegenüber der in Kapitel 2 dargestellten dichotomen Sichtweise auf grenzüberschreitende Kontakte von Migranten Grundzüge der noch „jungen" transnationalen Forschungsansätze abgebildet (Kapitel 3.1). Vor diesem theoretischen Hintergrund wird in Kapitel 3.2 auf Grundlage einer Studie der Stiftung Zentrum für Türkeistudien und Integrationsforschung (ZfTI) zu Angeboten und Strukturen von Moscheegemeinden in Deutschland (Halm/Sauer 2012) überprüft, ob sich aus der Untersuchung zu grenzüberschreitenden Aktivitäten von muslimischen Gemeinden Annahmen hinsichtlich der transnationalen Aktivitäten von Muslimen auf Mikro-Ebene folgern lassen.[2] Um zu ermitteln, wie das Verhältnis von Ankunfts- und Herkunftslandidentitäten von in Deutschland lebenden Muslimen beschaffen ist und begründete Annahmen darüber zu treffen, welchen Einfluss grenzüberschreitende Kontakte auf die Identität von Muslimen haben, werden schließlich einschlägige Studien zur Identifikation von Muslimen mit dem Herkunfts- sowie

---

2 Die Mikro-Ebene bezeichnet Untersuchungen auf individueller Ebene, die Meso-Ebene Untersuchungen auf höherer Aggregatebene (Gruppen-, Regionenkontexte; Schultze 2010: 589). Im vorliegenden Buchbeitrag sind unter Meso-Ebene Untersuchungen zu Migrantenorganisationen zu fassen.

dem Ankunftsland vorgestellt (Kapitel 3.3) und in einem abschließenden Fazit diskutiert (Kapitel 4). Gleichzeitig wird in diesem Kontext Bezug auf den Beitrag von Frindte et al. in diesem Band genommen, um weitere potenzielle Einflussfaktoren für die Identität von Muslimen in Deutschland zu problematisieren.

2. Debatten um Loyalität und Identität von Muslimen – eine Skizze

Mit Verweis auf „Verharren in Staatshilfen, Kriminalitätsraten, Machogehabe, Bildungs- und Leistungsverweigerung" (Wulff 2010) sowie vermeintlich abnehmende Deutschkenntnisse und steigende Arbeitslosenzahlen wird an Menschen mit Migrationshintergrund ein von den konkreten Problematiken abstrahierendes Defizit festgestellt: ihre angeblich mangelnde Eingliederung in die deutsche Gesellschaft. Als Ursache für dieses Defizit wird in der Integrationsdebatte regelmäßig ein der vermeintlichen Integrationsunwilligkeit der Betroffenen geschuldeter Vorwurf angeführt: Vor dem Hintergrund der mangelnden Zugehörigkeit zur deutschen Gesellschaft und der genannten „Herausforderungen und Probleme" (Wulff 2010), die sich bei der Integration ergeben, werden immer wieder Zweifel an der Loyalität von Menschen mit Migrationshintergrund geäußert. Gefragt wird, ob Menschen mit Migrationshintergrund, die in Deutschland leben, gegenüber dem Aufnahmeland wirklich loyal sind. Wie entscheiden sie sich, wenn in Deutschland geltende politische, kulturelle oder soziale Bestimmungen mit denen des Herkunftslandes oder der im Herkunftsland vorherrschenden Religion miteinander in Konflikt geraten? (Tezcan 2011: 127) In diesem Kontext wird mitunter die Entwicklung eines Zusammenhalts eingefordert, der von Seiten der Aufnahmegesellschaft erst gar nicht den Verdacht von Loyalitätskonflikten aufkommen lässt:

> „Wir sind ein Volk!" Dieser Ruf der Einheit muss heute eine Einladung sein an alle, die hier leben. Eine Einladung, die nicht gegründet ist auf Beliebigkeit, sondern auf Werten, die unser Land stark gemacht haben. Mit einem so verstandenen „wir" wird Zusammenhalt gelingen – zwischen denen, die erst seit kurzem hier leben, und denen, die schon so lange einheimisch sind, dass sie vergessen haben, dass vielleicht auch ihre Vorfahren von auswärts kamen. (Wulff 2010)

Die Frage nach der Loyalität von Menschen mit Migrationshintergrund ist hier nicht auf die rechtliche Dimension begrenzt. Im Vordergrund steht vielmehr ein „Verständnis von Deutschland, das Zugehörigkeit nicht auf einen Pass, eine Familiengeschichte oder einen Glauben verengt, sondern breiter angelegt ist." (Wulff 2010) Nicht allein Gesetzestreue gilt als Ausdruck von Loyalität. Angestrebt wird darüber hinaus die Entwicklung eines wertebasierten Zusammenhalts. Auf diese Weise soll nicht nur auf einer verfassungspolitischen, sondern vielmehr auf einer emotionalen Ebene die *Identifikation* mit dem Aufnahmeland gewährleistet werden, die in dem von Christian Wulff formulierten „Wir" ihre Bestimmung findet. Während die nationale Abstammung aufgrund der zunehmenden Migration nicht mehr als Grundlage für nationalen Zusammenhalt dienen kann (Spielhaus 2006: 34-35), werden auf der Suche nach einer neuen Klammer demokratische Werte in den Vordergrund gestellt:

> Ein gemeinsamer Wertekonsens kann jeden einbeziehen, unabhängig von Religion, Herkunft, Muttersprache, Geschlecht oder sexueller Orientierung. Viele Politiker betonten Sprache und demokratische Werte als Voraussetzungen und Maßstäbe für Fortschritte in der Integration von Migranten. (Spielhaus 2006: 35)

Die von Levent Tezcan als „unaufhebbare Schwierigkeit" (2011: 125) charakterisierte Frage nach dem fundamentalen Gehalt von Loyalität und Identität orientiert sich somit häufig an der Anerkennung einer in Deutschland geltenden, demokratisch-pluralistischen Werteordnung: „Apart from the mastery of the German language, one has to acknowledge the basic values of the German society." (Amelina/Faist 2008: 92)

Die Übernahme eines Wertekonsenses gilt offensichtlich als Manifestation der Identifikation mit Deutschland und somit zugleich als Bedingung für die Integration von Migranten in die deutsche Gesellschaft sowie für deren Loyalität. Deswegen wird insbesondere Menschen, die aus nicht-westlichen Gesellschaften nach Deutschland kommen, mit Skepsis begegnet. Vor dem Hintergrund islamistischer Terroranschläge gegen demokratische Staaten scheinen Muslime dem Verdacht der mangelnden Identifikation mit und Loyalität gegenüber Deutschland in besonderem Maße ausgesetzt (Amelina/Faist 2008: 91-92). So wird in Debatten um die Integration von Muslimen immer wieder eine Unvereinbarkeit von islamischen Werten und denen des Grundgesetzes behauptet (Spielhaus 2006: 35; siehe auch Frindte et al. im vorliegenden Band). Daran anknüpfend wird auf einer höheren Abstraktionsebene häufig ein Gegensatz zwischen Islam und Moderne beschrieben, der eine kulturelle Differenz von Muslimen zur deutschen Aufnahmegesellschaft bekräftigt und schließlich zu der Frage führt, ob Muslime überhaupt integrierbar sind bzw. inwieweit der Islam mit „unserer modernen Lebensweise" (Tezcan 2003: 240) zu vereinbaren ist (vgl. u. a. Schubert/Meyer 2011: 17; Meyer/Schubert 2011: 292; Kastoryano 2002: 184; Leggewie 2009: 605; Lerch 2006; Hejazi 2009: 306). Als politischer Höhepunkt dieses Generalverdachts kann der 2005/2006 entwickelte „Muslim-Test" des Innenministeriums von Baden-Württemberg gewertet werden. Dieser sah vor, Migranten aus muslimischen Herkunftsländern exklusiv einer besonderen Prüfung der Verfassungstreue zu unterziehen. Schließlich wurde er jedoch im Rahmen der Innenministerkonferenz der Länder durch eine „entschärfte" bundeseinheitliche Richtlinie ersetzt (Halm 2008: 14). Die Einschätzung der Notwendigkeit, das Verhältnis von Islam und deutschem Wertekonsens zusammen mit Vertretern der Muslime in Deutschland zu thematisieren, zeigte sich auf bundespolitischer Ebene zudem im Rahmen der „Deutschen Islam Konferenz". Dort wurde in der Arbeitsgruppe „Deutsche Gesellschaftsordnung und Wertekonsens" über drei Jahre die Loyalität von Muslimen gegenüber Deutschland jenseits einer „lediglich" formalen Treue gegenüber dem Grundgesetz erfragt. Von einigen Teilnehmern wurde dabei der Verdacht geäußert, das muslimische Bekenntnis zum Grundgesetz und zum demokratischen Rechtsstaat sei nur ein Lippenbekenntnis (Tezcan 2003: 127).

Als konkretes Indiz ihrer mangelnden Identifikation mit Deutschland werden häufig verbleibende Kontakte in die Herkunftsländer von (muslimischen) Einwanderern gewertet:

> Grenzüberschreitende Bindungen geraten gerade in öffentlichen Diskussionen um die Integration von Einwanderern ins Blickfeld. Im Hinblick auf türkische Immigranten in Deutschland werden etwa die Gefahren der „3T" heraufbeschworen: Angeblich führten das ausgiebige und leicht über Satellit und Kabel zu empfangende Televisionsprogramm der türkischen Fernsehkanäle, die verringerten Telefon- und Telefaxgebühren in die alte Heimat und das preiswerte Transportangebot zahlreicher Luftlinien dazu, daß die kulturellen Integrationsbemühungen unter dieser Immigrantengruppe abnähmen […].[3] (Scholl-Latour 1999; zit. n. Faist 2000: 9)

Zu betonen ist hinsichtlich der Reichweite dieser Debatte zweierlei: Zum einen ist sie nicht auf praxispolitische Sichtweisen beschränkt. Auch in wissenschaftlichen Beiträgen wird die Frage, ob grenzüberschreitende Kontakte von Migranten in ihre Herkunftsländer ein Integrationshemmnis darstellen, ausführlich diskutiert (siehe u. a. Esser 2001; vgl. Faist 2000: 9). Zum anderen finden derlei Diskussionen nicht nur bezogen auf die Mikro-, sondern auch auf die Meso-Ebene statt. So konzentrierte sich die akademische Auseinandersetzung mit Migrantenorganisationen über lange Zeit hinweg maßgeblich auf die Frage, inwiefern von diesen integrative oder separative Tendenzen ausgehen. Bestehende Kontakte ins Herkunftsland wurden in diesem Kontext vielfach als Behinderung des Integrationsprozesses gewertet, da sie Herkunftsland-Identitäten bewahren und fördern (Sezgin 2010: 204-207; als beispielhaft für diese Position siehe u. a. Diehl/Urbahn/Esser 1998; Diehl 2002; für eine kritische Beleuchtung der Debatte siehe u. a. Nedza 2005; Pries 2010a: 17; Rauer 2010: 61; Sezgin 2010: 202-203). Dieses Misstrauen gegenüber Herkunftslandbezügen von Migrantenorganisationen

---

3   Wenngleich Vorbehalte hinsichtlich grenzüberschreitender Kontakte von Migranten hier ausschließlich auf die türkische Bevölkerungsgruppe bezogen werden, lässt sich dieser Vorwurf auch gegenüber anderen Migrantengruppen – und eben auch gegenüber muslimischen Migranten generell – finden (vgl. u. a. Amelina/Faist 2008: 91).

zeigte sich – speziell bei muslimischen Organisationen – auch in der Politik, die in diesen Kontakten ein Unterlaufen der Integration von Muslimen im deutschen Aufnahmeland zu erkennen glaubte.[4] Sowohl in wissenschaftlichen als auch in praxispolitischen Zusammenhängen ist also die Auffassung weit verbreitet, grenzüberschreitende Bindungen von Menschen mit Migrationshintergrund erschweren die Integration in die Aufnahmegesellschaft aufgrund der Bewahrung von Herkunftslandidentitäten. Diesem Standpunkt sollen im Folgenden transnationale Ansätze der Migrationsforschung gegenübergestellt werden. Diese kritisieren die behauptete Opposition von transnationalen Aktivitäten und einer erfolgreichen Integration in die Aufnahmegesellschaft und plädieren für eine differenziertere Sichtweise auf diesen Zusammenhang.

3. Transnationalismus von Muslimen in Deutschland

In Abgrenzung zu den in Kapitel 2 dargelegten Annahmen finden sich in der Migrationsforschung seit den 1990er Jahren immer mehr transnationale Ansätze, die „dieser dichotomen Perspektive eine neue Sichtweise" (Fauser 2010: 266) gegenüberstellen. Diese Ansätze fokussieren verstärkt auf grenzüberschreitende Bindungen von Migranten zwischen Ankunfts- und Herkunftsland. In diesem Zusammenhang betonen sie, dass herkunftsbezogene Aktivitäten keineswegs im Widerspruch zu einer fortschreitenden Integration in den Niederlassungskontext stehen. Vielmehr gehen sie davon aus, dass grenzüberschreitende Kontakte zu einer erfolgreichen Integration von Migranten beitragen können (vgl. u. a. Fau-

---

4   Für eine Darstellung der politischen Diskussion siehe u. a. Rosenow/Kortmann 2011: 61; Rosenow 2010: 180; Sezgin 2010: 226; Trautner 2000: 57; Halm/Meyer 2011: 286. Als beispielhaft kann hier die DITIB angeführt werden (siehe auch den Beitrag von Schmitt in diesem Band). Der Verband verkörpert den türkischen Staatsislam, da er als Ableger des türkischen Präsidiums für Religionsangelegenheiten (Diyanet İşleri Başkanlığı, DIB) gilt und mit dem Ziel gegründet wurde, die Bindung der sich in der Bundesrepublik niederlassenden Arbeitsmigranten an ihre ehemalige Heimat zu stärken und die Abwanderung in konkurrierende und möglicherweise islamistische oder oppositionelle religiöse Gruppen zu verhindern (Bas 2008: 141; Wunn/Moser 2007: 30; Yurdakul/Yükleyen 2009: 219). Der Einfluss des DIB auf die DITIB drückt sich noch heute u. a. in personellen Verflechtungen aus. So bezahlt das DIB beispielsweise die Gehälter der Imame, die als Beamte für eine Dauer von vier Jahren von der Türkei in die DITIB-Moscheen entsendet werden (Rosenow 2010: 175). Diese Verbindungen werden von Politik und Wissenschaft häufig als problematisch eingeschätzt und Bedenken hinsichtlich einer potenziellen „Instrumentalisierung des Verbandes für die Interessen des türkischen Staates" (Meng 2004: 34) geäußert (vgl. auch Nedza 2005: 111; Wunn/Moser 2007: 31; Bas 2008: 104). Die Repräsentanten der DITIB nutzen öffentliche Stellungnahmen deshalb regelmäßig dazu, die behaupteten Abhängigkeiten zu relativieren (Nedza 2005: 111).

ser 2010: 266; Portes et al. 2008). Die Grundzüge dieser Ansätze sollen im Folgenden kurz dargestellt werden (Kapitel 3.1). Daran anschließend wird dargelegt, in welchem Umfang muslimische Organisationen in Deutschland transnationale Kontakte haben, wie diese Kontakte in den dargestellten theoretischen Kontext einzuordnen sind und inwiefern sich daraus Annahmen bezüglich der transnationalen Aktivitäten von Muslimen auf Mikro-Ebene ableiten lassen (Kapitel 3.2). Um sich der Beantwortung der Ausgangsfrage nach dem Zusammenhang von Ankunfts- und Herkunftslandidentität sowie der Loyalität von Muslimen gegenüber Deutschland weiter anzunähern, werden daraufhin Studien vorgestellt, die sich mit der Identifikation von Muslimen mit Deutschland befassen (Kapitel 3.3). Auf dieser Basis sollen hypothesengenerierende Annahmen getroffen werden, um einen Beitrag zur Debatte um die Identifikation von Muslimen mit dem deutschen Aufnahmeland zu leisten.

3.1 Transnationale Ansätze der Migrationsforschung

Nach Sezgin (2010: 208), Pries (1997: 29; 2008) und Stahl (2010: 100) liegt Diskussionsbeiträgen, die einen Zusammenhang zwischen Kontakten von Migranten ins Herkunftsland und der mangelnden Identifikation mit dem Ankunftsland sehen, in der Regel eine bestimmte Vorstellung von Migration zugrunde. Sie betrachten den Nationalstaat als „Container" für eine kulturell homogene Gesellschaft. Migrationsbewegungen stellen einen einmaligen und unidirektionalen Aus- und Einwanderungsvorgang dar, im Zuge dessen Migranten von einem „Container" in den anderen wechseln. Den erfolgreichen Abschluss dieses Migrations- bzw. Integrationsprozesses bildet auf Grundlage dieser Prämissen die „Assimilation an Kultur und Sozialstruktur des Zuzugslandes" (Stahl 2010: 100).

Diese Auffassung wird seit den 1990er Jahren aus der transnationalen Perspektive zunehmend kritisiert. Sie betont Ausbau und Intensivierung von grenzüberschreitenden Aktivitäten und Bindungen wie z. B. eine wachsende Zahl von Migranten, die zwischen Ankunfts- und Herkunftsland pendeln sowie die Zunahme von Migrantennetzwerken und transnationalen politischen und religiösen Bewegungen (Pries/Sezgin 2010: 9-10; Sezgin 2010: 208-209; siehe auch Pries 1998; Pries 2006; Østergaard-Nielsen 2003). Migrationsprozesse können infolgedessen analytisch nicht mehr mit dem Blickwinkel auf Nationalgesellschaften als „gleichsam natürliche Bezugseinheiten für die Untersuchung der menschlichen Lebenszusammenhänge" analysiert werden (Pries/Sezgin 2010: 10; vgl. auch Sezgin 2010: 208-209). Demnach sind Migrationsprozesse immer mehr in transnationalen Zusammenhängen zu verorten. Zwar besteht unter den Anhängern einer solchen Perspektive weitgehend Einigkeit darüber, dass dieses Bild von Migration kein genuin neues Phänomen beschreibt, doch betonen sie eine neue Quantität und Qualität von transnationalen Aktivitäten (Pries 2010a: 43; Pries 1997: 15). Als einschlägig hat sich die Definition von transnationaler Migration durch Nina Glick Schiller, Linda Basch und Cristina Szanton Blanc erwiesen. Sie definieren transnationale Migration als

> the processes by which immigrants forge and sustain multi-stranded social relations that link together their societies of origin and settlement. We call these processes transnationalism to emphasize that many immigrants today build social fields that cross geographic, cultural, and political borders. [...] An essential element of transnationalism is the multiplicity of involvements that transmigrants sustain in both home and host societies. (Glick Schiller et al. 2000: 7)

Als weitere Konkretisierung dieses Ansatzes wurde das Konzept der transnationalen Sozialräume entwickelt (siehe dazu Pries 2010b). Auch hier orientieren sich Migranten weder ausschließlich auf das Ankunfts-, noch auf das Herkunftsland (Rauer 2010: 61). Stattdessen gestalten sie ihren sozialen Alltag miteinander über verschiedene Orte und Räume hinweg (Rauer 2010: 66), was zur Entstehung transnationaler Sozialräume führt:

> Als transnationale Sozialräume werden grenzüberschreitende soziale Verflechtungen bezeichnet, in denen die entsprechenden sozialen Praktiken, die Symbolsysteme und auch die Artefaktsysteme insgesamt eine so große Intensität entwickelt haben, dass sie zur hauptsächlichen sozial-räumlichen Bezugseinheit der alltäglichen Lebenspraxis geworden sind. (Pries 2010b: 30)

Transmigranten bewegen sich dieser Definition zufolge zwischen verschiedenen Orten, entwickeln in und zwischen diesen vielfältige soziale Beziehungen und konstruieren auf diese Weise einen transnationalen sozialen Raum, der durchaus auf Dauer angelegt ist (Palenga-Möllenbeck 2005: 229). Dies impliziere nicht die Auflösung von Nationalgesellschaften, aber eine an verschiedenen Orten gleichzeitig vollzogene pluri-lokale Lebensführung (Pries/Sezgin 2010: 10; Pries 2010b: 15-16; Palenga-Möllenbeck 2005: 229).

Wenngleich die Forschung zu transnationaler Migration noch am Anfang steht, wird angenommen, dass sich transnationale Lebenspraktiken auf die Identität der Migranten auswirken (Pries 2010b: 65). War das in der Migrationsforschung vorherrschende Identitätskonzept lange Zeit einseitig auf den Nationalstaat bezogen (Palenga-Möllenbeck 2005: 227), gehen transnationale Ansätze nun davon aus, dass sich die „Zugehörigkeitsmuster und -strategien von Transmigranten [...] nicht eindeutig einem ‚Heimatland' oder ‚Zentrum' zuordnen" lassen (Pries 2010b: 65), sondern vielmehr die Möglichkeit der Entwicklung multipler kultureller Identitäten besteht (Sezgin 2010: 210). Dazu identifiziere sich der Transmigrant nicht nur mit der Kultur einer der Orte, sondern verbinde Elemente von

Ankunfts- und Herkunftskultur, ohne dabei aber eine „additive" Identität zu entwickeln. Deshalb unterscheide er sich in seiner Identität von den Zugehörigkeitsmustern der Kulturen, in denen er sich bewegt (Palenga-Möllenbeck 2005: 229):

> Wenn sie [Transmigranten, M.G.] gefragt werden, wo sie sich denn eigentlich ‚tatsächlich' und ‚letztendlich' hingezogen und zu Hause fühlen, antworten sie mit einem ‚sowohl als auch' statt mit einem ‚entweder oder'. (Pries 2010b: 67)

Basierend auf diesen Annahmen stellen die Bewahrung von Herkunftslandidentität sowie die Entwicklung einer Ankunftslandidentität also keine notwendigen Widersprüche dar. Demzufolge scheinen vielmehr traditionelle Ansätze, die als Voraussetzung für eine loyale Haltung gegenüber dem Ankunftsland eine vollständige Abkehr von der Herkunftsland-Kultur einfordern, den Realitäten heutiger Migrationsprozesse nicht gerecht zu werden (Sezgin 2010: 210). Dies gilt auch für die Meso-Ebene. Zahlreiche Studien weisen darauf hin, dass Migrantenselbstorganisationen häufig eine transnationale Orientierung und damit eine vermittelnde Position zwischen Herkunfts- und Ankunftsland haben (vgl. u. a. Nedza 2005: 113; Fuhse 2010: 145; Fauser 2010: 275).

Wenngleich in diesem Beitrag ein Fokus auf die individuelle Perspektive hinsichtlich der Frage nach dem Verhältnis muslimischer Ankunfts- und Herkunftslandidentitäten gelegt werden soll, kann davon ausgegangen werden, dass die auf Meso-Ebene geschaffenen Strukturen und Prozesse für die Unterstützung und den Ausbau von transnationaler Migration durchaus von Relevanz sind. Vor dem Hintergrund dieser Annahme wird daher im Folgenden kurz dargestellt, in welchem Umfang grenzüberschreitende Kontakte von muslimischen Organisationen in Deutschland bestehen, um zu zeigen, inwiefern sie einen unterstützenden Beitrag dazu leisten, dass sich in Deutschland lebende Muslime in transnationalen Bezügen bewegen können.

3.2 Grenzüberschreitende Aktivitäten von Muslimen in Deutschland

Wie umfassend transnationale Kontakte von Muslimen auf Mikro-Ebene sind, wurde noch nicht hinreichend untersucht. Diesbezügliche Beiträge auf Meso-Ebene beschränkten sich bislang weitgehend auf die Feststellung, dass grenzüberschreitende Aktivitäten in der Öffentlichkeit durch die muslimischen Organisationen häufig relativiert werden. Als Grund dafür wurden in Kapitel 2 Vorurteile in Politik und Wissenschaft bezüglich grenzüberschreitender Bindungen genannt.[5]

---

5   Für eine Erläuterung dieses Zusammenhangs siehe u. a. Amelina/Faist 2008; Halm 2008; Nedza 2005; Rosenow/Kortmann 2011.

2011 hat das ZfTI nun eine telefonische, computergestützte standardisierte Befragung von 1.141 Moscheegemeinden in Deutschland durchgeführt.[6] Ziel war die Erfassung von Infrastruktur, Angeboten, Organisationsstrukturen und Netzwerken muslimischer, einschließlich alevitischer Gemeinden. In diesem Rahmen wurde auch nach den grenzüberschreitenden Kontakten der Gemeinden gefragt (Halm/Sauer 2012: 27). Im Folgenden werden die Ergebnisse der Studie bezüglich letzterer Fragestellung zusammenfassend präsentiert. Dadurch soll ermittelt werden, inwiefern muslimische Gemeinden einen Beitrag zu transnationalen Aktivitäten von Muslimen in Deutschland leisten. Daran anschließend werden die aufgezeigten Resultate mit Studien zur Identifikation der Muslime mit Deutschland sowie mit ihrem Herkunftsland in Verbindung gesetzt.

Die muslimischen Gemeinden wurden durch das ZfTI gefragt, ob sie Kooperationen mit anderen Organisationen desselben Glaubens in Deutschland, im europäischen Ausland oder im Herkunftsland/in der muslimischen Welt unterhalten (Halm/Sauer 2012: 108).

Tabelle 1: Kontakte der befragten Gemeinden zu Organisationen desselben Glaubens (Mehrfachnennungen)

	Häufigkeit	%
In Deutschland	827	72,5
Im europäischen Ausland	169	14,8
Im Herkunftsland/in der muslimischen Welt	211	18,5
Keine Kontakte	199	17,4
Weiß nicht/keine Angabe	81	7,1
Gesamt	1.141	

Quelle: Halm/Sauer 2012: 108

Dabei zeigt sich, dass grenzüberschreitende Kontakte der befragten Gemeinden – entgegen der in Kapitel 2 skizzierten Wahrnehmungen von Politik und Öffentlichkeit – lediglich schwach ausgeprägt sind. So unterhalten nur 18,5 % der befragten Gemeinden Kontakte ins Herkunftsland. Als begünstigend für derlei

---

6 Das ZfTI hat in seiner Befragung eine Vollerhebung auf Basis einer umfassend recherchierten Datenbank zu Moscheegemeinden in Deutschland angestrebt. Die Befragung des ZfTI hat ergeben, dass zum Befragungszeitraum von 2.342 Gemeinden mit Gebetsräumlichkeiten auszugehen war, 1.141 Interviews wurden insgesamt vollständig realisiert (Halm/Sauer 2012: 52).

Kontakte konnte die Ressourcenausstattung der Gemeinden[7] identifiziert werden (Halm/Sauer 2012: 109, 112). Des Weiteren ist zu betonen, dass kein Widerspruch zwischen grenzüberschreitenden Kooperationen und integrationsrelevanten Aktivitäten der Gemeinden festgestellt werden konnte. Im Gegenteil: Das Vorhandensein von Herkunftslandkontakten korreliert positiv mit dem in der Studie entwickelten Integrationsindex[8]. Das bedeutet, dass muslimische Gemeinden, die Kontakte zu muslimischen Organisationen im Herkunftsland unterhalten, tendenziell gleichzeitig Maßnahmen anbieten, die von der Aufnahmegesellschaft als sozialintegrativ bewertet werden, religiöse Angebote in deutscher Sprache bereitstellen und bei ihren Aktivitäten auch auf deutsche Teilnehmer verweisen können (Halm/Sauer 2012: 88). Diese Ergebnisse bestätigen somit die Annahme transnationaler Ansätze, dergemäß die häufig behauptete Opposition zwischen grenzüberschreitenden Bindungen und auf die Aufnahmegesellschaft gerichteten integrativen Maßnahmen von Migrantenorganisationen – in diesem Fall für die Unterkategorie der muslimischen Organisationen – empirisch nicht belegt werden kann (vgl. u. a. Pries 2010a; Sezgin 2010; Fauser 2010).

Welche Schlüsse lassen sich aus diesen Untersuchungsergebnissen hinsichtlich der Identität von Muslimen in Deutschland ableiten? Insgesamt ist deutlich geworden, dass grenzüberschreitende Kontakte von muslimischen Organisationen „ein eher seltenes Phänomen sind" (Halm/Sauer 2012: 112). Stattdessen legen muslimische Organisationen in Deutschland hinsichtlich ihrer Kooperationen, Aktivitäten und organisationalen Ausrichtung einen erkennbaren Fokus auf die deutsche Aufnahmegesellschaft. Falls sich diese Orientierung der muslimischen Organisationen auch auf Mikro-Ebene hinsichtlich der Identität der Muslime widerspiegelt, ist davon auszugehen, dass sich die Mehrheit der Muslime in Deutschland vornehmlich mit der deutschen Aufnahmegesellschaft identifiziert. Matthias Kortmann hat jedoch in Experteninterviews mit Vertretern muslimischer Verbände in Deutschland herausgefunden, dass zwar die Verbände selbst ihre Kontakte ins Herkunftsland relativieren. Sie verweisen aber weitgehend auf verwandtschaftliche Kontakte der Mitglieder in die Herkunftsländer, die eine „geistige Bindung" (Kortmann 2011: 204) zwischen den Verbandsmitgliedern und

---

7 Gemeint ist das Vorhandensein eines eigenen Imams/Dedes, die Existenz eigener Räumlichkeiten, die Existenz von Räumlichkeiten für Freizeit- und Bildungsangebote, Immobilienbesitz, geplante Bauprojekte und die Anzahl von Beauftragten/Abteilungen (Halm/Sauer 2012: 73).

8 Der Integrationsindex beinhaltet die Variablen Teilnahme von Deutschen an den Angeboten, Anteil von Frauen an nicht religiösen Angeboten für Erwachsene, Existenz von Zielgruppenangeboten für Erwachsene, religiöse Veranstaltungen auf Deutsch oder mit deutscher Übersetzung, Durchführung aufnahmegesellschafticherseits finanzierter Integrationsprojekte und Anzahl unterschiedlicher nicht religiöser Angebote für Jugendliche und Erwachsene (Halm/Sauer 2012: 88).

den Herkunftsländern bewirkten (Kortmann 2011: 202-204). Zwar lässt sich aus diesem qualitativen Untersuchungsansatz nicht mit Sicherheit folgern, ob auf Mikro-Ebene tatsächlich in der Breite transnationale soziale Räume zu finden sind. Doch scheinen hier zumindest Hinweise für eine Aufrechterhaltung identifikatorischer Bindungen zum Heimatland zu liegen. Wenngleich muslimische Organisationen in Deutschland somit nur in eingeschränktem Maße eine Infrastruktur für grenzüberschreitende Kontakte bereitstellen, scheint eine individuelle Orientierung von Muslimen in Richtung ihrer Heimatländer weiterhin möglich. Zwischen Organisationshandeln einerseits und individuellem Handeln andererseits muss aber durchaus differenziert werden, auch weil die Organisationen ja letztendlich nur zu einem Teil der Muslime in Verbindung stehen.

Vor dem Hintergrund dieser Überlegungen werden im Folgenden drei ausgewählte Studien vorgestellt, die die Identifikation von Muslimen mit Deutschland sowie mit ihren Herkunftsländern auf Mikro-Ebene untersuchen.

3.3 Identität und Loyalität von Muslimen in Deutschland

Die Frage nach der Identifikation von Muslimen mit der deutschen Aufnahmegesellschaft im Verhältnis zur Identifikation mit dem Herkunftsland ist zunehmend Gegenstand wissenschaftlicher Forschung. Im Folgenden sollen die Ergebnisse aus den einschlägigen Studien von Katrin Brettfeld und Peter Wetzels (2007) und von Sonja Haug, Stephanie Müssig und Anja Stichs (2009) sowie aus der jüngst veröffentlichten Studie von Wolfgang Frindte et al. (2012) vorgestellt werden, wobei Teilaspekte der letztgenannten Arbeiten für den vorliegenden Band nochmals ausgearbeitet wurden. In einem abschließenden Fazit werden diese Ergebnisse schließlich mit den Untersuchungen zu grenzüberschreitenden Aktivitäten von muslimischen Organisationen in Verbindung gebracht.

Brettfeld und Wetzels haben mit dem Ziel, „genaueren Aufschluss über politisch relevante Einstellungsmuster und Handlungsorientierungen der in Deutschland lebenden Muslime zu erhalten" (Brettfeld/Wetzels 2007: 50), eine standardisierte Erhebung in einer repräsentativen Zufallsstichprobe der erwachsenen muslimischen Wohnbevölkerung in vier städtischen Regionen durchgeführt (Brettfeld/Wetzels 2007: 61). In diesem Rahmen haben sie u. a. geprüft, „in welchem Maße Personen sich mit Deutschland als ihrem Aufnahmeland identifizieren" und „inwieweit sich unterschiedliche Muster der Ausbalancierung einer auf das Herkunftsland bezogenen kulturellen Identität einerseits und Formen der Anpassung an die Gegebenheiten des Aufnahmelandes andererseits identifizieren lassen." (Brettfeld/Wetzels 2007: 83)

Zur Überprüfung der Verbundenheit mit Deutschland sollten diejenigen Befragten, die nicht seit der Geburt die deutsche Staatsbürgerschaft besitzen, auf einer fünfstufigen Skala angeben, ob sie sich eher als Deutsche oder eher als Angehörige ihres Herkunftslandes fühlen. Lediglich 1,7 % der Befragten gaben an, sich „nur" als Deutsche zu fühlen; 10,5 % gaben an, sich „eher" als Deutsche zu fühlen und 31,4 % fühlen sich in gleicher Weise Deutschland und ihrem Herkunftsland verbunden. Demgegenüber fühlen sich 28,1 % „eher" und 28,3 % „ausschließlich" ihrem Herkunftsland verbunden (Brettfeld/Wetzels 2007: 92). Die Autoren kommen somit zu dem Schluss, dass „eine überwiegende Selbstdefinition als Deutscher eher selten anzutreffen [ist]. Die Verbundenheit mit dem Herkunftsland ist bei der Mehrzahl recht deutlich." (Brettfeld/Wetzels 2007: 92-93) Gleichwohl gaben 60,8 % der Befragten an, sich in Deutschland „eher wohl", 26,1 % sogar „sehr wohl" zu fühlen. Nur eine Minderheit gab an, sich „sehr unwohl" (4,1 %) bzw. „eher unwohl" (9 %) zu fühlen.

Neben ihrer Verbundenheit mit Deutschland wurden zudem die integrationsrelevanten Einstellungen, genauer: die Haltungen der Befragten zur Beibehaltung der Kultur des Herkunftslandes, zur Notwendigkeit einer Anpassung an die Kultur des Aufnahmelandes sowie zur Akzeptanz und Befürwortung von Segregation und kultureller Abschottung erfragt. Um zu ermitteln, ob sich Muster hinsichtlich der Einstellungen zur Integration bei den Befragten identifizieren lassen, haben Brettfeld und Wetzels eine Clusteranalyse durchgeführt. Diese ergab, dass sich die Mehrheit der Probanden (61 %) wünscht, die Kultur des Herkunftslandes weiter beizubehalten und zu pflegen. Gleichzeitig befürworten sie aber auf der Verhaltensebene auch eine Anpassung an die Gepflogenheiten des Aufnahmelandes (Brettfeld/Wetzels 2007: 98-100). Die Mehrzahl der Befragten scheint somit anzustreben, eine Anpassung an die Aufnahmegesellschaft mit der Pflege der Herkunftslandidentität zu verbinden (Brettfeld/Wetzels 2007: 103):

> Insgesamt lässt sich die Mehrheit der befragten Muslime (etwa zwei Drittel) auf der Einstellungsebene als integrationsorientiert bei gleichzeitiger hoher Betonung der Bedeutung einer Pflege ihrer kulturellen Wurzeln und Eigenarten charakterisieren. [...] Eine Bereitschaft zu einer völligen Assimilation an die deutsche Kultur und Gesellschaft, eine Aufgabe der eigenen kulturellen Identität, wird so gut wie gar nicht artikuliert. Es zeigt sich vielmehr eine enorm hohe Bedeutung der Kultur der Herkunftsländer bei der weit überwiegenden Mehrheit. Von zentraler Bedeutung ist insoweit die Balance zwischen Anpassung an die Aufnahmegesellschaft und Erhalt der eigenen kulturellen Identität. (Brettfeld/Wetzels 2007: 102-103)

Zu ähnlichen Ergebnissen kommen Haug, Müssig und Stichs (2009, siehe auch den Beitrag von Stichs und Müssig im vorliegenden Band). Die Studie umfasste u. a. Fragen zur Verbundenheit der Muslime mit Deutschland und den jeweiligen Herkunftsländern. Die Befragung ergab, dass sich mehr als zwei Drittel „stark"

(42,1 %) oder „sehr stark" (27 %) mit Deutschland verbunden fühlen. Lediglich eine Minderheit der Muslime gab an, sich „gar nicht" (3,7 %) oder „wenig" (6,9 %) mit Deutschland verbunden zu fühlen. Gleichzeitig gaben rund 61 % der befragten Muslime eine „starke" (29,5 %) oder „sehr starke" (30,1 %) Verbindung zum Herkunftsland an (Haug et al. 2009: 297-298). Die Studie bestätigt somit die Ergebnisse von Brettfeld und Wetzels (2007), wonach die Mehrheit der Muslime in Deutschland einen starken Bezug zu ihrem jeweiligen Herkunftsland hat. Sie stellt aber auch deutlich heraus, dass eine noch größere Zahl der Muslime, nahezu 70 % der Befragten, sich stark mit Deutschland verbunden fühlt. Ähnliche Befunde ergeben sich zudem bei lokalem Bezug: Mehr als zwei Drittel der interviewten Muslime gaben an, sich „stark" oder „sehr stark" mit ihrem Wohnort verbunden zu fühlen (Haug et al. 2009: 337).

Auch die Studie „Lebenswelten junger Muslime in Deutschland" von Frindte et al. (2012, siehe auch den Beitrag im vorliegenden Band) hat u. a. die Identifikation von Muslimen mit Deutschland thematisiert. Bestandteil war eine Mehrgenerationenfallstudie, die, basierend auf qualitativen Interviews, die „Erfassung subjektiver Konzepte von in Deutschland lebenden Muslimen in Bezug auf die Beziehung zwischen der sogenannten westlichen und muslimischen Welt sowie im Speziellen bezüglich des Konfliktes zwischen Akteuren westlicher Länder und islamistisch-terroristischer Gruppierungen" beabsichtigte (Frindte et al. 2012: 45).[9] In diesem Zusammenhang wurden die teilnehmenden Familien dazu befragt, wie ausgeprägt die Identifizierung mit der Herkunftskultur sowie der Aufnahmelandkultur in Deutschland ist (Frindte et al. 2012: 48). Die Interviews ergaben, dass sich alle Probanden in Deutschland generell wohl fühlen:

> Als Erläuterung wurde einerseits die Tatsache genannt, schon sehr lange hier zu leben, wodurch Deutschland mittlerweile ihre zweite Heimat geworden sei (erste und zweite Generation). Die Interviewpartner der dritten Generation äußerten, hier geboren und aufgewachsen zu sein, soziale Kontakte (Freunde) zu haben und sich daher hier wohl zu fühlen. (Frindte et al. 2012: 66)

Die positive Haltung gegenüber Deutschland wurde zudem mit der Qualität des politischen und sozialen Systems begründet (Frindte et al. 2012: 99). Dennoch definieren sich die befragten Familien meist stark über die Herkunftskultur, deren Aufrechterhaltung insbesondere von der ersten und zweiten Generation gewünscht wird, während Deutschland dieser gegenüber als „zweite/neue Heimat"

---

9   Mittels eines teilstandardisierten Gesprächsleitfadens wurden Interviews mit sechs muslimischen Familien (Vertreter der dritten Generation, 14-32 Jahre, sowie deren Eltern und Großeltern) durchgeführt (Frindte et al. 2012: 39-40). Die Literaturangabe ist dadurch bedingt, dass an dieser Stelle der von Frindte et al. erstellte Abschlussbericht zitiert wird. Die verantwortlichen Wissenschaftler der Mehrgenerationenfallstudie sind David Schiefer und Anna Möllering (Frindte et al. 2012: 44).

wahrgenommen wird (Frindte et al. 2012: 67). Lediglich die dritte Generation präsentierte ein stärkeres Zugehörigkeitsgefühl zu Deutschland: „Die Zugehörigkeit zu Deutschland wird eher als Selbstverständlichkeit wahrgenommen, da man hier geboren und aufgewachsen ist." (Frindte et al. 2012: 68) Insgesamt folgern die Autoren der Studie aus den Interviews die Entwicklung einer Bikulturalität, die sich aus der gleichzeitigen Bindung der befragten Muslime an die Herkunfts- sowie die deutsche Gesellschaft ergebe (Frindte et al. 2012: 71).

Neben der Mehrgenerationenfallstudie wurde zudem eine Telefonbefragung durchgeführt.[10] Bei der Analyse ihrer Akkulturationsziele wurden die Teilnehmer der Studie u. a. nach ihrer Haltung bezüglich der Bewahrung ihrer Herkunftskultur sowie der Übernahme der deutschen Kultur gefragt. Wie bereits in der Mehrgenerationenfallstudie deutet die Untersuchung – speziell für die deutschen Muslime – auf die Entwicklung von bikulturellen Identitäten hin (Frindte et al. 2012: 360).

Vergleicht man die Ergebnisse der drei Studien, so lässt sich als von allen geteiltes Ergebnis ableiten, dass die Mehrheit der in Deutschland lebenden Muslime sich zwar immer noch – mehr oder weniger stark – mit dem Herkunftsland identifiziert. Dieses Festhalten an der traditionellen Herkunftskultur scheint aber nicht im Widerspruch zu einer Annäherung an die Aufnahmegesellschaft zu stehen. Denn die Studien zeigen auch, dass sich die Mehrzahl der befragten Muslime gleichzeitig der deutschen Gesellschaft verbunden fühlt und auf die mögliche Entwicklung bikultureller Identitäten verwiesen wird. Die Studien deuten somit darauf hin, dass – in Übereinstimmung mit den Annahmen der transnationalen Ansätze der Migrationsforschung – eine Abkehr von der Herkunftslandkultur keineswegs eine notwendige Voraussetzung für die Identifikation mit dem Ankunftsland darstellt, sondern bei vielen Muslimen die Entwicklung hin zu einer Verbindung von Ankunfts- und Herkunftslandidentität zu erkennen ist. Der in Kapitel 2 geschilderte Generalverdacht der mangelnden Identifikation von Muslimen mit der deutschen Aufnahmegesellschaft und eines daraus resultierenden Loyalitätskonflikts ist unter Beachtung der empirischen Daten somit nicht gerechtfertigt.

4. Diskussion

Mit Bezug auf den migrationswissenschaftlichen Kenntnisstand kann der in der Integrationsdebatte geäußerte Illoyalitätsverdacht gegenüber Muslimen in

---

10 Die verantwortlichen Wissenschaftler sind Daniel Geschke, Anna Möllering, Dajana Schmidt, David Schiefer und Wolfgang Frindte (Frindte et al. 2012: 106).

Deutschland weitgehend widerlegt werden. Bedenkt man aber die Analyse von Frindte et al. in diesem Band zum Zusammenhang des Medienhypes um Thilo Sarrazin und der Einstellungen von Muslimen und Nichtmuslimen, lässt sich jedoch die Hypothese aufstellen, dass die Debatte um Identität und Loyalität von Muslimen selbst rückwirkend negativen Einfluss auf ebendiese Diskussionsgegenstände hat: In Kapitel 2 des vorliegenden Beitrags ist der in Öffentlichkeit und Politik vorherrschende Generalverdacht hinsichtlich der mangelnden Loyalität und Identifikation von Muslimen skizziert worden. Dass diese Debatte weiterhin so intensiv geführt wird, mag möglicherweise im Sinne einer *self-fulfilling prophecy* gerade dazu führen, dass die Integration von Muslimen behindert wird. Frindte et al. (2012) haben in ihrer Studie zu jungen Muslimen ermittelt, dass ein Hinderungsgrund für Muslime, sich „als Deutsche" zu fühlen, auch in der ablehnenden Haltung der deutschen Mehrheitsgesellschaft zu finden ist, da vielen befragten Muslimen das Gefühl vermittelt wird, von „den Deutschen" ohnehin niemals als Deutscher anerkannt zu werden (Frindte et al. 2012: 620). Entsprechend erläutern Frindte et al. in diesem Band, dass zwar bereits vor der Diskussion um Sarrazins Buch „Deutschland schafft sich ab" in der deutschen Bevölkerung weit verbreitete und von den in Deutschland lebenden Muslimen als solche auch wahrgenommene ablehnende Haltungen gegenüber dem Islam sowie der muslimischen Kultur existierten. Doch liege die Vermutung nahe, dass die im Kontext des Buches geführten Debatten um die Unvereinbarkeit von muslimischer und deutscher Kultur und Lebenswelt bei vielen Muslimen eine stärkere Distanzierung von der Mehrheitsgesellschaft provoziert haben. Übertragen auf unsere Ausgangsfrage lässt sich folgern, dass gerade die in der Debatte selbst thematisierte Problematik der Unvereinbarkeit von Ankunfts- und Herkunftslandidentität die Verdachtsmomente nährt, indem eine stärkere Abkehr vieler Muslime von der deutschen Gesellschaft bewirkt wird.

Diese Hypothese wird auch durch die Publikation von Jürgen Leibold, Steffen Kühnel und Wilhelm Heitmeyer (2006) gestützt. Sie beschäftigen sich mit der Frage, inwiefern generalisierte Abwertungen, Unterstellungen und Distanzierungen in der Mehrheitsbevölkerung, die sich gegen die Zuwanderer und ihre religiösen Überzeugungen richten, rückzugsorientierte Verhaltensweisen von Migranten initiieren. Auch ihre Befunde deuten darauf hin, dass „generalisierte abwertende Einstellungsmuster und Vermutungsdiskurse in der deutschen Mehrheitsgesellschaft einen verstärkenden Effekt auf vorhandene Abschottungs- und Distanzmuster unter Muslimen in Deutschland haben oder sogar solche Muster erst erzeugen." (Leibold et al. 2006: 3-4)

Als Hypothese aus den Ergebnissen des vorliegenden Beitrags sowie des Beitrags von Frindte et al. lässt sich somit formulieren, dass eine Identifikation von Muslimen mit Deutschland auf emotionaler Ebene und eine daraus resultierende Loyalität mit dem Aufnahmeland nicht im Konflikt mit einer fortbestehenden Herkunftslandidentität steht. Die durch Nationalstaaten geprägte Identität von Muslimen in Deutschland erscheint somit – wie von Pries für Transmigranten charakterisiert (vgl. Kapitel 3.1) – tatsächlich in vielen Fällen durch ein „sowohl als auch" anstelle eines „entweder oder" (Pries 2010b: 67) geprägt zu sein. Während dieses „sowohl als auch" hinsichtlich der Frage nach der Verbundenheit mit Ankunfts- oder Herkunftsland den Integrationsprozess also nicht zu behindern scheint, mag es aber gerade die permanente Einforderung des „entweder oder" durch die Mehrheitsgesellschaft, der stetige Verdacht, Loyalität gegenüber Deutschland bestehe nicht ohne die gleichzeitige Abkehr vom Herkunftsland, sein, der eine Entscheidung von Muslimen für das Herkunftsland und gegen eine stärkere Integration in das Ankunftsland befördert.

Der Beitrag zeigt somit, dass in Debatten um die Identifikation und Loyalität von Muslimen verstärkt auf eine Verwissenschaftlichung geachtet werden muss. Dadurch können empirisch nicht belegte Verdachtsmomente vermieden werden, die negative Konsequenzen hinsichtlich des Integrationsziels mit sich führen.

Literatur

Amelina, Anna, und *Thomas Faist,* 2008: Turkish Migrant Associations in Germany: Between Integration Pressure and Transnational Linkages, Revue européenne des migrations internationales 24 (2): 91-120.
Bas, Yasin, 2008: Islam in Deutschland – deutscher Islam? Türkisch-islamische Organisationen in Deutschland in Geschichte und Gegenwart. Saarbrücken: VDM.
bild.de vom 29.02.2012: Nach Schock-Studie: Innenminister warnt radikale Muslime.
Brettfeld, Katrin, und *Peter Wetzels,* 2007: Muslime in Deutschland – Integration, Integrationsbarrieren, Religion sowie Einstellungen zu Demokratie, Rechtsstaat und politisch-religiös motivierter Gewalt. Berlin: Bundesministerium des Innern.
Diehl, Claudia, 2002: Die Partizipation von Migranten in Deutschland. Rückzug oder Mobilisierung? Opladen: Leske und Budrich.
Diehl, Claudia, Julia Urbahn und *Hartmut Esser,* 1998: Die soziale und politische Partizipation von Zuwanderern in der Bundesrepublik Deutschland. Bonn: Forschungsinstitut der Friedrich-Ebert-Stiftung.

Esser, Hartmut, 2001: Integration und ethnische Schichtung. Arbeitspapier Nr. 40. Mannheim: Mannheimer Zentrum für Europäische Sozialforschung. [URL: http://www.mzes.uni-mannheim. de/publications/wp/wp-40.pdf] (Stand: 10.05.2012).

Faist, Thomas, 2000: Grenzen überschreiten. Das Konzept Transstaatliche Räume und seine Anwendungen. S. 9-56 in: *Thomas Faist* (Hg.): Transstaatliche Räume, Politik, Wirtschaft und Kultur in und zwischen Deutschland und der Türkei. Bielefeld: Transcript.

Fauser, Margit, 2010: Migrantenorganisationen – Akteure zwischen Integration und Transnationalisierung. Erkenntnisse von Fallstudien-Ergebnissen aus Spanien. S. 265-294 in: *Ludger Pries* und *Zeynep Sezgin* (Hg.): Jenseits von „Identität oder Integration". Grenzen überspannende Migrantenorganisationen. Wiesbaden: VS.

Frankfurter Allgemeine Zeitung vom 02.03.2012: Debatte über Integrationsstudie.

Frankfurter Allgemeine Zeitung vom 27.09.2006: Muslime in Deutschland.

Frindte, Wolfgang, Klaus Boehnke, Henry Kreikenbom und *Wolfgang Wagner,* 2012: Lebenswelten junger Muslime in Deutschland. Ein sozial- und medienwissenschaftliches System zur Analyse, Bewertung und Prävention islamistischer Radikalisierungsprozesse junger Menschen in Deutschland. Abschlussbericht. Berlin: Bundesministerium des Innern. [URL: http:// www.bmi.bund.de/SharedDocs/Downloads/DE/Broschueren/2012/junge_muslime.pdf?_ blob=publicationFile] (Stand: 10.05.2012).

Fuhse, Jan, 2010: Transnationalismus, ethnische Identität und interethnische Kontakte von italienischen Migranten in Deutschland. S. 143-168 in: *Ludger Pries* und *Zeynep Sezgin* (Hg.): Jenseits von „Identität oder Integration". Grenzen überspannende Migrantenorganisationen. Wiesbaden: VS.

Glick Schiller, Nina, Linda Basch und *Cristina Blanc Szanton,* 2000: Nations Unbound. Transnational Projects, Postcolonial Predicaments and Deterritorialized Nation-States. Amsterdam: Gordon and Breach.

Halm, Dirk, 2008: Der Islam als Diskursfeld. Bilder des Islams in Deutschland. Wiesbaden: VS.

Halm, Dirk, und *Hendrik Meyer,* 2011: Inklusion des Islam in die deutsche Gesellschaft. Aufgaben an der Schnittstelle von Wissenschaft und Politik. S. 277-289 in: *Hendrik Meyer* und *Klaus Schubert* (Hg.): Politik und Islam. Wiesbaden: VS.

Halm, Dirk, und *Martina Sauer,* 2012: Angebote und Strukturen der islamischen Organisationen in Deutschland. S. 21-154 in: *Dirk Halm, Martina Sauer, Jana Schmidt* und *Anja Stichs*: Islamisches Gemeindeleben in Deutschland. Forschungsbericht 13. Im Auftrag der Deutschen Islam Konferenz. Nürnberg: Bundesamt für Migration und Flüchtlinge.

Haug, Sonja, Stephanie Müssig und *Anja Stichs,* 2009: Muslimisches Leben in Deutschland. Im Auftrag der Deutschen Islam Konferenz. Nürnberg: Bundesamt für Migration und Flüchtlinge.

Hejazi, Ghodsi, 2009: Pluralismus und Zivilgesellschaft. Interkulturelle Pädagogik in modernen Einwanderungsgesellschaften. Kanada – Frankreich – Deutschland. Bielefeld: Transcript.

Kastoryano, Rivaj, 2002: Der Islam auf der Suche nach „seinem Platz" in Frankreich und Deutschland: Identitäten, Anerkennung und Demokratie. S. 185-206 in: *Michael Minkenberg* und *Ulrich Willems* (Hg.): Politik und Religion. PVS-Sonderheft 33. Wiesbaden: Westdeutscher Verlag.

Kortmann, Matthias, 2011: Migrantenselbstorganisationen in der Integrationspolitik. Einwandererverbände als Interessenvertreter in Deutschland und den Niederlanden. Münster: Waxmann.

Leggewie, Claus, 2009: Religion als Hemmnis und Medium lokaler Integration. S. 593-607 in: *Frank Gesemann* und *Roland Roth* (Hg.): Lokale Integrationspolitik in der Einwanderungsgesellschaft. Migration und Integration als Herausforderung von Kommunen. Wiesbaden: VS.

Leibold, Jürgen, Steffen Kühnel und *Wilhelm Heitmeyer,* 2006: Abschottung von Muslimen durch generalisierte Islamkritik? Aus Politik und Zeitgeschichte (1-2): 3-10.

Lerch, Wolfgang Günter, 2006: Der Islam in der Moderne, Aus Politik und Zeitgeschichte (28-29): 11-17.

Meng, Frank, 2004: Islam(ist)ische Orientierungen und gesellschaftliche Integration in der zweiten Migrantengeneration: Eine Transparenzstudie. Bremen: Universitätsbuchhandlung.

Meyer, Hendrik, und *Klaus Schubert,* 2011: Vielfalt als Potential – Implikationen aus dem Verhältnis von Politik und Islam. S. 290-310 in: *Hendrik Meyer* und *Klaus Schubert* (Hg.): Politik und Islam. Wiesbaden: VS.

Nedza, Justyna, 2005: Integrative oder separative Tendenzen bei türkisch-islamischen Organisationen? S. 83-115 in: *Ludger Pries* (Hg.): Zwischen den Welten und amtlichen Zuschreibungen. Neue Formen und Herausforderungen der Arbeitsmigration im 21. Jahrhundert. Essen: Klartext.

Niedermüller, Peter, 1998: Stadt, Kultur(en) und Moderne. Zu einigen Aspekten „Spätmoderner Stadtethnologie", Österreichische Zeitschrift für Volkskunde 101 (3): 279-301.

Østergaard-Nielsen, Eva, 2003: Transnational Politics: Turks and Kurds in Germany. London: Routledge.

Palenga-Möllenbeck, Ewa, 2005: „Von Zuhause nach Zuhause". Transnationale Sozialräume zwischen Oberschlesien und dem Ruhrgebiet. S. 227-250 in: *Ludger Pries* (Hg.): Zwischen den Welten und amtlichen Zuschreibungen. Neue Formen und Herausforderungen der Arbeitsmigration im 21. Jahrhundert. Essen: Klartext.

Portes, Alejandro, Cristina Escobar und *Renelinda Arana,* 2008: Bridging the gap: transnational and ethnic organizations in the political incorporation of immigrants in the United States, Ethnic and Racial Studies 31 (6): 1025-1055.

Pries, Ludger, 2010a: Grenzüberschreitende Migrantenorganisationen als Gegenstand der sozialwissenschaftlichen Forschung: Klassische Problemstellungen und neuere Forschungsbefunde. S. 15-60 in: *Ludger Pries* und *Zeynep Sezgin* (Hg.): Jenseits von „Identität oder Integration". Grenzen überspannende Migrantenorganisationen. Wiesbaden: VS.

Pries, Ludger, 2010b: Transnationalisierung. Theorie und Empirie grenzüberschreitender Vergesellschaftung. Wiesbaden: VS.

Pries, Ludger, 2008: Die Transnationalisierung der sozialen Welt. Sozialräume jenseits von Nationalgesellschaften. Frankfurt am Main: Suhrkamp.

Pries, Ludger, 2006: Verschiedene Formen der Migration – verschiedene Wege der Integration, Neue Praxis – Zeitschrift für Sozialarbeit, Sozialpädagogik und Sozialpolitik, Sonderheft 8: 19-28.

Pries, Ludger, 1998: „Transmigranten" als ein Typ von Arbeitswanderern in pluri-lokalen sozialen Räumen. Das Beispiel der Arbeitswanderungen zwischen Puebla/Mexiko und New York, Soziale Welt 49 (2): 135-150.

Pries, Ludger, 1997: Neue Migration im transnationalen Raum. S. 15-44 in: *Ludger Pries* (Hg.): Transnationale Migration. Soziale Welt. Sonderband 12. Baden-Baden: Nomos Verlagsgesellschaft.

Pries, Ludger, und *Zeynep Sezgin,* 2010: Einleitung. S. 7-13 in: *Ludger Pries* und *Zeynep Sezgin* (Hg.): Jenseits von „Identität oder Integration". Grenzen überspannende Migrantenorganisationen. Wiesbaden: VS.

Rauer, Valentin, 2010: Additive oder exklusive Zugehörigkeiten: Migrantenverbände zwischen nationalen und transnationalen Positionierungen. S. 61-85 in: *Ludger Pries* und *Zeynep Sezgin* (Hg.): Jenseits von „Identität oder Integration". Grenzen überspannende Migrantenorganisationen. Wiesbaden: VS.

Rosenow, Kerstin, 2010: Von der Konsolidierung zur Erneuerung – Eine organisationssoziologische Analyse der Türkisch-Islamischen Union der Anstalt für Religion e.V. (DITIB). S. 169-200 in: *Ludger Pries* und *Zeynep Sezgin* (Hg.): Jenseits von „Identität oder Integration". Grenzen überspannende Migrantenorganisationen. Wiesbaden: VS.

Rosenow, Kerstin, und Matthias Kortmann, 2011: Die muslimischen Dachverbände und der politische Islamdiskurs in Deutschland und im 21. Jahrhundert: Selbstverständnis und Strategien. S. 47-86 in: *Hendrik Meyer* und *Klaus Schubert* (Hg.): Politik und Islam. Wiesbaden: VS.

Roy, Olivier, 2004: Globalized Islam. The Search for a New Ummah. New York: Columbia University Press.

Scholl-Latour, Peter, 1999: Allahs Schatten über Atatürk. Die Türkei in der Zerreißprobe. Berlin: Siedler.

Schubert, Klaus, und Hendrik Meyer, 2011: Politik und Islam in Deutschland: Aktuelle Fragen und Stand der Forschung. S. 11-26 in: *Hendrik Meyer* und *Klaus Schubert* (Hg.): Politik und Islam. Wiesbaden: VS.

Schultze, Rainer-Olaf, 2010: Mehrebenen-Analysen. S. 588-589 in: *Dieter Nohlen* und *Rainer-Olaf Schultze* (Hg.): Lexikon der Politikwissenschaft. Theorien, Methoden, Begriffe. Bd. 1: A-M. München: Beck.

Sezgin, Zeynep, 2010: Türkische Migrantenorganisationen in Deutschland – Zwischen Mitgliederinteressen und institutioneller Umwelt. S. 201-232 in: *Ludger Pries* und *Zeynep Sezgin* (Hg.): Jenseits von „Identität oder Integration". Grenzen überspannende Migrantenorganisationen. Wiesbaden: VS.

Spielhaus, Riem, 2006: Religion und Identität. Vom deutschen Versuch, „Ausländer" zu „Muslimen" zu machen, Internationale Politik, März 06: 28-36.

Stahl, Silvester, 2010: Ethnische Sportvereine zwischen Diaspora-Nationalismus und Transnationalität. S. 87-114 in: *Ludger Pries* und *Zeynep Sezgin* (Hg.): Jenseits von „Identität oder Integration". Grenzen überspannende Migrantenorganisationen. Wiesbaden: VS.

Süddeutsche Zeitung vom 21.07.2006: Das Wort von der deutschen Schicksalsgemeinschaft. „Ein Zeichen gegen die Beliebigkeit".

Süddeutsche Zeitung vom 02.03.2012a: Autor der Studie zu Muslimen in Deutschland. „Sarrazin fühlt sich bestätigt – das ist tragisch".

Süddeutsche Zeitung vom 02.03.2012b: Empörung über neue Migranten-Studie.

Süddeutsche Zeitung vom 01.03.2012: Junge Muslime in Deutschland. Integrations-Studie entfacht Streit zwischen Parteien.

Tezcan, Levent, 2011: Repräsentationsprobleme und Loyalitätskonflikte bei der Deutschen Islam Konferenz. S. 113-132 in: *Hendrik Meyer* und *Klaus Schubert* (Hg.): Politik und Islam. Wiesbaden: VS.

Tezcan, Levent, 2003: Das Islamische in den Studien zu Muslimen in Deutschland, Zeitschrift für Soziologie 32: 237-261.

Trautner, Bernhard, 2000: Türkische Muslime und islamische Organisationen als soziale Träger des transstaatlichen Raumes Deutschland-Türkei. S. 57-86 in: *Thomas Faist* (Hg.): Transstaatliche Räume. Politik, Wirtschaft und Kultur in und zwischen Deutschland und der Türkei. Bielefeld: Transcript.

Wulff, Christian, 2010: „Vielfalt schätzen – Zusammenhalt fördern". Rede zum 20. Jahrestag der Deutschen Einheit. Berlin. [URL: http://www.bundespraesident.de/SharedDocs/Reden/DE/Christian-Wulff/Reden/2010/10/20101003_Rede.html] (Stand: 10.05.2012).

Wunn, Ina, und Christina Moser, 2007: Der offizielle türkische Islam – die DITIB-Moscheen. S. 26-37 in: *Ina Wunn* (Hg.): Muslimische Gruppierungen in Deutschland. Ein Handbuch. Stuttgart: Kohlhammer.

Yurdakul, *Gökçe,* und *Ahmet Yükleyen*, 2009: Islam, Conflict and Integration: Turkish Religious Associations in Germany, Turkish Studies 10 (2): 217–231.

Schlussbetrachtung: Religion und Religiosität als Faktor der Sozialintegration von Muslimen

Dirk Halm / Hendrik Meyer

Die Beiträge im vorliegenden Band haben sich den Muslimen in Deutschland und ihrem Verhältnis zur „nicht markierten" (siehe den Beitrag von Spielhaus) Mehrheitsgesellschaft unter Heranziehung neuerer empirisch basierter Erkenntnisse gewidmet. Zugleich ist in den empirischen Beiträgen, aber auch im abschließenden, die Erkenntnisse reflektierenden Teil des vorliegenden Bandes bereits deutlich geworden, welch große Bedeutung speziell Medien, Politik und Wissenschaft bei der Konstruktion des „Anderen" zukommt und in welch hohem Maß Interdependenzen zwischen gesellschaftlichen Machtfragen und dem wissenschaftlichen Erkenntnisprozess bestehen (können).[1]

In den Beiträgen wurde immer wieder darauf hingewiesen, dass die Konstruktion „der Muslime" und Fragen der gesellschaftlichen Integration und Kohäsion nur unter Berücksichtigung eines komplexen Zusammenspiels von Diskursen verständlich werden – exemplarisch von Schmitt anhand der Moscheebau-Konflikte ausgeführt. Diese Diskurse ignorieren mitunter den migrationswissenschaftlichen Forschungsstand (siehe zu diesem Argument den Beitrag von Grabau), mitunter spielt Wissenschaft im Rahmen der Bestimmung ihrer Gegenstände und Fragestellungen aber auch eine aktive Rolle, oder sie vermittelt machtpolitische Positionen (siehe zu einer diesbezüglichen Analyse den Beitrag von Spielhaus).

Wenn, wie viele der Beiträge im vorliegenden Band formulieren, die islamische Religionszugehörigkeit in gesellschaftspolitischen Debatten auf oft fragwürdiger Grundlage pauschal mit sozialer Desintegration in Zusammenhang gebracht wird, so stellt sich für die soziologisch und sozialstrukturell orientierte Migrationsforschung indessen die Frage, inwiefern denn der Religion und Religiosität, zumal der muslimischen, Raum in Überlegungen und Modellen zur Sozialintegration von Einwanderern zukommen sollte (beschränken wir die Betrachtung, in der Würdigung der Überlegungen von Spielhaus, auf die *eingewanderten* Muslime). Folgend werden wir kurz begründen, wie und warum sich diese Frage aus

---

[1] Siehe zu dieser Argumentation auch Halm/Meyer 2011.

migrationswissenschaftlicher Perspektive stellt und daran anschließend diskutieren, wie sie mit Blick auf den wissenschaftlichen Erkenntnisstand hinsichtlich der Verhältnisse in Deutschland zu beantworten wäre.

1. Modellierung von Sozialintegration von Einwanderern und möglicher Wert des Einbezugs der religiösen Orientierung

In dem Umfang, in dem der Datenbestand für makrosoziologische Betrachtungen zu Einwanderern und ihrer Sozialintegration in Deutschland in den letzten Jahren angewachsen ist – durch zunehmende Primärdatenerhebungen im Rahmen spezifischer migrationwissenschaftlicher Projekte wie im vorliegenden Band präsentiert, aber auch durch die Berücksichtigung des Migrationshintergrundes im Mikrozensus seit 2005, durch das SOEP (Sozio-oekonomisches Panel) und nicht zuletzt durch PISA –, wächst zugleich die Skepsis, ob Sozialintegrationsprozesse verallgemeinerbar modelliert werden können. Weit verbreitete handlungstheoretische Ansätze wie insbesondere das intergenerationale Modell Hartmut Essers sind nur bedingt auf konkrete Einwanderergruppen in konkreten Einwanderungsgesellschaften zu beziehen.[2] Zugleich erweisen sich die von Esser zugrunde gelegten Kerndimensionen der Sozialintegration aber als empirisch hoch bedeutsam, allerdings stellt sich die Frage, unter welchen Bedingungen sie tatsächlich als intergenerationales oder evtl. auch individuelles Sequenzmodell Gültigkeit beanspruchen können.[3]

Die sehr breit in den Medien berichtete Studie des Berlin-Instituts für Bevölkerung und Entwicklung zu den „Integrationsbilanzen" unterschiedlicher Einwanderergruppen in Deutschland (siehe Woellert et al. 2009) beinhaltete – obwohl dies aufgrund des ethnisch-kulturellen Fokus der Medienaufmerksamkeit im Hintergrund blieb – die Erkenntnis, dass etwa dem Wohnort maßgebliche Bedeutung für das Gelingen und Misslingen von Sozialintegration von Einwanderergruppen zukommt, was z. B. auf die Bedeutung des ökonomischen Umfeldes für soziale Platzierungsprozesse verweist. In ihrer Diskussion der Ergebnisse des TIES-Forschungsprojektes (The Integration of the European Second Generation), in dessen Rahmen die Sozialintegration unterschiedlicher Einwanderergruppen in Städten in mehreren europäischen Ländern im Längsschnitt verglichen wurde, schlagen Crul und Schneider (2010: 1264), in Ergänzung zu etablierten Theorien

---

2 Siehe etwa die Anwendung des Modells auf die türkeistämmige Gruppe in Deutschland durch Sauer/Halm 2009.
3 Siehe zu dieser Diskussion und der Fortentwicklung seiner Überlegungen Esser 2008 und 2009.

der Sozialintegration und in der Absicht, zur Differenzierung neuerer Ansätze wie von Alba und Nee (siehe 2003) oder Portes und Zhou/Portes und Rumbaut (siehe 1993 bzw. 2001) beizutragen, die Entwicklung einer „integration context theory" vor, die nicht zuletzt auf institutionelle Rahmenbedingungen abheben sollte. In dieser politisch-soziologischen Betrachtung würde es dann eher um den Vergleich der Bedingungen in verschiedenen Einwanderungsgesellschaften denn um regionale Unterschiede gehen. Der Institutionalisierung von Religion sollte bei solchen vergleichenden Studien sicherlich Bedeutung zukommen, weil etwa unterschiedlich partikulare Systeme Folgen für die Beteiligungschancen und gesellschaftliche Anerkennung von Minderheiten bergen (Crul/Schneider 2010: 1265).

Religion ist indessen nicht nur potenziell bedeutsam als Rahmung und Kontext von Sozialintegrationsprozessen, sondern vor dem Hintergrund einer handlungslogischen Betrachtungsweise auch für die in Eingliederungsprozessen durch die Individuen getroffenen Entscheidungen. Davon ausgehend, dass die „klassischen" Integrationsbereiche nach Esser miteinander in multiplen, schwer zu modellierenden, zumal kontextabhängigen Zusammenhängen stehen, anstatt, wie ursprünglich angenommen, in einem sequenziellen Verhältnis, stellt sich die Frage nach interferierenden Variablen. Fragt man danach, wie sich die (praktizierte) Religiosität zu Modellen der Sozialintegration von Einwanderern verhält, so ist sie in der Esserschen Lesart Bestandteil des Integrationsbereichs „Identität". Die deutsche TIES-Teilstudie weist für die türkeistämmigen Befragten der zweiten Einwanderergeneration (in Großstädten) nach, dass die religiöse Zugehörigkeit in besonderer Weise deren Identität konstituiert, weit mehr als etwa nationale Herkunft (Sürig/Wilmes 2011: 150-153).

Jenseits der politisch-soziologischen Lesart – die nicht im Hauptfokus des vorliegenden Sammelbandes war – stellt sich also die Frage nach der Rolle von Religiosität als handlungsleitendes Prinzip in Sozialintegrationsprozessen. Für Deutschland ist der entsprechende Kenntnisstand gering, und das, obwohl, wie die Beiträge im vorliegenden Band immer wieder argumentiert haben, die Muslime zu einem zentralen Gegenstand integrationspolitischer Debatten und auch der wissenschaftlichen Befassung geworden sind. Dass der Kenntnisstand zum Zusammenhang von (praktizierter) muslimischer Religiosität und Sozialintegration weit hinter das Wissen um die Interdependenz anderer Integrationsbereiche zurück fällt, müsste für Deutschland bei oberflächlicher Betrachtung eigentlich verwundern, wenn das Merkmal der religiösen Zugehörigkeit eben doch inzwischen für zahlreiche große, migrationswissenschaftliche Studien gegenstandsbestimmend geworden ist (siehe die im vorliegenden Band repräsentierten oder diskutierten umfangreichen Arbeiten von Frindte et al. 2011; Haug et al. 2009:

Brettfeld/Wetzels 2007; aber auch den älteren Beitrag von Heitmeyer et al. 1997). Allerdings nutzen diese Studien die Religionszugehörigkeit zur Kennzeichnung von Gruppen, die durch vermeintliche oder tatsächliche Defizite in der Sozialintegration geprägt sind bzw. die in institutioneller, systemischer Hinsicht als gesellschaftspolitische Herausforderungen begriffen werden. Sie reagieren damit, weil allesamt durch Bundes- oder Länderministerien gefördert, auf gesellschaftspolitische Fragestellungen und Problemwahrnehmungen, wobei sie große Erkenntnisfortschritte beinhalten und auf Grundlage der von ihnen geschaffenen Datengrundlagen auch über den eigentlichen Auftrag hinaus geeignet sind, Erkenntnisse zu generieren (siehe die Beiträge von Stichs/Müssig und Frindte et al. im vorliegenden Band).

War in den vergangenen Jahren einerseits der gesellschaftliche Impuls stark, die Gruppe der Muslime in Deutschland zu thematisieren, sprach zugleich in der Migrations- und Integrationsforschung eher wenig dafür, im weiteren Sinne kulturelle Orientierungen in auf den neuen Datengrundlagen mögliche, verfeinerte empirische Analysen der Sozialintegrationsprozesse von Einwanderern einzubeziehen, da auch ohne dies mitunter beträchtliche Analysefortschritte möglich waren, die aufgrund nicht gruppen-, das heißt nicht einwandererspezifischer Merkmale den Verlauf von Sozialintegration immer weiter gehend zu erklären vermögen.[4] Zugleich werden möglicherweise ethnisch-kulturell bestimmte „Erklärungsreste" immer weiter eingegrenzt, wobei sich dann aber wiederum die Frage stellt, ob diese nicht auch oder gänzlich migrationsbestimmt sind und weniger in Werten und Einstellungen der Einwanderer begründet. Wie etwa ist vor dieser Folie die verbreitete Heiratsmigration aus der Türkei nach Deutschland einzuschätzen, die einen potenziell negativen Effekt auf den Bildungsaufstieg der Gruppe hat?

Unabhängig davon, ob man ethnisch-kulturelle Differenz zusätzlich ins Kalkül zieht: Ruud Koopmans argumentiert, dass es in jedem Fall gilt, aufmerksam für mögliche Fehlschlüsse zu sein:

> Beim Erstellen von Statistiken kann es zum einen zu dem ersten Typ von Fehlern kommen, nämlich, dass es objektiv gesehen Integrationsdefizite gibt, die kausal mit dem Migrationshintergrund zusammenhängen und nicht z.B. mit sozialer Herkunft. Diese Defizite werden aber von den Integrationsindikatoren nicht aufgezeigt oder zumindest unterschätzt. Es gibt aber auch das Gegenteil […], d.h. es liegen keine Integrationsdefizite vor, die auf den Migrationshintergrund zurückgehen, aber die Integrationsindikatoren lassen es so erscheinen, als ob es solche migrationshintergrundbedingte Defizite gäbe oder sie überschätzen diese. (Koopmans 2011, S. 66)

---

4   Siehe hiezu die umfassenden Arbeiten von Frank Kalter; nur exemplarisch zum „ethnisch-kulturellen Erklärungsrest" bei der Analyse von Sozialintegration Kalter 2011.

Für die muslimischen Einwanderer in Deutschland fehlen bisher Studien wie die von Gerhards (1996) oder Renneboog/Spaenjers (2012), die in der Tradition Max Webers speziell eine Verbindung zwischen religiöser Orientierung und wirtschaftlichem Handeln zu ziehen vermögen (was wiederum Aufschluss über sozialintegrative Perspektiven bieten könnte), sieht man davon ab, dass die Frage des islamischen Kapitals/der islamischen Holdings in den letzten Jahren vermehrt Thema wurde, ohne dass dies aber Anlass gewesen wäre, systematisch und breit wirtschaftliches Verhalten in Abhängigkeit von der persönlichen Religiosität zu beforschen. Eine jüngere ZfTI-Studie zum Altersvorsorgeverhalten Türkeistämmiger (siehe Sauer/Halm 2010) identifiziert eher wenige kultur-, wohl aber migrationsbedingte Anhaltspunkte, die für eine abweichende wirtschaftliche Orientierung der muslimischen Einwanderer sprechen.

2. Befunde zum Einfluss der Religion auf die Sozialintegration muslimischer Einwanderer in Deutschland

Damit bleibt es zunächst bei der im Beitrag von Mirbach konstatierten vergleichsweise hohen Religiosität der Muslime in Deutschland, die sich auch im intergenerationalen Wandel nicht abschwächt (vgl. auch Diehl/Koenig 2009). Dies könnte ganz grundsätzlich die Annahme stützen, dass religiöser Orientierung und Religionsausübung bei der Sozialintegration muslimischer Einwanderer potenziell eine bedeutende Rolle zufallen kann bzw. dass dies hier eher als bei anderen Einwanderergruppen der Fall ist (übereinstimmend auch Boos-Nünning/Karakaşoğlu 2005 und Brettfeld/Wetzels 2007). Diehl/Koenig (2009: 304) weisen darauf hin, dass eben diese hohe Religiosität Annahmen der „klassischen" Assimilationstheorie widerspricht und Überlegungen der „segmented assimilation" (Portes/Rumbaut 2001, zit. n. Diehl/Koenig 2010: 314) zu bestätigen scheint, indem sich die Sozialintegration im Sinne der Angleichung einer Gruppe an die „Aufnahmegesellschaft" trotz (evtl. nur mittelfristiger) Beibehaltung tradierter Wertorientierungen und Identitäten vollziehen kann. Die aktuelle Forschung zum Sozialintegrationsprozess türkeistämmiger Muslime in Deutschland spricht dafür, dass sich diese von der Identitätsentwicklung zunehmend abkoppelt, also konkret Assimilation durch Akkulturation, gesellschaftliche Platzierung und Interaktion mit der Aufnahmegesellschaft bei Beibehaltung der kulturellen – auch religiösen – Identität stattfindet (siehe ausführlicher Sauer/Halm 2009: 115; siehe auch den Beitrag von Grabau in diesem Band). Der hiesige Beitrag von Stichs und Müssig, der den Zusammenhang von muslimischer Religiosität und Arbeitsmarktintegration zum Thema hat, gibt zu dieser Beobachtung eine differenzierte Einschätzung, indem er keinen generellen Effekt der Religiosität auf Erwerbsbeteiligung und berufliche Position, wohl aber Effekte speziell für Kopftuch tragende Musliminnen aufdeckt. Die „Transnationalisierung der sozialen Welt", wie Ludger Pries (2008) sie beschreibt, drängt sich als möglicher Faktor für die Erklärung diese Abkopplung der Identität von der Sozialintegration praktisch auf (vgl. Diehl/Koenig 2009, S. 315): Wenn muslimische Migranten durch nicht mehr nationalstaatlich fassbare Lebenswirklichkeiten gekennzeichnet sind, so kann ihre Sozialintegration nicht durch Modelle beschrieben werden, die implizit von nationalen Gesellschaften ausgehen. Und dies sollte dann gerade für den Aspekt der Identitätsentwicklung bzw. -wahrung der muslimischen Migranten gelten, da der Islam sich als transnationale Religion versteht und das vermeintlich auch in seinen Organisationsstrukturen kenntlich wird (vgl. Diehl/Koenig 2009, S. 315), was einen zusätzlichen Beitrag zur Konstituierung transnationaler muslimischer Lebenswelten leisten mag (siehe auch den Beitrag von Grabau im vorliegenden Band). Faktisch sind die transnationalen Kontakte der Moscheegemeinden in Deutschland gar nicht so ausgeprägt wie oft unterstellt (Halm/Sauer 2012: 103; Grabau in diesem Band). Ein Erklärungsbeitrag des Transnationalismus-Ansatzes könnte aber vielmehr in anderen, informellen und persönlichen Formen der Grenzüberschreitung liegen, insbesondere in der Entwicklung der Kommunikationstechnologie und der Neuen Medien.

Somit bietet sich ein nach oberflächlichem Eindruck paradoxes Bild: Einerseits hat die religiöse Orientierung für die in Deutschland lebenden Muslime in einem Ausmaß identitätsstiftende Bedeutung, die der Mehrheit der Angehörigen der Aufnahmegesellschaft fremd ist (vgl. ausführlich den Beitrag von Mirbach im vorliegenden Band) und weckt Ängste und Ablehnung (siehe die Beiträge von Pollack und Schmitt), andererseits ist aber fraglich, ob dies eine nennenswerte Bedeutung für die Sozialintegrationsperspektive haben muss. Der oberflächliche Widerspruch liegt darin, dass die fremde Religion als Bedrohung für gesellschaftliche Kohäsion verstanden wird und die populäre Lesart der „Integration" von Einwanderern eben diese garantieren soll. Diehl und Koenig (2009) diskutieren den Befund der auch im intergenerationalen Wandel fortdauernden hohen Religiosität zudem vor dem Hintergrund, wie sie es nennen, „makrosoziologisch" orientierter Erklärungen (religiöser Wettbewerb, institutionelle Rahmung), die eher darauf verweisen, dass die Ausprägung der Religiosität der in Deutschland lebenden Muslime nicht nur individuell und „hergebracht" sein muss, sondern sich vielmehr aus den Bedingungen im Aufnahmeland erklärt.

Fragt man nicht nach der muslimischen Religiosität als *explanandum*, sondern als *explanans* für die Sozialintegration, so geht es nicht allein um ihre handlungsleitende Implikation, wie sie etwa das Essersche Integrationsmodell betrachten würde, sondern auch um Religiosität als Anlass für Benachteiligungen, Fremdheit und Stigmatisierung, was sich auf Motivationen, Marginalisierungsempfinden und gesellschaftliche Platzierungschancen auswirken kann.

Spielhaus geht in ihrem Beitrag davon aus, dass Wechselwirkungen zwischen Religionspraxis und Integration bestehen. Auch die auf einer Auswertung von SOEP-Daten beruhende Arbeit von Hans 2010 weist auf die Relevanz unterschiedlicher Diskriminierungsformen für die Sozialintegration von Einwanderern in Deutschland generell hin (S. 245), allerdings deutlich stärker für die erste Generation einschließlich Familiennachzügler als für die Nachfolgegeneration. Zugleich wurde jüngst wiederholt die Existenz islamskeptischer Einstellungen in Deutschland nachgewiesen (siehe den Beitrag von Pollack im vorliegenden Band; Leibold/Thörner/Gosen/Schmidt 2012; Halm 2012). Dabei kristallisieren sich bestimmte Muster heraus, etwa indem die Ablehnung des Islams stark vom Personalisierungsgrad der Fragestellung abhängig ist. So ergibt sich regelmäßig eine stärkere Ablehnung des Islams im Hinblick auf Indikatoren, die einen Zusammenhang zu Terrorismus und Gewalt herstellen und geringere Ablehnung, wenn man auf die Ebene des persönlichen Kontakts, das nachbarschaftliche Verhältnis o. Ä. abhebt. Damit spricht, ganz im Sinne des Beitrags von Frindte et al. im vorliegenden Band, vieles dafür, dass der medialen Vermittlung bei der Entstehung von Islamablehnung in der der deutschen Bevölkerung eine Schlüsselrolle zukommt.

Was bedeutet dies nun für die Sozialintegrationsperspektive muslimischer Einwanderer? Was die handlungsorientierte Betrachtungsweise angeht, so weisen Stichs und Müssig in ihrem Beitrag darauf hin, dass mit ausgeprägter Religiosität traditionelle Familienbilder und Rollenzuschreibungen verbunden sein mögen, die zu einer geringeren Erwerbsbeteiligung der Frauen führen mögen. Zugleich legen sie aber auch dar, dass jenseits der handlungstheoretischen Argumentation der Forschungsstand auf aktive Diskriminierung aufgrund der Religionszugehörigkeit beim Arbeitsmarktzugang schließen lässt. Die Experimentalstudie von Kaas/Manger (2010: 1) weist aber zugleich nach, dass diese zwar klar nachweisbar ist, aber nur in einer Minderheit der Fälle, indem türkische vermeintliche Stellenbewerber zu 14 % weniger positive Rückantworten von den Arbeitgebern erhielten als deutsche mit identischem Qualifikationsprofil. Insgesamt ist der Effekt der Religiosität bei Stichs/Müssig eher gering, möglicherweise aber bei den Kopftuch tragenden Musliminnen vorhanden, die ja eben durch die Sichtbarkeit der religiösen Zugehörigkeit auch leicht Diskriminierungsopfer werden, aber auch aufgrund gleichermaßen vorhandener eher traditioneller Rollenbilder dem Arbeitsmarkt, mehr oder weniger intrinsisch motiviert, fern bleiben könnten.

Auch andere handlungstheoretisch implizierte Zusammenhänge aus weiteren Forschungen sind nicht eindeutig interpretierbar: Die ZfTI-Mehrthemenbefragung weist für die Türkeistämmigen in NRW eine schwache bivariate Korrelation zwischen höherer Bildung und geringer Religiosität nach (Sauer 2012, S. 41), allerdings ist fraglich, ob dieser Befund tatsächlich eine Assimilation kennzeichnet oder nicht vielmehr auf Einflüsse des Alters und der Migrationsbiographie zurückgeht.

Auch jenseits der klassischen Analysegegenstände der Sozialintegration zeigen sich keine oder geringe Effekte der Religion. Brettfeld und Wetzels (2007) haben die Einstellung muslimischer Jugendlicher zu Rechtsstaatlichkeit und Demokratie überprüft:

> Bivariat unterscheiden sich die Quoten für hohen Autoritarismus in einer auf Basis dieser Items gebildeten Skala zwischen Muslimen (18,9%) und Nichtmuslimen mit Migrationshintergrund (18,5%) nicht, während einheimische deutsche Nichtmuslime mit 10,5% deutlich geringere Raten aufweisen. Eine multivariate Prüfung zeigt indessen, dass nach Kontrolle des Bildungshintergrundes der Eltern, des Bildungsniveaus der Jugendlichen selbst sowie der Frage, ob die Jugendlichen in Deutschland geboren wurden, eine signifikant höhere Belastung der jungen Muslime im Vergleich zu einheimischen Nichtmuslimen nicht mehr besteht. Insoweit ist, sofern sozialstrukturelle Differenzen in Rechnung gestellt werden, das Phänomen von Autoritarismus und Demokratiedistanz unter jungen Muslimen in einer ähnlichen Größenordnung verbreitet wie unter einheimischen Jugendlichen und nicht für muslimische Migranten spezifisch (Brettfeld/Wetzels 2007: 307).

Vieles spricht also dafür, dass „die muslimische Religionszugehörigkeit" in einem verallgemeinernden Verständnis in handlungstheoretischer Hinsicht nur sehr bedingte Erklärungskraft besitzt, während sie bei der Betrachtung des institutionellen Kontexts sowie von aufnahmegesellschaftlichen Zuschreibungen, Diskriminierungen und Stigmatisierungen eine Rolle spielt – hier wird die undifferenzierte Deutung eben wirksam.

Ein Erkenntnisfortschritt bezüglich des Einflusses von Religiosität auf intrinsisch motivierte Entscheidungen im Integrationsprozess würde indessen wohl eine sehr differenzierende Betrachtung der ausgesprochen disparaten persönlichen Religiosität und Religionsausübung der muslimischen Bevölkerung erfordern, wobei davon auszugehen ist, dass unter den muslimischen Einwanderern, ganz entgegen der weit verbreiteten Annahme, intensivere religiöse Orientierung eher mit einer Individualisierung der Glaubensausübung einher geht als umgehrt, die Orientierung sich also generalisierender Betrachtung widersetzt, wie die in Mirbachs Beitrag erwähnte qualitative Studie im Rahmen des Religionsmonitors (siehe auch Halm 2012) zeigt.

Erfolgreiche Ansätze für entsprechende Forschungen gibt es durchaus. Speziell dem im Kern mit religionswissenschaftlichen Konzepten argumentierenden Religionsmonitor sowie der Studie von Boos-Nünning/Karakaşoğlu 2005 (im Erhebungsteil zur Religiosität) kommt insofern eine Sonderstellung zu, als sie aufgrund eines mehrdimensionalen Erhebungsinstrumentariums (in beiden Fällen orientiert an Charles Y. Glock) persönliche Religiosität in ihren Facetten angemessen standardisiert zu erfassen vermögen und Glauben dabei nicht als tendenzielle Belastung, sondern (auch) als potenzielle Ressource verstehen. Zugleich ist der Monitor aber eben aufgrund der religionswissenschaftlichen Orientierung kaum anschlussfähig an Fragen der Sozialstrukturanalyse, die hier zur Diskussion stehen. Dies gilt mit Einschränkung auch für Boos-Nünning/Karakaşoğlu 2005, deren Befunde nicht ohne weiteres auf soziologische Modelle der Sozialintegration zu beziehen sind.[5]

Abschließend sei noch darauf hingewiesen, dass von einem Desiderat hinsichtlich der Bedeutung von Sozialkapitalwirkungen religiöser Vergesellschaftung auszugehen ist – die zu vermuten ist, speziell bei der gesellschaftlichen Platzierung, aber aufgrund der schwierigen Operationalisierung für empirische Forschung schwer nachweisbar bleibt (vgl. Kalter 2006; Hans 2010: 245). Zudem wären hier auch nur Effekte abhängig vom spezifischen Charakter der jeweiligen Organisation zu erwarten – die Unterschiede etwa zwischen Gülen-Bewegung und einer „durchschnittlichen" Moschee der DITIB sollten hier groß sein.

3. Fazit

Der hier skizzierte Forschungsstand zu muslimischer Religiosität und Sozialintegration von Einwanderern in Deutschland lässt sich dahin gehend zusammenfassen, dass die muslimische Religiosität in der soziologischen Migrationsforschung eine wachsende Rolle spielt, aber erst ansatzweise Eingang in die Modellierung von Integrationsprozessen gefunden hat. Die Beiträge im vorliegenden Band verstehen sich als Anstoß für weitere Studien, und sie generieren auch partielle diesbezügliche Erkenntnisse. Sie zeigen, wie unterschiedliche Aspekte des Zusammenhangs von Religion und Sozialintegration valide gemessen werden können und fungieren damit als Grundlage für zukünftige Forschung. Diese sollte handlungstheoretische sowie diskriminierungs- und marginalisierungsrelevante Aspekte der religiösen Orientierung und Praxis der erwartungsgemäß sehr heterogenen muslimischen Gemeinschaft in Deutschland berücksichtigen, über

---

5 Weitere, qualitativ-explorative Studien zur muslimischen Religiosität in der Migration stammen von Klinkhammer 2000 und Tietze 2001.

die gleichzeitig notwendige Analyse des ökonomischen und politisch-institutionellen Kontextes von Einwanderungsgesellschaften im Sinne der Überlegungen von Crul/Schneider (2010) hinaus. Die Beiträge im vorliegenden Band, speziell die Artikel von Frindte et el., Pollack und Spielhaus illustrieren, dass eine solche Orientierung bedeuten sollte, nicht nur den Faktor Religiosität als die Einstellung zur Aufnahmegesellschaft direkt determinierend zu begreifen, sondern komplexe Wechselwirkungen und gegenseitige Zuschreibungen sowie Sozialkapitaleffekte ins Kalkül zu ziehen. Eine solche Betrachtungsweise wird dann immer zeitlich und räumlich eng umgrenzte Erklärungsbeiträge liefern, nicht aber verallgemeinerbare Modelle. Angesichts des tendenziell schwachen Zusammenhangs der Integrationsdimension „Identität" mit den anderen Integrationsbereichen ist insgesamt davon auszugehen, dass direkte Wirkungen religiöser Einstellungen auf die Sozialintegration als Folge von Handlungsorientierungen eher schwach sein sollten und mittelbaren Zusammenhängen eher Bedeutung zukommt.

Literatur

Alba, Richard, und *Victor Nee*, 2003: Remaking the American Mainstream: Assimilation and Contemporary Integration. Cambridge: Harvard University Press.

Boos-Nünning, Ursula, und *Yasemin Karakaşoğlu*, 2005: Viele Welten leben: Zur Lebenssituation von Mädchen und jungen Frauen mit Migrationshintergrund. Münster: Waxmann.

Becker, Birgit, 2007: Ausländerfeindlichkeit in Ost- und Westdeutschland. Theoretische Grundlagen und empirische Analysen. Saarbrücken: VDM Müller.

Brettfeld, Katrin, und *Peter Wetzels*, 2007: Muslime in Deutschland: Integration, Integrationsbarrieren, Religion und Einstellungen zu Demokratie, Rechtsstaat und politisch religiös motivierter Gewalt. Ergebnisse von Befragungen im Rahmen einer multizentrischen Studie in städtischen Lebensräumen. Berlin: Bundesministerium des Innern.

Crul, Maurice, und *Jens Schneider*, 2010: Comparative integration context theory: participation and belonging in new diverse European cities, Ethnic and Racial Studies 33: 1249-1268.

Diehl, Claudia, und *Matthias Koenig*, 2009: Religiosität türkischer Migranten im Generationenverlauf: Ein Befund und einige Erklärungsversuche, Zeitschrift für Soziologie 38/4: 300-319.

Esser, Hartmut, 2008: Assimilation, ethnische Schichtung oder selektive Akkulturation? Neuere Theorien der Eingliederung von Migranten und das Modell der intergenerationalen Integration. S. 81-107 in: *Frank Kalter* (Hg.): Migration und Integration. Sonderheft der Kölner Zeitschrift für Soziologie und Sozialpsychologie 48. Wiesbaden: VS.

Esser, Hartmut, 2009: Pluralisierung oder Assimilation? Effekte der multiplen Inklusion auf die Integration von Migranten, Zeitschrift für Soziologie 38/5: 358-378.

Frindte, Wolfgang, Klaus Boehnke, Henry Kreikenbom und *Wolfgang Wagner*, 2011: Lebenswelten junger Muslime in Deutschland. Berlin: Bundesministerium des Innern.

Gerhards, Jürgen, 1996: Religion und der Geist des Kapitalismus: Einstellungen zur Berufsarbeit und zur Wirtschaftsordnung in den USA und Spanien im Vergleich, Berliner Journal für Soziologie 4: 541-549.

Halm, Dirk, und *Hendrik Meyer*, 2011: Inklusion des Islam in die deutsche Gesellschaft, Aufgaben an der Schnittstelle von Wissenschaft und Politik. S. 277-289 in: *Hendrik Meyer*, und *Klaus Schubert* (Hg.): Politik und Islam. Wiesbaden: VS.

Halm, Dirk, und *Martina Sauer*, 2012: Islamische Gemeinden in Deutschland: Strukturen und Angebote, Leviathan 40/1: 71-108.

Halm, Dirk, 2012: The Current Discourse on Islam in Germany, Journal for International Migration and Integration 13/4: DOI 10.1007/s12134-012-0251-7.

Hans, Silke, 2010: Assimilation oder Segregation? Anpassungsprozesse von Einwanderern in Deutschland. Wiesbaden: VS.

Haug, Sonja, Stephanie Müssig und *Anja Stichs*, 2009: Muslimisches Leben in Deutschland. Nürnberg: BAMF.

Heitmeyer, Wilhelm, Joachim Müller und *Helmut Schröder*, 1997: Verlockender Fundamentalismus. Türkische Jugendliche in Deutschland. Frankfurt am Main: Suhrkamp.

Kaas, Leo, und *Christian Manger*, 2010: Ethnic Discrimination in Germany's Labour Market: A Field Experiment, IZA DP 4741.

Kalter, Frank, 2006: Auf der Suche nach einer Erklärung für die spezifischen Arbeitsmarktnachteile von Jugendlichen türkischer Herkunft, Zeitschrift für Soziologie 2: 144-160.

Kalter, Frank, 2011: Die stillen Bremsen der strukturellen Integration. S. 49-56 in: *Hacı-Halil Uslucan*, und *Dirk Halm* (Hg.): Wie steuerbar ist Integration? Essen: Klartext.

Klinkhammer, Grit, 2000: Moderne Formen islamischer Lebensführung. Eine qualitativ-empirische Untersuchung zur Religiosität sunnitisch geprägter Türkinnen der zweiten Generation in Deutschland. Marburg: Diagonal.

Koopmans, Ruud, 2011: Möglichkeiten, Risiken und Nebenwirkungen des Integrationsmonitorings. S. 65-74 in: *Hacı-Halil Uslucan*, und *Dirk Halm* (Hg.): Wie steuerbar ist Integration? Essen: Klartext.

Leibold, Jürgen, Stefan Thörner, Stefanie Gosen und *Peter Schmidt*, 2012: Mehr oder weniger erwünscht? Entwicklung und Akzeptanz von Vorurteilen gegenüber Muslimen und Juden. S. 177-198 in: *Wilhelm Heitmeyer* (Hg.): Deutsche Zustände. Folge 10. Berlin: Suhrkamp.

Portes, Alejandro, und *Min Zhou*, 1993: The new second generation: Segmented assimilation and its variants, Annals of the American Academy of Political and Social Science 530: 74-96.

Portes, Alejandro, und *Rubén G. Rumbaut*, 2001: Legacies: The Story of the Immigrant Second Generation. Berkeley: University of California Press.

Pries, Ludger, 2008: Die Transnationalisierung der sozialen Welt. Frankfurt am Main: Suhrkamp.

Renneboog, Luc, und *Christophe Spaenjers*, 2012: Religion, Economic Attitudes, and Household Finance, Oxford Economic Papers 1: 103-127.

Sauer, Martina, und *Dirk Halm*, 2010: Altersvorsorge der türkeistämmigen Bevölkerung in Deutschland. Köln: DIA.

Sauer, Martina, und *Dirk Halm*, 2009: Erfolge und Defizite der Integration türkeistämmiger Einwanderer. Entwicklung der Lebenssituation 1999-2008. Wiesbaden: VS.

Sauer, Martina, 2012: Integrationsprozesse türkeistämmiger Migrantinnen und Migranten in Nordrhein-Westfalen. Ergebnisse der zwölften Mehrthemenbefragung 2011, http://www.zfti.de.

Sürig, Inken, und *Maren Wilmes*, 2011: Die Integration der zweiten Generation in Deutschland. Ergebnisse der TIES-Studie zur türkischen und jugoslawischen Einwanderung, IMIS-Beiträge 39 (Themenheft). Osnabrück: IMIS.

Tietze, Nikola, 2001: Islamische Identitäten. Formen muslimischer Religiosität bei jungen Männern in Deutschland und Frankreich. Hamburg: Hamburger Edition.

Woellert, Stefanie, Steffen Kröhnert, Lilli Sippel und *Reiner Klingholz,* 2009: Ungenutzte Potentiale. Zur Lage der Integration in Deutschland, http://www.berlin-institut.org/studien/ungenutzte-potenziale.html.

Die Autoren

Prof. Dr. phil. habil. Wolfgang Frindte ist Kommunikationspsychologe am Institut für Kommunikationswissenschaft der Friedrich-Schiller-Universität Jena und lehrt darüber hinaus Kommunikationspsychologie an der Dresden International University. Zu seinen Forschungsschwerpunkten gehören die Terrorismusforschung, Fremdenfeindlichkeit, Antisemitismus, Rechtsextremismus, Digitale Medien und Gewalt und interkulturelle Kommunikation.

Martina Grabau, M.Ed., ist wissenschaftliche Mitarbeiterin am Forschungskolleg „Zukunft menschlich gestalten" der Universität Siegen. Ihr Forschungsinteresse gilt der Policy-Analyse mit den Schwerpunkten Energiepolitik, Islampolitik und Wohlfahrtsstaatsforschung.

PD Dr. Dirk Halm arbeitet am Zentrum für Türkeistudien und Integrationsforschung an der Universität Duisburg-Essen und lehrt Politische Soziologie an der Universität Münster. Zu seinen Forschungsschwerpunkten gehören die Sozialstrukturanalyse von Einwanderungsgesellschaften, Migration und Zivilgesellschaft sowie die Integration des Islam in europäische Gesellschaften.

Dr. Hendrik Meyer war bis 2012 wissenschaftlicher Mitarbeiter am Institut für Politikwissenschaft sowie im Exzellenzcluster Religion und Politik der Universität Münster. Im Rahmen des dortigen Projektes zum Koordinationsrat der Muslime erschien u. a. das Buch „Politik und Islam" (hrsg. mit Klaus Schubert). Derzeit arbeitet er als wissenschaftlicher Mitarbeiter in der Gesundheitsforschung.

Dr. Ferdinand Mirbach arbeitet als Projektmanager bei der Bertelsmann Stiftung und leitete dort das Projekt Religionsmonitor. Inzwischen beschäftigt er sich für die Stiftung vorrangig mit der Zukunft der Demokratie und Formaten der Bürgerbeteiligung. Zu seinen Interessensschwerpunkten gehören die Integration von religiösen und ethnischen Minderheitengruppen sowie deren politische Partizipation.

Stephanie Müssig ist wissenschaftliche Mitarbeiterin am Erlanger Zentrum für Islam und Recht in Europa – EZIRE an der Friedrich-Alexander-Universität Erlangen-Nürnberg. Zu ihren Arbeitsschwerpunkten gehören politische Einstellungs- und Verhaltensforschung, religionssoziologische Fragestellungen sowie Forschung zu gesellschaftlicher Integration von Migranten.

Prof. Dr. Detlef Pollack ist Religionssoziologe an der Universität Münster und arbeitet als Principal Investigator am Münsteraner Exzellenzcluster Religion und Politik. Neben der Religionssoziologie gehören zu seinen Forschungsschwerpunkten die politische Kulturforschung, soziologische Theorie und die Osteuropa-Forschung.

Tilda Roth ist Studentin am Institut für Kommunikationswissenschaft der Friedrich-Schiller-Universität Jena und studentische Hilfskraft in der Abteilung Kommunikationspsychologie.

PD Dr. Thomas Schmitt arbeitet am Geographischen Institut der Universität Erlangen-Nürnberg und lehrt zudem am Geographischen Institut der Universität Bonn. In empirischer Hinsicht hat er sich vor allem mit den Themenbereichen Konflikte und interethnische Kontakte in Einwanderungsgesellschaften, Aushandlungsprozesse zum UNESCO-Welterbe, aber auch mit Erneuerbaren Energien beschäftigt. Er forschte bisher in Mitteleuropa und Nordafrika.

Prof. Dr. Klaus Schubert führt den Lehrstuhl für Deutsche Politik und Politikfeldanalyse am Institut für Politikwissenschaft der Westfälischen Wilhelms-Universität Münster und ist Mitglied des Exzellenzclusters Religion und Politik.

Katharina Schurz, M.A., Friedrich-Schiller-Universität Jena, war von 2009 bis 2012 wissenschaftliche Mitarbeiterin im Forschungsprojekt „Lebenswelten junger Muslime". Momentan ist sie Doktorandin am Institut für Kommunikationswissenschaft. Ihre Forschungsschwerpunkte liegen in den Themenbereichen Social Web, Mediennutzung, Meinungsführerkonzept, Migrationsforschung und politische Partizipation.

Dr. Riem Spielhaus forschte bis Ende 2012 zur Etablierung der Wissenskategorie „Muslim" in quantitativen Erhebungen am Centre for European Islamic Thought der Universität Kopenhagen. Sie war ständiges Mitglied des Gesprächskreises Sicherheit und Islamismus der 1. Deutschen Islamkonferenz von 2006-2009. Derzeit arbeitet sie am Erlanger Zentrum für Islam und Recht in Europa der Friedrich-Alexander-Universität Erlangen-Nürnberg zu urbanen Lebenswelten und der Religionspraxis von Musliminnen und Muslimen in Europa.

Dr. Anja Stichs ist wissenschaftliche Mitarbeiterin im Referat Empirische Sozialforschung des Bundesamtes für Migration und Flüchtlinge in Nürnberg. Zu ihren Themenschwerpunkten im Bereich der Integrationsforschung zählen Sozialstrukturanalyse, Gender und Islam.